Σ BEST
シグマベスト

|テーマ別|
WordTree 3000
ワードツリー
英単語・熟語 見出し単語1436 + 熟語341

吉田研作　監修
英文校閲　Bernard Susser

JN297914

文英堂

はじめに

　みなさんは，これまでにかなり英語の勉強を続けてこられて，英語力にある程度自信がついていると確信しています。さらに学習を重ねて，英語を完全に習得したいと願っている方々に，この単語集を用意しました。大学入試センター試験に十分対応できる語彙を集めています。

　最初にしっかりとした語感を身につけるために，中学校で学ぶ基本的な動詞100を特集ページで紹介しています。是非とも基礎固めに活用してください。本書のGRADE 1は，高等学校で学び始める比較的容易な語彙を挙げています。GRADE 4以降まで学習を進めると，センター試験に充分対応できる単語力がつきます。

　本書の掲載単語には，使用頻度の高い高校教科書で共通に用いられている重要単語に加え，センター試験で掲載率の高い単語を取り入れています。大学入試に十分対応できる語彙数が網羅されています。

　人間の記憶力は関連性のあるものを繰り返し学習することによって確実なものになります。この単語集の作成に当たっては，連想力を十分に生かせるように，テーマ別に単語を選びました。さらに品詞ごとにまとめて，各単語の用法の確認も容易にできるよう配慮しています。用例も「フレーズ」と「文」の両方の形で提示しました。熟語に関しても，まとめて覚えることで効率化を図れるものは，その働きに応じてグループ化しました。

　短期間で効率的に単語を習得できるように編集されたこの単語集―WordTree―を活用して，語彙の枝葉を広げ，英語力という大きな木を育ててくださるよう念願しています。

編　者

本書の特色と使用法

■ センター試験までの単語・熟語をマスター

　本書では，高校生が英語を学ぶ上で必要な見出し語1682語（うち熟語246），派生語などを含めると単語約2500，熟語約350を易から難へ，5つのグレードに分けて収録している。なお，右ページ上のスケール内の数字は，それまでのページで登場した見出し語数を示している。これらの単語・熟語を完全にマスターすれば，センター試験レベルの語彙力は完璧と言えよう。

■ センター試験必出語がひと目でわかる

　過去5年間の大学入試センター試験を分析し，その出現頻度を★マークで次のように表示している。

　　★★…5回以上登場した語
　　★　…1〜4回登場した語

■ 単語・熟語はまとめて覚える

テーマ別編集…単語は覚えやすさを最優先するために，品詞ごとに関連した内容のものをまとめて示している。連想をうまく働かせば，記憶した単語は長く頭の中にとどまるだろう。本書では単語だけでなく，頻出熟語もコーナーを設けてまとめて示している。

充実した例文…単語は個別に覚えるよりも，フレーズや文の中で覚えるほうが有効である。どの単語と結びつくことが多いのか，どんな前置詞が後ろに来るのかなどを，用例で丸ごと暗記すれば，単語の使い方が自然と身につく。本書では，〈単語→フレーズ・連語→例文〉と並べて掲載している。時間のないときは単語とフレーズ・連語だけを，余裕のあるときは例文まで目を通すというように，柔軟な取り組み方もできる。

■ 発音は記号とカナを併用

本書では，各単語の読み方を，発音記号とカタカナ表記の両方で示している。さらに，発音を間違えやすい単語には発，アクセントに注意が必要な単語にはアの記号をつけている。

■ 特集ページも充実

注意すべき発音記号…発音記号の読み方を解説。
中学必修動詞100…中学既習の基本的な動詞を総復習。
群動詞のまとめ…do, have などの基本的な動詞を含む群動詞をまとめて掲載。
図解英単語…目で見て覚えると効果的な単語を紹介。
接頭辞で覚える英単語…接頭辞を理解することにより，単語の意味がより印象に残りやすくなる。
センター必出…センター試験でしばしばキーワードになる，環境問題や図形・統計に関する単語を掲載。また，発音・アクセント問題に頻出の単語もリストアップしている。

記号の解説

名	名詞	比	併せて覚えておくとよい単語
代	代名詞	⇒	関連語など
動	動詞	発	発音に注意
助	助動詞	ア	アクセントに注意
形	形容詞	つ	つづりに注意
副	副詞	〈 　〉	不規則な動詞の活用
前	前置詞		〈原形―過去形―過去分詞形；-ing形〉
接	接続詞	[　]	前の語と言いかえ可能
同	同意語	(　)	省略可能，または単語の意味の補足
類	類義語	《米》	主にアメリカ式用法
反	反意語	《英》	主にイギリス式用法
単	単数形	*発音記号は，アメリカの標準的な発音を示した。省略できる音は斜字体で表した。	
複	複数形		

もくじ

注意すべき発音記号 ……………………………………………… 7
Introduction 中学必修動詞100 …………………………………… 11

GRADE 1 の単語・熟語 ……………………………………… 24
基本動詞を用いた 群動詞のまとめ ……………………………… 80
熟語のまとめ ……………………………………………………… 88
数　詞 ……………………………………………………………… 94
図解英単語・図形 ………………………………………………… 96
ボキャブラリーの枝葉を広げる 接頭辞で覚える英単語 ……… 98
図解英単語・前置詞 ……………………………………………… 100

GRADE 2 の単語・熟語 ……………………………………… 102
基本動詞を用いた 群動詞のまとめ ……………………………… 156
熟語のまとめ ……………………………………………………… 162
ボキャブラリーの枝葉を広げる 接頭辞で覚える英単語 ……… 168
センター必出 環境問題の英単語／統計・図表の英単語 ……… 170

GRADE 3 の単語・熟語 ……………………………………… 174
熟語のまとめ ……………………………………………………… 232
ボキャブラリーの枝葉を広げる 接頭辞で覚える英単語 ……… 238
センター必出 発音に注意すべき語 ……………………………… 240

GRADE 4 の単語・熟語 ……………………………………… 244
熟語のまとめ ……………………………………………………… 300
センター必出 アクセントに注意すべき語 ……………………… 306

GRADE 5 の単語・熟語 ……………………………………… 310
熟語のまとめ ……………………………………………………… 364
センター必出 発音に注意すべき語 ……………………………… 370

単語チェックリスト ……………………………………………… 373
熟語チェックリスト ……………………………………………… 395

注意すべき発音記号

　英語の「音」は母音と子音の2つに分けられます。「母音」は声帯の振動によって生じた音が歯や舌などに妨げられることなく発音されるもので、日本語の「ア・イ・ウ・エ・オ」に相当する音です。「子音」は音が歯や舌などでさえぎられて発音されるものです。ここでは、注意が必要な「母音」と「子音」をいくつか説明しておきます。繰り返し練習しましょう。

母音

1-01

記号	発音の仕方	例
[iː]	日本語の「イ」よりも唇を横に広げるようにして「イー」と発音する。	eat, read, receive, cheap
[æ]	口を横に大きく開き、「エ」の口の構えで「ア」を発音するとよい。	apple, angry, happy, atmosphere
[ʌ]	口をあまり開けず奥の方で「ア」。緊張を伴って瞬間的に発音する。日本語の「ア」とほぼ同じ。	come, country, hundred, struggle
[i]	日本語の「イ」と「エ」の中間の音。歯と歯の間を少し開けて発音する。	city, English, picture
[ɑːr]	日本語の「アー」よりも口を大きく開き、舌の位置を低くして、奥の方から声を出す。	car, harbor, market, remark

記号		発音の仕方	例
[ɔːr]		日本語の「オ」よりも唇を丸めて、舌をのどの奥の方へ引き込むようにして発音する。	store, board, pour, fortune
[əːr]		口をあまり開けずに口の両端に力を入れて、舌の両端を上の奥歯につけて「アー」。	girl, world, burst, church
[ər]		[əːr]を短めに発音する。	teacher, eastern, treasure
[ɔi]		口を丸めて「オ」と発音した後、口を横に広げて「オ」より弱く「イ」を発音する。	oil, enjoy, choice, point, moisture
[ou]		口を丸めて「オ」と発音した後「ウ」を発音する。「オ」が「ウ」より強く長くなる。	note, show, lonely, control, local
[au]		「ア」と発音した後、唇を丸めて「ウ」を発音する。「ア」が「ウ」より強く長くなる。	now, town, pronounce, thousand, shower

（注）母音はすべて有声音である。

子音

記号	発音の仕方	例
[θ]	舌先を上下の歯で軽くかむようにして、ひっこめるときの息の音「ス」。(無声音)	thank, bath, mouth, through, theory
[ð]	[θ]の要領で「ズ」と声を出す。(有声音)	father, though, with, smooth
[ʃ]	舌先をやや奥の方に引いて、唇を丸く突き出して「シュ」と発音する。(無声音)	ship, machine, shadow, condition
[ʒ]	[ʃ]の要領で「ジュ」と声を出す。(有声音)	television, usual, treasure
[tʃ]	唇を丸く突き出し、舌先を上の歯ぐきにつけて強く「チ」と発音する。(無声音)	chair, watch, church, stretch
[dʒ]	[tʃ]の要領で「ヂュ」と声を出す。(有声音)	bridge, June, energy, religion
[m]	両唇を閉じ、鼻から息を出して「ムー」と言うつもりで発音する。	mother, moon, moral, tomb, warm, museum

記号		発音の仕方	例
[n]		わずかに口を開け、舌先を上の歯ぐきにつけて鼻から息を出して「ン」と発音する。	night, next, funny, noise, needle
[ŋ]		舌の後部を上あごにつけ鼻から息を出して発音する。「電気」「マンガ」と言うときの「ン」の音に似ている。	sing, king, long, triangle
[l]		舌先を上の歯ぐきにつけて「ル」と発音する。	light, feel, little, liberty, liquid
[r]		舌先を上に曲げ、後方に引き「ル」と発音する。このとき舌先が上あごに触れないようにする。	sorry, write, scream, remember, research
[j]		日本語のヤ行の子音とほぼ同じで、舌の中央を上あごに近づけて発音する。	year, young, yesterday, use, universe
[w]		日本語のワ行の子音とほぼ同じで、唇を丸く突き出して、「ウ」と強く発音する。	wash, queen, sweet, weather, welfare
[h]		日本語のハ行の子音とほぼ同じ。日本人は呼気が弱いので、意識的に強く発音するとよい。	hand, whole, heaven, history, humid

Introduction 中学必修動詞 100

1 eat [íːt / イート]
~を食べる
I usually **eat** dinner at seven.
(私はふつう7時に夕食を食べる)
注 活用は eat-ate-eaten

2 drink [dríŋk / ドリンク]
~を飲む
What would you like to **drink**?
(何をお飲みになりたいですか)
注 活用は drink-drank-drunk

3 sit [sít / スィット]
座る
Please **sit** here.
(ここに座ってください)
注 活用は sit-sat-sat

4 lie [lái / ライ]
横になる
She **lay** on the bed.
(彼女はベッドで横になった)
注 活用は lie-lay-lain

5 live [lív / リヴ]
住む, 生活する
My uncle **lives** in Kyoto.
(私のおじは京都に住んでいる)

6 study [stʌ́di / スタディ]
(~を)勉強する
Jim **studies** for two hours every day.
(ジムは毎日2時間勉強する)

7 grow [gróu / グロウ]
成長する, ~を育てる
This plant **grows** well here.
(この植物はここではよく成長する)
注 活用は grow-grew-grown

8 sleep [slíːp / スリープ]
眠る
Did you **sleep** well last night?
(昨夜はよく眠れましたか)
注 活用は sleep-slept-slept

9 **wash** [wáʃ / ワッシュ]	**～を洗う** **Wash** your hands before meals. (食事の前には手を洗いなさい)
10 **rise** [ráiz / ライズ]	**上がる，上昇する** The sun **rises** in the east. (太陽は東から昇る) 注 活用は rise-rose-risen [rízn]
11 **wait** [wéit / ウェイト]	**待つ** I will **wait** for you at the station. (駅であなたを待っています) 注 「～を待つ」は wait for ～
12 **show** [ʃóu / ショウ]	**～を見せる** He **showed** me the picture. (彼は私にその写真を見せてくれた) 注 活用は show-showed-shown
13 **think** [θíŋk / スィンク]	**思う，考える** Let me **think** for a while. (しばらく考えさせてください) 注 活用は think-thought-thought
14 **cry** [krái / クライ]	**泣く** The baby **cried** all night. (その赤ん坊は一晩中泣いた)
15 **thank** [θǽŋk / サンク]	**～を感謝する** **Thank** you for your email. (Eメールをいただきありがとうございます) 注 「～に…を感謝する」は thank ～ for …
16 **cut** [kʌ́t / カット]	**～を切る** She **cut** her finger while cooking. (彼女は料理をしていて指を切った) 注 活用は cut-cut-cut

17
burn
[bə́:rn / バーン]

燃える, 〜を燃やす
Wooden houses **burn** quickly.
(木造の家は〔火事になると〕すぐに燃える)
注 活用は burn-burned [burnt]-burned [burnt]

18
die
[dái / ダイ]

死ぬ
His wife **died** three years ago.
(彼の妻は3年前に亡くなった)

19
stay
[stéi / ステイ]

滞在する
I **stayed** at a hotel near the station.
(私は駅の近くのホテルに滞在した)

20
meet
[mí:t / ミート]

〜に会う
Nice to **meet** you.
(お会いできてうれしいです)
注 活用は meet-met-met

21
read
[rí:d / リード]

〜を読む
Do you **read** the newspaper every day?
(新聞を毎日読みますか)
注 活用は read-read [réd]-read [réd]
　　過去形・過去分詞形の発音に注意。

22
teach
[tí:tʃ / ティーチ]

〜を教える
Who **teaches** you English?
(誰があなたたちに英語を教えているのですか)
注 活用は teach-taught-taught

23
learn
[lə́:rn / ラーン]

〜を学ぶ
She is **learning** Italian.
(彼女はイタリア語を学んでいる)
注 活用は learn-learned [learnt]-learned [learnt]

24 borrow
[bárou / バロウ]

〜を借りる
I **borrowed** two books from the library.
(私は図書館から2冊の本を借りた)
注「〜を貸す」はlend

25 buy
[bái / バイ]

〜を買う
She will **buy** the handbag at the shop.
(彼女は店でそのハンドバッグを買うつもりだ)
注 活用はbuy-bought-bought

26 sell
[sél / セル]

売る
My brother is going to **sell** his car.
(私の兄[弟]は車を売るつもりだ)
注 活用はsell-sold-sold

27 build
[bíld / ビルド]

〜を建てる
He **built** a new house for his son.
(彼は息子に新しい家を建ててやった)
注 活用はbuild-built-built

28 enjoy
[endʒɔ́i / エンヂョイ]

〜を楽しむ
I **enjoy** fishing on weekends.
(私は週末には釣りをして楽しむ)

29 miss
[mís / ミス]

〜を逃す，〜がいなくて淋しい
George **missed** the last train yesterday.
(ジョージは昨日最終列車に乗り遅れた)

30 need
[níːd / ニード]

〜を必要とする
You **need** a dictionary in class.
(授業では辞書が必要です)

31 marry
[mǽri / マリ]

〜と結婚する
Are you going to **marry** her?
(あなたは彼女と結婚するつもりですか)

32 win
[wín / ウィン]

(〜に) 勝つ
Our team **won** the match by three points.
（私たちのチームは3点差で試合に勝った）
注 活用は win-won-won
　　won [wʌ́n] の発音に注意。

33 begin
[bigín / ビギン]

始まる，始める
School **begins** at 8:30.
（学校は8時30分に始まる）
注 活用は begin-began-begun

34 add
[ǽd / アド]

〜を加える，足す
Add some salt and pepper to the soup.
（スープに塩とコショウを加えてください）

35 leave
[líːv / リーヴ]

出発する
They **left** early in the morning.
（彼らは早朝に出発した）
注 活用は leave-left-left

36 play
[pléi / プレイ]

遊ぶ，(楽器などを) 演奏する
Tomoko **plays** the flute very well.
（とも子はフルートをとても上手に演奏する）

37 paint
[péint / ペイント]

絵を描く，ペンキを塗る
He **painted** the picture in a week.
（彼はその絵を1週間で描いた）

38 brush
[brʌ́ʃ / ブラッシュ]

ブラシをかける，(歯や靴を) 磨く
Brush your teeth before going to bed.
（寝る前には歯を磨きなさい）

39 climb
[kláim / クライム]

登る
I have never **climbed** Mt. Fuji.
（私は富士山に登ったことはありません）
注 climbのbは発音しない。

40 feel
[fíːl / フィール]

感じる
When do you **feel** happy?
（あなたはどんなときに幸せを感じますか）
注 活用は feel-felt-felt

41 **smell** [smél / スメル]	**においがする** This flower **smells** very sweet. (この花はとても甘い香りがする)
42 **taste** [téist / テイスト]	**味がする** The fruit **tasted** sour. (その果物はすっぱい味がした)
43 **watch** [wátʃ / ワッチ]	**(じっと)〜を見る** We **watched** the game on TV last night. (私たちは昨夜その試合をテレビで見た)
44 **believe** [bilíːv / ビリーヴ]	**〜を信じる** I can't **believe** what he says. (私は彼が言うことを信じることができない)
45 **laugh** [lǽf / ラフ]	**笑う** The students **laughed** at the sight. (生徒たちはその光景を見て笑った) 注「〜を見て[聞いて]笑う」はlaugh at〜
46 **shout** [ʃáut / シャウト]	**叫ぶ** The boy **shouted** for help. (少年は助けを求めて叫んだ)
47 **wear** [wéər / ウェア]	**〜を身につけている** Which dress shall I **wear** today? (今日はどの服を着ようかしら) 注 活用はwear-wore-worn 「着る」という動作はput on。
48 **bake** [béik / ベイク]	**〜を焼く** Mother **baked** cookies for us. (母は私たちにクッキーを焼いてくれた)
49 **cover** [kʌ́vər / カヴァ]	**おおう** The book was **covered** with dust. (その本はほこりまみれであった)

50 **mistake** [mistéik / ミステイク]	**〜を間違う，誤解する** Take care not to **mistake** the road. (道を間違えないように注意しなさい) 注 活用は mistake-mistook-mistaken
51 **decide** [disáid / ディサイド]	**〜を決定する** He **decided** to be a doctor. (彼は医者になろうと決心した)
52 **choose** [tʃúːz / チューズ]	**〜を選ぶ** Which will you **choose** of the two cars? (2台の車のうちどちらを選びますか) 注 活用は choose-chose-chosen
53 **waste** [wéist / ウェイスト]	**〜を無駄にする，浪費する** You should not **waste** time on such a thing. (そんなことに時間を浪費すべきではない)
54 **hold** [hóuld / ホウルド]	**〜を保持する** **Hold** the rope tight, please. (ロープをしっかり持ってください) 注 活用は hold-held-held
55 **collect** [kəlékt / コレクト]	**〜を集める** I am **collecting** old coins. (私は古いコインを集めている)
56 **pick** [pík / ピック]	**〜を取り上げる，(花や果実を) つむ** Jane **picked** the flowers in the field. (ジェーンは野原でその花をつんだ)
57 **return** [ritə́ːrn / リターン]	**戻る，〜を返す** Doctor Tanaka will **return** home tomorrow. (田中博士は明日帰国する予定です)
58 **join** [dʒɔ́in / ヂョイン]	**〜に参加する，加わる** Will you **join** our club? (私たちのクラブに入ってくれませんか)
59 **reach** [ríːtʃ / リーチ]	**到着する** We **reached** the top of the mountain after one hour. (私たちは1時間後に山の頂上に到着した)

60 lead
[líːd / リード]

(～を) 導く
The guide will **lead** you to the spot.
(ガイドがその地点まであなたを案内してくれます)
注 活用は lead-led-led

61 try
[trái / トライ]

試す, やってみる
Let's **try** again.
(もう一度やってみましょう)

62 check
[tʃék / チェック]

～を確認する
She **checked** the paper carefully.
(彼女は注意深く書類を確認した)

63 fill
[fíl / フィル]

～を満たす
He **filled** a glass with water.
(彼はコップに水をいっぱい入れた)

64 plan
[plǽn / プラン]

(～を) 計画する
Are you **planning** to go somewhere this weekend?
(この週末にどこかへ行く計画をしていますか)

65 break
[bréik / ブレイク]

～を壊す
Cathy **broke** the vase by mistake.
(キャシーは誤って花びんを壊した)
注 活用は break-broke-broken

66 kill
[kíl / キル]

～を殺す
A lot of people were **killed** in the war.
(多くの人々がその戦争で亡くなった)

67 use
[júːz / ユーズ]

～を使う
You must not **use** a dictionary in this lesson.
(この授業では辞書を使ってはいけません)

68 lose
[lúːz / ルーズ]

～を失う
She **lost** her temper after her children came home late.
(彼女は子供たちが遅く帰宅したので, 激怒した)
注 活用は lose-lost-lost

69
spend
[spénd / スペンド]

(〜を) 費やす，過ごす
Robert **spends** too much money on his hobbies.
(ロバートは趣味にお金を費やしすぎる)
注 活用は spend-spent-spent

70
agree
[əgríː / アグリー]

同意する
I **agree** with you on the matter.
(その事柄についてはあなたに同意する)
注 「〜に同意する」は agree with 〜

71
promise
[prámis / プラミス]

(〜を) 約束する
I **promised** to see her next week.
(私は来週彼女に会うと約束した)

72
wish
[wíʃ / ウィッシュ]

〜を望む
I **wish** you a nice holiday.
(楽しい休日をお過ごしください)

73
tell
[tél / テル]

〜を話す
Please don't **tell** him this story.
(彼にはこの話をしないでくださいね)
注 活用は tell-told-told

74
become
[bikʌ́m / ビカム]

〜になる
He has **become** very careful recently.
(彼は最近とても注意深くなった)
注 活用は become-became-become
　 未来のことについてはふつう become の代わりに be を用いる。

75
serve
[sə́ːrv / サーヴ]

〜に仕える，勤める
She **served** her master for twenty years.
(彼女は20年間主人に仕えた)

76
save
[séiv / セイヴ]

〜を救う，節約する
Alex **saved** my son from drowning.
(アレックスは私の息子がおぼれかけていたのを助けてくれた)

77
happen
[hǽpn / ハプン]

起こる
The accident **happened** at midnight.
(その事件は真夜中に起こった)

78 ☐ **raise** [réiz / レイズ]	**〜を(持ち)上げる** **Raise** your hand when you find the answer. (答えがわかれば手を上げなさい) 注 rise (上がる) と区別して覚えること。
79 ☐ **follow** [fálou / ファロウ]	**〜に従う** You should **follow** the doctor's advice. (医者のアドバイスには従うべきだ)
80 ☐ **shine** [ʃáin / シャイン]	**輝く** The sun was **shining** brightly. (太陽が明るく輝いていた) 注 活用は shine-shone-shone だが,「(靴などを) 磨く」という意味では shine-shined-shined。
81 ☐ **invite** [inváit / インヴァイト]	**〜を招待する** Thank you for **inviting** me to this meeting. (この会合に招待していただきありがとうございます)
82 ☐ **visit** [vízit / ヴィズィット]	**〜を訪問する** I **visited** the city ten years ago. (私は10年前にその都市を訪れた)
83 ☐ **hurt** [hə́ːrt / ハート]	**〜を傷つける** I'm sorry to **hurt** her feelings. (彼女の気持ちを傷つけてしまい申し訳ありません) 注 活用は hurt-hurt-hurt
84 ☐ **arrest** [ərést / アレスト]	**〜を逮捕する** The police will **arrest** the criminal soon. (警察はまもなく犯人を逮捕するだろう)
85 ☐ **guess** [gés / ゲス]	**〜を推測する** Can you **guess** what it is? (それが何か推測できますか)
86 ☐ **surprise** [sərpráiz / サプライズ]	**〜を驚かせる** The news of the accident **surprised** us all. (事故のニュースは私たち全員を驚かせた)
87 ☐ **remember** [rimémbər / リメンバ]	**〜を覚えている,〜を思い出す** I still **remember** the day we first met. (私たちが最初に会った日のことを今でも覚えている)

88 forget
[fərgét / フォゲット]

～を忘れる
Sorry, but I **forgot** his phone number.
(すみません，彼の電話番号を忘れてしまいました)
注 活用は forget-forgot-forgot [forgotten]

89 ask
[ǽsk / アスク]

(質問を) たずねる
The students **asked** me some questions about the country.
(生徒たちは私にその国についていくつかの質問をした)

90 answer
[ǽnsər / アンサ]

～に答える
He went out without **answering** my question.
(彼は私の質問に答えずに出て行った)

91 fly
[flái / フライ]

飛ぶ
Birds are **flying** high above the mountain.
(鳥が山のずっと上空を飛んでいる)
注 活用は fly-flew-flown

92 ride
[ráid / ライド]

～に乗る
I **ride** a bus to school on rainy days.
(雨の日にはバスに乗って通学します)
注 活用は ride-rode-ridden

93 drive
[dráiv / ドライヴ]

運転する
Please don't **drive** so fast. It's dangerous.
(そんなにスピードを出して運転しないでください，危険ですから)
注 活用は drive-drove-driven

94 send
[sénd / センド]

～を送る
She **sent** me a nice present for my birthday.
(彼女は誕生日にすばらしいプレゼントを送ってくれた)
注 活用は send-sent-sent

95 receive
[risí:v / リスィーヴ]

～を受け取る
Have you **received** his email yet?
(彼からのEメールをもう受け取りましたか)

96 move
[mú:v / ムーヴ]

動く
The train slowly began to **move**.
(列車はゆっくりと動き始めた)

97
fall
[fɔ́ːl / フォール]

落ちる
The old man **fell** off the cliff by accident.
(その老人は誤って崖から落ちた)
注 活用は fall-fell-fallen

98
know
[nóu / ノウ]

〜を知る
John **knows** a lot about the history of Japan.
(ジョンは日本の歴史をよく知っている)
注 活用は know-knew-known

99
knock
[nák / ナック]

〜をノックする
Please **knock** on the door before entering my room.
(私の部屋に入る前にはノックしてください)

100
shock
[ʃák / シャック]

〜にショックを与える
The news of his death **shocked** me.
(彼の死の知らせは私にショックを与えた)

GRADE 1

まずは基本の単語からスタート。
つづりが確実に書けるかチェックしよう。

GRADE 1 §1

イベントに関する語（名詞）

0001 ★
concert
[kάnsərt／カンサト]
音楽会, コンサート
rock concert
ロックコンサート

0002
contest
[kάntest／コンテスト]
競争, コンテスト
動 [kəntést] ⑦ 競争する
speech contest
スピーチコンテスト

0003 ★★
event
[ivént／イヴェント]
出来事, 事件
a historical event
歴史上の事件

0004 ★
festival
[féstəvəl／フェスティヴァル]
①祭り　②催し
形 festive 祭りの
a music festival
音楽祭

0005 ★
prize
[práiz／プライズ]
賞, 賞金［品］
a Nobel Prize
ノーベル賞

プラスイメージの語①（形容詞）

0006 ★
clever
[klévər／クレヴァ]
利口な
反 dull 頭の鈍い
a clever child
利口な子供

0007 ★★
famous
[féiməs／フェイマス]
有名な
同 well-known
be famous for ～
～で有名である

0008 ★
perfect
[pə́ːrfikt／パーフィクト]
完ぺきな
副 perfectly 完全に
the perfect crime
完全犯罪

0009 ★
smart
[smάːrt／スマート]
①利口な　②機敏な
③さっそうとした
be smart in math
数学が得意である

0010
wise
[wáiz／ワイズ]
賢い, 分別のある
名 wisdom 賢明さ
反 foolish, stupid 愚かな
a wise old man
賢老人

0011
sweet
[swíːt／スウィート]
①甘い　②（音・かおりなどが）よい
名 sweets お菓子
have a sweet tooth
甘党である

24　メモ　スマート（smart）は日本語で「ほっそりした」の意味で用いるが, 英語ではそのような意

☑ The **concert** will be given in the open air.	その<u>コンサート</u>は野外で行われます。
☑ She entered the **speech contest**.	彼女は<u>スピーチコンテスト</u>に出場した。
☑ Birth, marriage, and death are the most important **events** in our life.	誕生，結婚，死は人生で最も重要な<u>出来事</u>だ。
☑ The Cannes Film **Festival** is held in France every year.	カンヌ映画<u>祭</u>は毎年フランスで開かれる。
☑ My sister **got first prize** in the speech contest.	姉［妹］はスピーチコンテストで<u>一等賞をとった</u>。
☑ Mike is very **clever**, so he solved the problem very quickly.	マイクはとても<u>利口</u>なので，その問題を即座に解いた。
☑ Nara **is famous for** its old temples.	奈良は古い寺があることで<u>有名です</u>。
☑ Practice makes **perfect**.	練習は<u>完全</u>に通じる［習うより慣れろ］。
☑ It was **smart** of you to work part-time during the summer vacation.	君は夏休みの間アルバイトをして<u>利口</u>だったよ。
☑ You were **wise** to refuse the offer.	あなたがその申し出を断ったのは<u>賢明</u>だった。
☑ This cake is too **sweet** for me.	このケーキは私にとって<u>甘</u>すぎる。

味はない。その意味ではslenderを用いるので，注意が必要である。

GRADE 1 §2

概念を表す語①（名詞）

0012
victory
[víktəri / ヴィクトリ]
勝利, 優勝
反 defeat 敗北
an easy victory
楽勝

0013 ★★
culture
[kʌ́ltʃər / カルチャ]
①文化　②教養
形 cultural 文化の, 教養の
Greek culture
ギリシャ文化

0014 ★★
fact
[fǽkt / ファクト]
事実, 現実
in fact
実際は

0015
god
[gád / ガッド]
神
比 goddess 女神
God bless you!
神のご加護を！

0016
honor
[ánər / アナ]
①名誉, 光栄　②尊敬
動 ～に名誉を与える
形 honorable 尊敬すべき
win honor
名声を得る

マイナスイメージの語①（形容詞）

0017 ★★
dangerous
[déindʒərəs / デインヂャラス]
危険な
名 danger 危険
a dangerous road
危険な道路

0018 ★
lazy
[léizi / レィズィ]
怠惰な, 無精な
反 diligent 勤勉な
a lazy student
怠惰な学生

0019
silly
[síli / スィリ]
ばかな, 愚かな
同 foolish
a silly question
ばかばかしい質問

0020
stupid
[st(j)úːpid / ストゥービッド]
①ばかな, 愚かな
②くだらない　名 stupidity 愚かさ
反 wise, clever 賢い
a stupid mistake
愚かな間違い

0021
crazy
[kréizi / クレイズィ]
①正気でない　②夢中の
be crazy about [for] ～
～に夢中である

メモ　god は「神」の意味で, 複数形の「神々」gods もある。キリスト教の神は一神教であるの

I was surprised by Italy's **victory** in the World Cup.	私はワールドカップでのイタリアの勝利に驚いた。
I have learned a lot from ancient **Greek culture**.	私は古代ギリシャ文化から多くのことを学んだ。
In fact, this is a very interesting story.	実際は，これはとても興味深い話である。
God helps those who help themselves.	天[神]は自ら助くる者を助く[神は自分の力で努力する人に力を貸してくれる]。〔ことわざ〕
It is a great **honor** to make a speech at this meeting.	この会合でスピーチができることはまことに光栄です。
It is **dangerous** for children to play in the street.	子供が道路で遊ぶのは危険だ。
The captain of the team often complains that the new members are **lazy**.	チームのキャプテンは新入部員が怠惰であると度々こぼします。
I was **silly** to believe such a story.	あんな話を信じるなんて私はばかだった。
It was **stupid** of you to make that remark in the discussion.	討議でその発言をするなんて君は愚かだった。
My father **is crazy about** fishing.	父は釣りに夢中である。

で，文中でも大文字で表現する。

GRADE 1 §3　1-05

概念を表す語②（名詞）

0022
humor
[hjúːmər / ヒューマ]
ユーモア　[類] wit 機知
[形] humorous ユーモアのある
a sense of humor
ユーモアのセンス

0023 ★
image
[ímidʒ / イメッヂ] [ア]
①印象, イメージ　②像
have a good image
印象がよい

0024 ★
importance
[impɔ́ːrtəns / インポータンス]
重要性, 重大さ
[形] important 大切な
of no importance
重要でない

0025
justice
[dʒʌ́stis / ヂャスティス]
正義
[形] just 公正な, 公平な
a sense of justice
正義感

0026
truth
[trúːθ / トルース]
真実, 事実
[形] true 本当の
to tell (you) the truth
実を言うと

可能・不可能に関する語（形容詞）

0027 ★★
able
[éibl / エイブル]
～することができる
[反] unable
～することができない
be able to ～
～することができる

0028
capable
[kéipəbl / ケイパブル]
～する能力がある, 有能な
[名] capability 能力, 可能性
be capable of -ing
～する能力がある

0029 ★★
possible
[pásəbl / パスィブル]
①可能な　②起こりうる
as ～ as possible
できるだけ～

0030 ★
impossible
[impásəbl / インパスィブル]
①不可能な　②ありえない
[反] possible 可能な
an impossible dream
不可能な夢

0031
apt
[ǽpt / アプト]
～しがちである, ～する傾向がある
be apt to ～
～しがちである

28　**メモ**　humor は日本語では「ユーモア」と言うが, 語頭の h 音を発音して [hjúːmər] である。the

He has **a** good **sense of humor**.	彼はよい<u>ユーモアのセンス</u>がある。
We must improve the company's **image**.	我が社の<u>イメージ</u>アップをしなければならない。
What he says is **of no importance**.	彼が言うことは<u>重要ではない</u>。
I'm sure they have **a sense of justice**.	彼らに<u>正義感</u>のあることは信じて疑いません。
To tell the truth, I was late because I overslept this morning.	<u>実を言うと</u>，今朝私は寝坊したから遅れたのです。
You will **be able to** drive a car next year.	来年あなたは車を運転<u>できるようになる</u>でしょう。
Is he **capable of** learning such a long poem by heart?	彼にそんなに長い詩を暗記する<u>能力がありますか</u>。
I want to finish my homework **as soon as possible** and go out to play.	<u>できるだけ早く</u>宿題を終えて遊びに出かけたい。
It is **impossible** to master a foreign language in such a short time.	外国語をそんな短期間でマスターすることは<u>不可能</u>です。
Ken **is apt to** get into mischief.	健はいたずらを<u>しがちだ</u>。

Netherlands の通称「オランダ」も h 音を発音して，Holland [hάlənd] である。

GRADE 1 §4

学校・学問に関する語（名詞）

0032 ★
ceremony
[sérəmòuni / セレモウニ]
① 儀式　② 礼儀
形 ceremónial 儀式の, ceremónious 堅苦しい
the opening ceremony
開会式

0033 ★★
speech
[spíːtʃ / スピーチ]
① 演説, スピーチ　② 話し言葉
類 address　動 speak 話す
make a speech
演説をする

0034 ★
subject
[sʌ́bdʒekt / サブヂェクト]
① 主題　② 科目
形 (～に) かかりやすい
change the subject
話題を変える

0035 ★★
program
[próugræm / プロウグラム]
① プログラム, 番組　② 計画
動 ～の計画を立てる, ～をプログラムに入れる
TV program
テレビ番組

0036 ★
title
[táitl / タイトル]
題名
title of the novel
小説の題名

感情・心の状態を表す語（形容詞）

0037 ★
afraid
[əfréid / アフレイド]
① 恐れて　② 心配して
be afraid of ～
～がこわい

0038
anxious
[ǽŋkʃəs / アンクシャス]
① ～を心配して
② ～を切望して　＊ be anxious to ～ で「～することを切望する」。
名 anxíety ⑦ 心配
be anxious about ～
～を心配している

0039
mad
[mǽd / マッド]
① 気が狂った　② 熱中して
go mad
気が狂う

0040 ★
sad
[sǽd / サッド]
悲しい
副 sadly 悲しそうに
名 sadness 悲しみ
sad to say
悲しいことに

0041 ★
sorry
[sɔ́ri / サリ]
① 気の毒で
② すまなく思って
be sorry for [about] ～
～をすまなく思う

メモ　I'm sorry. は謝るときに用いること。交通事故などは双方に過失がある場合が多いので,

The opening **ceremony** began at eight.	開会式は8時に始まった。
Dr. Jones is going to **make a speech** tomorrow.	ジョーンズ博士は明日演説をすることになっている。
What **subject** are you going to major in?	どの科目をあなたは専攻するつもりですか。
This TV **program** begins at eight and ends at nine.	このテレビ番組は8時に始まって，9時に終わります。
What's the **title** of the novel you read?	あなたが読んだ小説の題名は何ですか。

She **is** very **afraid of** spiders.	彼女はクモがとてもこわい。
His parents **are anxious about** his health.	彼の両親は彼の健康を心配している。
He **is anxious to** play soccer.	彼はサッカーをすることを切望している。
She **went mad** with grief after the death of her son.	彼女は息子の死後，悲しみに狂った。
Ken **looks sad** because his dog is ill.	ケンはイヌが病気なので悲しそうです。
I'm really **sorry for** not having answered your letter sooner.	もっと早くに君の手紙に返事しなくて本当にすみません。

乱用しないほうが無難である。

GRADE 1 §5

計測・量・単位に関する語（名詞）

0042 ★★
pair
[péər／ペア]
① ひと組　② 2人組
in pairs
2つ[2人]ひと組になって

0043 ★★
percent
[pərsént／パセント] ア
パーセント
40 percent of the people
40パーセントの人

0044
pound
[páund／パウンド]
① ポンド（英国の貨幣単位）
② ポンド（重量単位）
1ポンド＝約454グラム
a ten-pound note
10ポンド札

0045 ★
figure
[fígjər／フィギャ]
① 数字　② 数値　③ 姿
sales figures
販売数量

0046 ★
average
[ǽvərɪdʒ／アヴェリッヂ]
① 平均　② 標準
形 平均の
on average
平均して

基本・一般的などを表す語（形容詞）

0047 ★★
basic
[béisik／ベイスィック]
① 基本の　② 不可欠な
be basic to ~
~に不可欠な

0048 ★★
common
[kámən／カモン]
① 共通の　② 普通の
副 commonly 一般に, 通例
be common to ~
~に共通である

0049 ★
single
[síŋgl／スィングル]
① たった1つの[1人の]
② 独身の
single figure
一桁の数

0050 ★
usual
[júːʒuəl／ユージュアル]
① いつもの　② 通例
副 usually 普通は, いつもは
as usual
いつものように

0051 ★
natural
[nǽtʃərəl／ナチュラル]
① 自然の　② 当然の
③ 生まれつきの
副 naturally 当然
a natural enemy
天敵

メモ　靴一足は a pair of shoes で, a couple of shoes とは言わない。

☑ The children are walking <u>in pairs</u> behind their teacher.	子供たちは先生の後を<u>2人ひと組になって</u>歩いている。
☑ Forty <u>percent</u> of the people were for the proposal.	40<u>パーセント</u>の人がその提案に賛成した。
☑ Forty <u>percent</u> of the house was destroyed.	その家の40<u>パーセント</u>が破壊された。
☑ My brother weighs about one hundred and fifty <u>pounds</u>.	兄［弟］は体重が約150<u>ポンド</u>ある。
☑ These <u>figures</u> show the size of the building.	これらの<u>数字</u>からその建物の大きさがわかる。
☑ The <u>average</u> of 4, 6, and 8 is 6.	4と6と8の<u>平均</u>は6だ。
☑ Honesty <u>is basic to</u> a true friendship.	真の友情には誠実さが<u>不可欠だ</u>。
☑ The desire to be rich <u>is common to</u> everyone.	金持ちになりたいという欲望は誰にでも<u>共通にある</u>。
☑ We lost the game by a <u>single</u> point.	私たちは<u>たった1</u>点の差で試合に負けた。
☑ Yesterday he didn't come home at the <u>usual</u> time.	昨日彼は<u>いつもの</u>時間に帰宅しなかった。
☑ It is <u>natural</u> that he should win.	彼が勝つのは<u>当然</u>だ。

GRADE 1 §6

建築物・建物に関する語(名詞)

0052 ★
castle
[kǽsl / キャスル]
城
Himeji Castle
姫路城

0053
roof
[rúːf / ルーフ]
屋根
複 roofs
be left without a roof
住む家がない

0054 ★★
seat
[síːt / スィート]
座席
動 ～を座らせる
take a seat
座る

0055 ★★
story
[stɔ́ːri / ストーリ]
①階 ②物語
a two-story house
2階建ての家

0056 ★
branch
[brǽntʃ / ブランチ]
①枝 ②支店, 支社
branch office
支社

興味・関心を表す語(形容詞)

0057 ★
strange
[stréindʒ / ストレインヂ]
①奇妙な ②見知らぬ
⇒ stranger 見知らぬ人
a strange sight
奇妙な光景

0058 ★
violent
[váiələnt / ヴァイオレント]
激しい
名 violence 暴力
a violent storm
激しい嵐

0059
exciting
[iksáitiŋ / イクサイティング]
興奮させる, わくわくさせる
類 excited 興奮した
動 excite ～を興奮させる
名 excitement 興奮
an exciting game
わくわくする試合

0060 ★★
favorite
[féivərit / フェイヴァリット]
お気に入りの, 大好きな
名 favor 好意
your favorite sport
あなたの大好きなスポーツ

0061 ★★
interesting
[íntərəstiŋ / インタレスティング]
興味のある, おもしろい
類 interested 関心がある
an interesting idea
おもしろい考え

メモ　storyは建物が何階建てであるかを表す場合に用い, 特定の階を表す場合はfloorを用い

A vampire lived in that mountain **castle**.	あの山の**城**に吸血鬼が住んでいました。
The **roof** was beginning to leak.	**屋根**は雨漏りし始めていた。
I gave my **seat** to an old lady in the train.	私は電車の中で老婦人に**席**を譲った。
My house has three **stories**.	私の家は3**階**建てだ。
I cut the tree's **branches** with a saw.	私はのこぎりで木の**枝**を切った。
Her behavior has been a bit **strange** lately.	彼女のふるまいは近ごろ少々**奇妙**だ。
The students went out in the **violent** storm.	学生たちは**激しい**嵐の中を出て行った。
It was the most **exciting** trip I had ever had.	それは私が今までに経験した最も**胸をわくわくさせる**旅だった。
What's your **favorite** sport?	あなたの**大好きな**スポーツは何ですか。
That is an **interesting** idea.	それは**おもしろい**考えですね。

GRADE 1 §7

構成要素に関する語（名詞）

0062 ★
couple
[kʌ́pl / カプル]
① ひと組, 1対　② カップル
類 pair
a couple of ～
2，3の～

0063 ★
total
[tóutl / トウトル]
総計, 合計
形 総計の　動 ～を合計する
in total
全部で，合計で

0064 ★★
cause
[kɔ́ːz / コーズ]
① 原因　② 理由
類 reason 理由
反 effect [ifékt] 結果
cause of the accident
事故の原因

0065 ★★
factor
[fǽktər / ファクタ]
（ある結果をもたらす）要因
動 ～の原因となる
a risk factor
危険因子

0066 ★
sort
[sɔ́ːrt / ソート]
種類
all sorts of ～
いろいろな～

社会・熟知に関する語（形容詞）

0067 ★
familiar
[fəmíljər / ファミリア]
① よく知られた　② 親しい
be familiar with ～
～をよく知っている

0068
unknown
[ʌnnóun / アンノウン]
知られていない, 無名の
反 known 広く知られた
an unknown actor
無名の俳優

0069 ★★
foreign
[fɔ́ːrən / フォーリン]
外国の
foreign languages
外国語

0070 ★★
global
[glóubl / グロウブル]
全世界の, グローバルな
global business
グローバル企業

0071 ★★
social
[sóuʃəl / ソウシャル]
① 社会の　② 社交的な
social problems
社会問題

メモ　あらゆる種類の花は all sorts of flowers と表現するが, flowers of all sorts と言ってもよ

- The theater was crowded with a lot of **couples**. 映画館はたくさんの<u>カップル</u>で込み合っていた。

- The **total** number of visitors from abroad who came to Japan was about eight million last year. 外国から日本を訪れた客の<u>合計</u>は、昨年は約800万人だった。

- The **cause** of the accident is not known yet. その事故の<u>原因</u>はいまだに不明である。

- High food prices are caused by many **factors**. 食品価格の値上りは多くの<u>要因</u>が原因だ。

- There are many different **sorts** of people in New York. ニューヨークには多くの様々な<u>種類</u>の人々がいる。

- **I'm not** so **familiar with** computer graphics. 私はコンピューターグラフィックスをそんなに<u>よく知らない</u>。

- The number of injured people is still **unknown**. 負傷者の数はまだ<u>不明</u>です。

- How many **foreign languages** can you speak? あなたは<u>外国語</u>を何か国語話すことができますか。

- Pollution is a matter of **global** importance. 公害は<u>世界的に</u>重要な事柄である。

- I want her to be a bit more **social**. 彼女にもう少し<u>社交的</u>になってほしい。

い。類語としてはsortsの代わりにkindsを用いてもよい。

GRADE 1 §8

行為・方法を表す語（名詞）

0072 ★
manner [mǽnər / マナ]
① 方法
②（mannersで）行儀
table manners
テーブルマナー

0073 ★★
method [méθəd / メソッド]
① 方法
② 筋道，規律
treatment method
治療法

0074 ★
practice [prǽktis / プラクティス]
① 実行 ② 練習 ③ 習慣
動 〜を実行する，練習する
put 〜 into practice
〜を実行に移す

0075 ★★
success [səksés / サクセス]
成功
動 succéed 成功する
形 succéssful 成功した
a chance of success
成功の見込み

0076
election [ilékʃən / イレクション]
① 選挙 ② 選択権
動 elect 〜を選ぶ
a presidential election
大統領選挙

状態を表す語①（形容詞）

0077 ★★
full [fúl / フル]
① いっぱいの ② 完全な
be full of 〜
〜でいっぱいである

0078 ★
loud [láud / ラウド]
① 大声の ② 騒がしい
副 大声で（= loudly）
a loud voice
大声

0079 ★
quiet [kwáiət / クワィエット]
① 静かな ② 穏やかな
名 静けさ 動 〜を和らげる
副 quietly 静かに
a quiet street
静かな通り

0080 ★
quick [kwík / クウィック]
速い
副 速く（= quickly）
a quick worker
仕事が速い人

0081 ★★
slow [slóu / スロウ]
① 遅い ②（時計が）遅れている
反 fast 速い
副 slowly ゆっくり
a slow driver
ゆっくり運転する人

メモ 「マナーが悪いこと」「無作法」などは英語では複数形にすること。bad mannersと表記す

☑ It is bad **manners** to talk with your mouth full.	口に食べ物を入れて話をするのは行儀が悪い。
☑ Many doctors tried the new treatment **method**.	多くの医者がその新しい治療法を試してみた。
☑ You need more **practice** before the concert.	君はコンサートまでにもっと練習が必要だ。
☑ She has a great chance of **success**.	彼女には大いに成功の見込みがある。
☑ There is a presidential **election** every four years in the United States.	アメリカでは4年に1度大統領選挙がある。
☑ The garden **was full of** pear and apple trees.	庭園は洋ナシとリンゴの木でいっぱいだった。
☑ Jack **has a loud voice**.	ジャックは声が大きい。
☑ Be **quiet**, please.	静かにしてください。
☑ She is a **quick** worker.	彼女は仕事が速い。
☑ Heavy traffic made our trip **slow**.	交通渋滞で私たちの旅行が遅れた。

GRADE 1 §9

国家・社会に関する語（名詞）

0082 ★★
nation [néiʃən/ネイション]
① 国家　② 国民
形 national 国家の, 国民の
the African nations
アフリカ諸国

0083 ★★
state [stéit/ステイト]
① 国家　② 州《米》　③ 状態
動 ～を述べる
the United States
合衆国

0084
capital [kǽpətl/キャピトル]
① 首都　② 資本　③ 大文字
形 主要な, 大文字の
capital A
大文字のA

0085 ★★
power [páuər/パウア]
① 力　② 権力　③ 電力
形 powerful 力強い
come into power
権力を握る

0086
race [réis/レイス]
① 人種　② 競争
動 競争する
the yellow race
黄色人種

人間・属性に関する語①（形容詞）

0087 ★★
human [hjú:mən/ヒューマン]
① 人間の　② 人間的な
名 humánity 人類, 人間性
human being(s)
人間

0088
hungry [háŋgri/ハングリ]
空腹な
名 hunger 空腹
feel hungry
空腹を感じる

0089
lonely [lóunli/ロウンリ]
① 孤独な　② 人里離れた
同 lonesome
a lonely forest
人里離れた森

0090 ★
alone [əlóun/アロウン]
① ただ1人の　② ただ～だけ
副 1人で
be all alone
1人ぼっちである

0091
pale [péil/ペイル]
① 青白い　② （光が）淡い
pale moonlight
淡い月光

メモ　nation は1つの政府の支配下にまとまった, 同じ制度や法律を持つ人々の集団としての

Europe consists of more than 40 **nations**.	ヨーロッパは40を超える<u>国家</u>から成り立っている。
Alaska is the largest of the 50 **states** of the USA.	アラスカは合衆国の50の<u>州</u>のうち最大である。
Paris is one of the most beautiful **capitals** in the world.	パリは世界中で最も美しい<u>首都</u>の1つだ。
The president's wife has a lot of **power**.	大統領夫人は多大な<u>権力</u>を持っている。
You can see people of many different **races** in London.	ロンドンでは多くの異なった<u>人種</u>の人々を見かける。
Talking is a **human** ability.	話をすることは<u>人間特有の</u>能力である。
Can I have a banana? I'm **hungry**.	バナナを食べてもいい？ <u>おなかがすいて</u>いるの。
I felt very **lonely** when I first left home.	初めて親元を離れたとき，私はとても<u>寂し</u>かった。
She didn't want to be **alone** that night.	彼女はその夜<u>たった1人</u>でいたくなかった。
You look **pale**.	君は<u>顔色が悪い</u>。

国家を指す。state は1つの集合体としての国家。

GRADE 1 §10

1-12

経済・動力に関する語（名詞）

0092 ★★
☐ **cost**
[kɔ́(ː)st / コ（ー）スト]

① 費用, 値段　② 犠牲
動 (費用が) かかる

at a low cost
安い値段で

0093 ★★
☐ **price**
[práis / プライス]

値段, 物価

above price
きわめて高価な

0094 ★★
☐ **trade**
[tréid / トレイド]

① 貿易　② 職業, 仕事
動 売買する, 交換する

free trade
自由貿易

0095 ★
☐ **airplane**
[éərplèin / エアプレイン]

飛行機
同 plane, aeroplane《英》

travel by airplane
飛行機で旅行する

0096
☐ **engine**
[éndʒin / エンヂン]

エンジン
⇒ ènginéer 技師, エンジニア

engine trouble
エンジントラブル

人間・属性に関する語②（形容詞）

0097 ★
☐ **strict**
[stríkt / ストリクト]

① 厳しい　② 厳密な
同 severe　副 strictly 厳しく

strict rules
厳しい規則

0098 ★
☐ **well-known**
[wélnóun / ウェルノウン]

有名な, よく知られた
同 famous
反 unknown 知られていない

a well-known actress
有名な女優

0099
☐ **bold**
[bóuld / ボウルド]

① 大胆な, 勇気のある
② ずうずうしい
類 brave

a bold decision
勇気ある決断

0100
☐ **brave**
[bréiv / ブレイヴ]

勇敢な
反 cowardly 臆病な

be brave to ～
勇敢にも～する

0101 ★
☐ **wild**
[wáild / ワイルド]

① 野生の, 未開の
② 荒れ果てた
名 wilderness 荒野

wild strawberries
野イチゴ

メモ　brave は肉体的な勇敢さを賛美する, 日常的な語。courageous は精神的な強さを強調す

☑ I bought a secondhand car <u>at a low cost</u>.	私は<u>安い値段で</u>中古車を買った。
☑ The <u>price</u> of this English-Japanese dictionary is 3,200 yen.	この英和辞典の<u>値段</u>は3,200円です。
☑ Japan does a lot of <u>trade</u> with the USA.	日本は米国とたくさん<u>貿易</u>をしている。
☑ Let's travel to Hawaii <u>by airplane</u>.	<u>飛行機で</u>ハワイへ旅行しよう。
☑ I'm afraid something is wrong with the <u>engine</u>.	<u>エンジン</u>が故障しているのではないかと恐れている。
☑ Mr. Yamada is very <u>strict</u> with his students.	山田先生は生徒に対して非常に<u>厳しい</u>。
☑ His name is <u>well-known</u> all over the world.	彼の名は世界中に<u>よく知られている</u>。
☑ He made a <u>bold</u> decision to change his job.	彼は転職するという<u>勇気のある</u>決断をした。
☑ He <u>was brave to</u> go into the burning house to save the baby.	彼は<u>勇敢にも</u>赤ん坊を助けるために燃えさかる家にとび込んだ。
☑ I picked a lot of <u>wild</u> strawberries in the woods.	私は森で<u>野</u>イチゴをたくさん摘んだ。

る語。boldは危険を顧みない大胆さを表す語。

GRADE 1 §11

思考・思想に関する語(名詞)

0102 ★
belief
[bilíːf / ビリーフ]
①確信 ②信用 ③信仰
形 believable 信じられる
general belief
一般的な考え

0103 ★
thought
[θɔ́ːt / ソート]
①考えること ②考え
be lost in thought
考えにふける

0104 ★★
matter
[mǽtər / マタ]
①物質 ②事柄, 問題
動 重要である
as a matter of fact
実(際)は

0105 ★★
difference
[dífərəns / ディファレンス]
違い 動 differ 異なる
形 different 違った
make a difference
違いが生じる

0106
liberty
[líbərti / リバティ]
自由 類 freedom
形 liberal 自由主義の
the fight for liberty
自由のための戦い

長幼・新旧・順序を表す語(形容詞)

0107 ★★
adult
[ədʌ́lt / アダルト]
成人の, 大人の 名 成人, 大人
同 grown-up
behave like an adult
大人らしく振る舞う

0108 ★
ancient
[éinʃənt / エインシェント] ア
古代の
反 modern 現代の
ancient history
古代史

0109
classic
[klǽsik / クラスィック]
①古典の ②代表的な
名 古典, 一流の作品
形 classical 古典主義の
a classic novel
古典小説

0110 ★
elder
[éldər / エルダ]
年上の
同 older《米》 名 年長者
my elder brother
私の兄

0111 ★
final
[fáinl / ファイヌル]
最後の, 最終的な
副 finally ついに
the final answer
最終的な回答

0112 ★
upper
[ʌ́pər / アッパ]
①上の方の ②上位の
反 lower 下の方の
the upper floor
上の階

メモ　libertyは圧政, 外国支配などからの自由, 監禁などからの解放, 身柄の自由を言う。

☑ There is a general **belief** that women live longer than men.	彼女は男より長生きするという一般的な**考え**がある。
☑ I **was lost in** deep **thought** for a few minutes.	私は数分間深く**考え込んでいた**。
☑ **Matter** is composed of atoms and molecules.	**物質**は原子と分子から成っている。
☑ We had an argument because of a **difference** of opinion.	私たちは意見の**相違**のために論争になった。
☑ The people fought for their **liberty**.	人々は**自由**のために戦った。
☑ He spent most of his **adult** life in the countryside.	彼は**成人してからの**生活のほとんどを田舎で過ごした。
☑ I'm interested in **ancient** history.	私は**古代**史に興味がある。
☑ *Hamlet* is a **classic** work of English literature.	「ハムレット」は英文学の**代表的**作品です。
☑ My **elder brother** is an engineer.	私の**兄**はエンジニアです。
☑ In the **final** scene of the movie, I was moved to tears.	映画の**最後の**シーンで，私は感動して涙を流した。
☑ I rent an apartment on one of the **upper** floors of the building.	私はビルの**上の方の**階のマンションを借りている。

freedom は束縛のない状態を指す。

GRADE 1 §12

事故・被害に関する語（名詞）

0113 ★★
accident
[ǽksədənt / アクスィデント]
① 事故　② 偶然
形 accidéntal 偶然の
a traffic accident
交通事故

0114
alarm
[əláːrm / アラーム]
警報
動 ～をびっくりさせる, 不安にさせる
an alarm clock
目覚まし時計

0115 ★
damage
[dǽmidʒ / ダミヂ]
損害, 被害
動 ～に損害を与える
cause [do] damage to ～
～に損害[被害]を与える

0116
error
[érər / エラ]
誤り, 間違い
make an error
間違いをする

0117 ★
data
[déitə / デイタ]
情報, 資料
単 datum
save data
データを保存する

判断・評価を表す語①（形容詞）

0118 ★
fit
[fít / フィット]
ぴったりの, ふさわしい
動 (大きさ, 形が)～に合う
a meal fit for adults
大人向けの食事

0119
cheap
[tʃíːp / チープ]
① (値段が) 安い　② 安っぽい
反 expensive (値段が)高い
副 cheaply 安く
cheap clothes
安い服

0120 ★★
enough
[inʌ́f / イナフ]
十分な, 足りる
副 十分に　代 十分な量
more than enough
十二分の, 必要以上の

0121 ★★
likely
[láikli / ライクリ]
① ありそうな, ～らしい
② 本当らしい　副 たぶん
be likely to ～
～しそうである

0122 ★★
popular
[pápjələr / パピュラ]
① 人気のある　② 一般的な
a popular song
流行歌

メモ　cheapは「安かろう, 悪かろう」のイメージがあるので, 代わりにreasonable（値段が妥

We have had two major **accidents** in the factory this year.	今年は工場で2度大**事故**があった。
They rang the bell to sound the **alarm**.	彼らは鐘を鳴らして**警報**を発した。
The typhoon **did** great **damage to** the crops.	台風は農作物に多大な**被害を与えた**。
He **made an error** in calculation.	彼は計算**間違いをした**。
I'm collecting **data** for my report.	私はレポートの**資料**を集めているところです。
My sister always reads books **fit** for girls.	私の姉[妹]はいつも少女**向けの**本を読んでいる。
Cheap clothes are often poor in quality.	**安い**服は質がよくないことが多い。
Have you got **enough** money to buy a computer?	コンピューターを買うのに**十分な**お金を持っていますか。
John **is likely to** come.	ジョンはやって来**そうだ**。
The singer has become **popular** in Japan.	その歌手は日本で**人気が出た**ばかりである。

当な)を好んで用いる人が多い。

GRADE 1 §13

時・時代を表す語(名詞)

0123 ★★
century
[séntʃəri / センチュリ]
① 世紀
② (任意の)100年間
the twenty-first century
21世紀

0124 ★★
childhood
[tʃáildhùd / チャイルドフッド]
子供時代, 幼年時代
since childhood
子供の頃から

0125 ★★
minute
[mínət / ミニット]
① 分 ② (a minuteで) 瞬間
形 [main(j)úːt] 細かい
in a minute
すぐに

0126 ★★
period
[píəriəd / ピアリオド]
① 期間 ② 時代
③ 授業時間
the Victorian period
ヴィクトリア時代

0127
Christmas
[krísməs / クリスマス]
クリスマス
on Christmas Eve
クリスマスイブに

判断・評価を表す語②(形容詞)

0128 ★★
special
[spéʃəl / スペシャル]
① 特別な ② 特殊な
副 specially 特に
a special event
特別な行事

0129 ★★
sure
[ʃúər / シュア]
確かな
同 certain 副 surely 確かに
be sure of [that] ~
きっと~だと思う

0130 ★★
true
[trúː / トルー]
① 本当の, 本物の ② 誠実な
名 truth 真実 副 truly 本当に
a true story
実話

0131 ★
public
[pʌ́blik / パブリック]
公の, 公立の
反 private 私的な
a public library
公立図書館

0132 ★
safe
[séif / セイフ]
① 安全な ② 無事な
副 safely 安全に, 無事に
名 金庫
keep a safe distance
安全な距離を保つ

メモ Christmasはキリスト(Christ)の生誕を祝うキリスト降誕祭である。Christ + Mass

☑ The church was built many **centuries** ago.	その教会は何世紀も前に建てられた。
☑ We have been friends since **childhood**.	私たちは子供の頃からの友達だ。
☑ Wait here. I'll be back **in a few minutes**.	ここで待って。数分で戻ってくるから。
☑ We must continue this for a certain **period** (of time).	私たちはこれを一定の期間続けなければならない。
☑ It snowed heavily on **Christmas** Day last year.	昨年はクリスマスの日に大雪が降った。
☑ "What did you do yesterday?" "Nothing **special**."	「昨日は何をしたの？」「特に何も」
☑ **I'm sure (that)** he will do a good job.	きっと彼はうまくやると思う。
☑ Is it **true** that he is going to study in America?	彼がアメリカに留学するというのは本当ですか。
☑ I found this book in a **public** library.	私は公立図書館でこの本を見つけた。
☑ You should keep your money in a **safe** place.	お金は安全な場所にしまっておくべきだ。

(ミサ) に由来している。

GRADE 1 §14

自然に関する語①(名詞)

0133 ★★
island
[áilənd / アイランド]
① 島, (形容詞的に) 島の
② 島に似たもの
the Hawaiian Islands
ハワイ諸島

0134
stream
[stríːm / ストリーム]
小川, 流れ (riverより小さいもの)
動 流れる, 流れ出る
a clear stream
きれいな小川

0135
wave
[wéiv / ウェイヴ]
① 波, (人, 車などの) 流れ
② (音, 光などの) 波動
動 (手, 旗などを) 振る, 揺れる
make waves
波風を立てる

0136
planet
[plǽnit / プラニット]
惑星
比 (fixed) star 恒星
our [this] planet
地球

0137 ★★
front
[fránt / フラント]
(the front で) 前部, 正面
形 全部の, 正面の
in front of ～
～の前(方)に

物の状態を表す語(形容詞)

0138 ★
firm
[fə́ːrm / ファーム]
① (土台が) 固定した
② (信念, 態度が) 堅固な
firm ground
固い地面

0139 ★★
sharp
[ʃɑ́ːrp / シャープ]
① (刃が) 鋭い ② 鮮明な
③ 急な 反 dull 鈍い
動 sharpen ～を鋭くする
a sharp edge
鋭い刃

0140 ★★
similar
[símələr / スィミラ]
よく似た, 同類の
副 similarly 同様に
名 similárity 類似
be similar to ～
～によく似ている

0141 ★★
ready
[rédi / レディ]
用意ができて
be ready to ～
～する準備ができている

0142 ★★
modern
[mɑ́dərn / マダン]
① 現代の ② 最新式の
反 áncient 古代の
modern life
現代生活

メモ　readyは陸上競技でレースの合図にも用いられる。Ready, set, go! 「位置について, 用意,

☑ We have been living on this small **island** for three years.	私たちはこの小さな島に3年前から住んでいます。
☑ A clear **stream** runs through the fields.	きれいな小川が野原を流れている。
☑ The **waves** were beating against the rocks.	波が岩に打ち寄せていた。
☑ The **planet** nearest the sun is Mercury.	太陽に最も近い惑星は水星です。
☑ The **front** of the building is covered with ivy.	その建物の正面はツタでおおわれている。
☑ She is **firm** in her faith.	彼女は信仰が堅い。
☑ Be careful with this knife; the edge is **sharp**.	このナイフは気をつけてね、刃が鋭いから。
☑ My new dress **is similar to** Meg's.	私の新しいドレスはメグのによく似ている。
☑ We **were ready to** start the game.	私たちは試合開始の準備ができていた。
☑ This factory is full of **modern** machines.	この工場は最新式の機械がそろっている。

GRADE 1 §15

書物・執筆に関する語(名詞)

0143 ★★
dictionary
[díkʃənèri / ディクショネリ]
辞書
an English-Japanese dictionary
英和辞典

0144 ★
essay
[ései / エセイ]
随筆, エッセイ
an essay on travel
旅行についての随筆

0145
novel
[nával / ナヴル]
(長編)小説　形 目新しい
類 fiction 小説
a detective novel
探偵小説

0146
sentence
[séntəns / センテンス]
①文　②判決
a life sentence
終身刑

0147 ★★
topic
[tápik / タピック]
話題, 論題, テーマ
類 subject 主題
current topics
時事問題

0148
chapter
[tʃǽptər / チャプタ]
(本などの)章
Chapter 5
第5章

名詞の前につけない語(形容詞・副詞)

0149
alike
[əláik / アライク]
よく似ている
副 同様に
be very much alike
とてもよく似ている

0150
alive
[əláiv / アライヴ]
①生きている　②生き生きして
反 dead 死んで
dead or alive
生死に関わらず

0151
aloud
[əláud / アラウド]
声を出して
反 silently 静かに
read aloud
声に出して読む

0152
asleep
[əslíːp / アスリープ]
①眠って　反 awake 目が覚めて
②(手足などが)しびれて
fall asleep
眠りにつく

0153 ★
aware
[əwéər / アウェア]
①〜に気づいて　②知って
反 unaware 気づかない
be aware of 〜
〜に気づいている

52　メモ　sentence(文)とは, 主語と述語動詞を備えた語のかたまり。平述文, 疑問文, 命令文, 感

Many **dictionaries** are now available on CD-ROM.	今では，多くの<u>辞書</u>がCD-ROMで利用できる。
She wrote an **essay** on travel.	彼女は旅行についての<u>随筆</u>を書いた。
My uncle is writing a detective **novel**.	私のおじは探偵<u>小説</u>を書いている。
Your **sentences** are too long and complicated.	あなたの<u>文章</u>は長くて複雑すぎます。
We discussed several **current topics** at the meeting.	私たちは会合でいくつかの<u>時事問題</u>を討議した。
Open your textbooks to **Chapter** 5.	教科書の第5<u>章</u>を開けなさい。
The two brothers are very much **alike**.	その2人の兄弟はとても<u>よく似ている</u>。
We don't know whether he's **alive** or dead.	彼が<u>生きている</u>か死んでいるかわからない。
Please read it **aloud**.	それを<u>声に出して</u>読んでください。
Is the baby still **asleep**?	赤ん坊はまだ<u>眠って</u>いますか。
I was working so hard (that) I **was not aware of** the time.	一生懸命に仕事をしていたので，時間に<u>気づかなかった</u>。

嘆文に分類される。

GRADE 1 §16

社会・習慣に関する語（名詞）

0154 ★★
company
[kÁmpəni / カンパニー]

① 会社 (Co. co.)　② 仲間
③ 交際, 同席

an oil company
石油会社

0155
custom
[kÁstəm / カスタム]

①（社会の）慣習
②（個人の）習慣　[類] habit
③（customs で）関税, 税関

Japanese customs
日本の慣習

0156 ★★
effort
[éfərt / エファト] ⑦

努力, 骨折り

make an effort to ～
～しようと努力する

0157 ★★
experience
[ikspíəriəns / イクスピアリエンス]

経験, 体験
[動] 経験[体験]する

have a new experience
新たな経験をする

0158 ★★
fault
[fɔ́ːlt / フォールト]

① 責任, 罪　② 欠点, 短所

find fault with ～
～のあら探しをする

0159 ★
gift
[gíft / ギフト]

① 贈り物　[類] present
②（持って生まれた）才能

send a gift by mail
贈り物を郵送する

0160 ★★
order
[ɔ́ːrdər / オーダ]

① 順序　② 注文　③ 命令
[動] ～を注文する, 命令する
[反] disorder 無秩序

out of order
故障して

0161 ★★
sale
[séil / セイル]

① 販売　②（-s で）売上高, 販売数　③ 販売活動　④ 特売

for sale
売り物の

0162 ★★
ticket
[tíkət / ティケット]

切符,（入場券, 乗車券などの）チケット

a round-trip ticket
往復切符

0163 ★★
attention
[əténʃən / アテンション]

① 注意, 注目　② 考慮

pay attention to ～
～に注意を払う

0164 ★★
question
[kwéstʃən / クウエスチョン]

① 質問　② 疑問

out of the question
問題にならない

メモ　「複数の人々がビジネスの目的のために作る組織としての会社」が company で,「場所ま

What **company** do you work for?	あなたはどの<u>会社</u>で働いていますか。
Sending New Year's cards is a Japanese **custom**.	年賀状を送るのは日本の<u>慣習</u>です。
He **made a** serious **effort to** master English.	彼は英語をマスター<u>しようと</u>一生懸命<u>努力した</u>。
She has a lot of **experience** in driving.	彼女は運転の<u>経験</u>が豊富です。
It is your **fault** that we were late.	私たちが遅れたのは君の<u>責任</u>だ。
My brother has a **gift** for music.	私の兄［弟］には音楽の<u>才能</u>がある。
I'd like to make [place] an **order** for some CDs on the Internet.	インターネットでCDを数枚<u>注文</u>したいのですが。
Sales of that product were better than we expected.	その製品の<u>売り上げ</u>は我々が思ったよりよかった。
Can I have two round-trip **tickets** to New York, please?	ニューヨークまでの往復<u>切符</u>を2枚ください。
He **paid little attention to** my advice.	彼は私の忠告に<u>ほとんど注意を払わなかった</u>。
I'll ask you these **questions**.	私はこれらの<u>質問</u>をあなたにしたい。

たは建物としての会社」はofficeと言う。

GRADE 1 §17

情報・伝達に関する語（名詞）

0165 ★★
email
[íːmèil／イーメイル]

Eメール
動 Eメールを送る

send an email
Eメールを送る

0166
information
[ìnfərméiʃən／インフォメイション]

①情報, 通知　②案内
動 infórm ～を知らせる

information technology
情報技術（IT）

0167 ★
medium
[míːdiəm／ミーディアム]

手段, 方法　複 media, mediums
形（大きさ，程度などが）中間の

mass media
大衆伝達手段

0168
message
[mésidʒ／メスィヂ]

伝言, メッセージ
⇒ messenger 使者

take a message
伝言を預かる

0169 ★
notice
[nóutis／ノウティス]

①通知, 予告　②掲示
動 ～に気がつく，～に注目する

give notice of ～
～を通知する

0170 ★
advice
[ədváis／アドヴァイス]

助言, 忠告
動 advise ～を助言する

ask for advice
助言を求める

運動・移動に関する語（動詞）

0171 ★★
carry
[kǽri／キャリ]

①～を運ぶ
②～を持ち歩く

carry out ～
～を実行する

0172
hurry
[hə́ːri／ハーリ]

①急ぐ　②～を急がせる
名 急ぎ

hurry up
急ぐ

0173 ★
lay
[léi／レイ]

①～を置く，横たえる
②～を産む〈lay-laid-laid〉
類 lie 横たわる

lay a coat on the chair
コートをいすの上に置く

0174 ★
push
[púʃ／プッシュ]

～を押す，～を押し進める

push oneself
がんばる, 出しゃばる

0175 ★
pull
[púl／プル]

①～を引く　②～を引き抜く
反 push ～を押す

pull down ～
～を引き下ろす

メモ　adviceやinformationを数えるときは，a piece of advice, two pieces of advice や

☑ I'll send an **email** next time.	次回は**Eメール**を送ります。
☑ Could you send me some **information** about tours to France?	フランスへのツアー旅行に関する**情報**を送ってくれますか。
☑ Email is one of the prime **media** of communication.	Eメールは主要な通信**手段**の1つです。
☑ Ben is out right now. Shall I **take a message**?	ベンは今外出中です。**伝言をお預かり**しましょうか。
☑ Have you received **notice** on the time and date of the meeting?	あなたはその会合の日時の**通知**を受け取りましたか。
☑ I'd like to ask your **advice** about looking for a job.	職探しのことであなたに**助言**をお願いしたいのですが。
☑ I **carry** my cell phone in my breast pocket.	私は携帯電話を胸のポケットに入れて**持ち歩いている**。
☑ She **hurried** to the station to get the last train.	彼女は最終列車に乗ろうと駅に**急いだ**。
☑ She **laid** her coat on the chair.	彼女はコートをいすの上に**置いた**。
☑ He **pushed** the sofa toward the window.	彼は窓のほうにソファーを**押しやった**。
☑ **Pull** the rope as hard as you can.	力いっぱいロープを**引いてください**。

a piece of information, three pieces of information のように用いる。

GRADE 1 §18

人・職業を表す語①(名詞)

0176 ★
engineer
[èndʒəníər / エンヂニア] ア

技師, エンジニア
動 ～を工作する
名 engineering 工学

the chief engineer
技師長

0177
judge
[dʒʌdʒ / ヂャッヂ]

① 裁判官 ② 審査員
動 ～を裁判する, 判断する
名 judgment 裁判, 判断

judging from ～
～から判断すると

0178
lawyer
[lɔ́ːjər / ローヤ]

弁護士, 法律家
名 law 法律

consult a lawyer
弁護士に相談する

0179 ★★
nurse
[nə́ːrs / ナース]

① 看護師, 看護人 ② 子守
動 (人を) 看護する

a student nurse
見習い看護師

0180
pupil
[pjúːpl / ピュープル]

生徒, 児童
類 student (通例中学生以上の) 学生

a bright pupil
賢い学生

0181
volunteer
[vɑ̀ləntíər / ヴァランティア] ア

志願者, ボランティア
動 ボランティア活動する
形 vóluntary 志願の, 自発的な

accept volunteers
ボランティアを受け入れる

運動・打撃を表す語(動詞)

0182 ★★
act
[ǽkt / アクト]

① 行動する ② ～を演じる
名 action 行為, actor 男優, actress 女優

act like a child
子供のようにふるまう

0183 ★
hide
[háid / ハイド]

① ～を隠す ② 隠れる
⟨hide-hid-hidden⟩

play hide-and-seek
かくれんぼする

0184
shoot
[ʃúːt / シュート]

① 撃つ, 発射する 名 発射
② すばやく動く, 動かす

shoot at a target
的をめがけて撃つ

0185
throw
[θróu / スロウ]

(物を) 投げる
⟨throw-threw-thrown⟩
名 投げること

throw a ball
ボールを投げる

メモ judge は裁判官の他に, スポーツ以外のコンテストなどの審査員を指す。スポーツでは野

☑ Tom is the chief **engineer**.	トムが<u>技師</u>長です。
☑ Mr. Smith was one of the **judges** of the speech contest.	スミス先生はスピーチコンテストの<u>審査員</u>の1人でした。
☑ A very able **lawyer** defended them in court.	非常に有能な<u>弁護士</u>が法廷で彼らを弁護した。
☑ Ms. Ogawa is the head **nurse** in this hospital.	小川さんがこの病院の<u>看護師</u>長です。
☑ How many **pupils** are there in this elementary school?	この小学校には<u>生徒</u>が何人いますか。
☑ A **volunteer** is someone who does some work for other people without being paid.	<u>ボランティア</u>は報酬を受けずに、他の人のために仕事をする人のことです。
☑ Tom **acts** like a child when he is at home.	トムは家では子供のように<u>ふるまっている</u>。
☑ He **hid** the secret document under his bed.	彼はベッドの下に秘密書類を<u>隠した</u>。
☑ The police officer **shot** at the robber's leg.	警察官は強盗の脚をねらって<u>撃った</u>。
☑ The kids **threw** the balls into the baskets.	子供たちはかごに球を<u>投げ</u>入れた。

球などのumpireやラグビーやフットボールのrefereeの審判がいる。

GRADE 1 §19

身体・精神・感覚に関する語（名詞）

0186 ★★
health [hélθ/ヘルス] 発
健康
形 healthy 健康な
be in good health
健康である

0187 ★
sense [séns/センス]
①感覚 ②意味 ③分別
make sense
意味をなす，よくわかる

0188
spirit [spírət/スピリット]
①精神 ②気力
③（spirits で）機嫌
in high spirits
上機嫌で

0189 ★★
ability [əbíləti/アビリティ]
能力
形 able できる，有能な
to the best of one's ability
〜の力のかぎり

0190 ★
weight [wéit/ウェイト]
①重さ，体重 ②おもり
動 weigh 〜の重さがある
gain weight
体重が増える

活動・作業に関する語（動詞）

0191 ★
press [prés/プレス]
〜を押す，押しつける
名 押すこと，(the press で) 新聞, 報道機関
press the button
ボタンを押す

0192 ★
fix [fíks/フィックス]
①〜を固定する
②〜を決定する
③（〜を）修理する（= repair）
fix a shelf to the wall
壁に棚を固定する

0193 ★
support [səpɔ́ːrt/サポート]
①〜を支える，支持する
②（家族）を養う
名 支持，援助
support a family
家族を養う

0194 ★★
draw [drɔ́ː/ドロー]
①〜を引く，引き出す
②（線画を）描く
〈draw-drew-drawn〉
draw a line
線を引く

0195 ★★
mix [míks/ミックス]
①〜を混ぜる，〜と混ぜる
②〜と交際する
名 mixture 混合，混合物
mix flour with water
小麦粉と水を混ぜる

メモ　draw は線画を描くこと。draw a map（地図を描く）。色彩を伴う場合は paint を用いる。

Health is better than wealth.	**健康**は富にまさる〔ことわざ〕。
What he said doesn't **make sense**.	彼の言ったことは**よくわから**ない。
Bob was **in high spirits** after the party.	ボブはパーティーの後、**上機嫌だった**。
He has the **ability** to solve the problem.	彼にはその問題を解決する**能力**がある。
You've **gained** a little **weight** recently, haven't you?	あなたは最近**体重が**ちょっと**増えた**ね。
Press this button to start the machine.	その機械を動かすためには、このボタンを**押しなさい**。
Let's **fix** the date and place for our next meeting.	次のミーティングの日と場所を**決め**ましょう。
The teacher **supports** us whenever we are in trouble.	その先生は、私たちが困ったときはいつも**支えになってくれる**。
Can you **draw** the curtain across the window, please?	窓にカーテンを**引いて**くれませんか。
I **mixed** butter, sugar, milk, and flour together to make a cake.	バターと砂糖と牛乳と粉を**混ぜて**ケーキを作った。

paint a picture（色彩画を描く）

GRADE 1 §20

生活に関する語①(名詞)

0196 ★
fashion
[fǽʃən/ファッション]
①流行 ②方法
形 fashionable 流行している
be in fashion
流行している

0197 ★
flag
[flǽg/フラッグ]
旗
fly [raise, put up] a flag
旗を揚げる

0198 ★
flu
[flúː/フルー]
インフルエンザ
(= influenza)
have the flu
流感にかかっている

0199 ★
birth
[bə́ːrθ/バース]
①誕生 ②生まれ,家柄
by birth
生まれは,生まれながらの

0200 ★
growth
[gróuθ/グロウス]
①成長,発展 ②増加,増大
economic growth
経済成長

心の動きを表す語①(動詞)

0201 ★★
tend
[ténd/テンド]
(tend to ~で)~しがちである
名 tendency 傾向
tend to ~
~しがちである

0202 ★
welcome
[wélkəm/ウェルカム]
~を歓迎する 名 歓迎
形 歓迎する 間 ようこそ
Welcome home!
お帰りなさい。

0203 ★
hate
[héit/ヘイト]
~をひどく嫌う,憎む
名 hatred [héitrid] 憎しみ
hate crime
罪を憎む

0204 ★
please
[plíːz/プリーズ]
①~を喜ばせる ②好む
形 pleased 喜んだ
形 pleasant (物事が)楽しい
if you please
よろしければ

0205 ★★
seem
[síːm/スィーム]
~のように見える[思われる],~らしい
seem to ~
~であるようだ

メモ flag (旗) は合図に使われる。a red flag は「警告の赤旗」, a white flag は「降伏の白旗」。

☑ Hats like that one <u>are in fashion</u> again.	そんな帽子がまた<u>流行している</u>よ。
☑ The supporters were cheering and waving <u>flags</u>.	サポーターは歓声をあげて<u>旗</u>を振っていた。
☑ My wife <u>has the flu</u>.	妻は<u>流感にかかっている</u>。
☑ She is an Italian <u>by birth</u>.	彼女は<u>生まれながらの</u>イタリア人である。
☑ The <u>growth</u> of this plant is quite rapid.	この植物の<u>成長</u>はかなり速い。
☑ I <u>tend to</u> get up late on Sundays.	日曜日は朝寝坊<u>しがちです</u>。
☑ Her family <u>welcomed</u> me warmly to their house.	彼女の家族は私を温かく家に<u>迎えてくれた</u>。
☑ My father <u>hates</u> violence.	私の父は暴力が<u>大嫌いだ</u>。
☑ The news will <u>please</u> your mother.	その知らせはあなたのお母さんを<u>喜ばせる</u>だろう。
☑ <u>It seems that</u> he is telling the truth. (= He <u>seems to</u> be telling the truth.)	彼は本当のことを言っている<u>ようだ</u>。

a green flag は「安全を示す緑旗」である。

GRADE 1 §21

製品を表す語（名詞）

0206 ★★
case
[kéis／ケイス]
①箱　②場合　③実例
④事件
a case of wine
ワイン1箱

0207 ★★
computer
[kəmpjú:tər／コンピュータ]
コンピューター
a laptop computer
ラップトップコンピューター

0208 ★★
vase
[véis／ヴェイス]
花びん
a glass vase
ガラスの花びん

0209
purse
[pə́:rs／パース]
①（小銭入れ用）さいふ
②（女性用の）ハンドバッグ
= handbag《米》
a light purse
軽いさいふ

0210 ★
wallet
[wálit／ワレット]
（折り畳み式の）札入れ, さいふ
a fat wallet
分厚いさいふ

0211 ★
stick
[stík／スティック]
①つえ, ステッキ
②棒切れ
walk with a stick
つえをついて歩く

理解・主張を表す語（動詞）

0212 ★★
understand
[ʌ̀ndərstǽnd／アンダスタンド]
〜を理解する
〈understand-understood-understood〉
understand clearly
はっきりと理解する

0213 ★★
argue
[á:rgju:／アーギュー]
①議論する　②言い争う
③〜を主張する
名 argument 議論
argue about 〜
〜について言い争う

0214 ★
insist
[insíst／インスィスト]
（〜を）強く主張する, 要求する
insist on -ing
〜すると主張する

0215 ★★
explain
[ikspléin／イクスプレイン]
〜を説明する
名 explanation [èksplənéiʃən] 説明 発
explain in detail
くわしく説明する

メモ　wallet は英米ともに札入れのさいふである。purse は英国では小銭入れであるが, 米国で

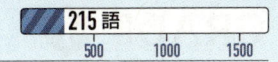

☺What will you do in this **case**?	あなたはこの<u>場合</u>にはどうしますか。
☺Let's store the data in the **computer**.	そのデータは<u>コンピューター</u>に保存しよう。
☺There are some beautiful roses in the **vase**.	<u>花びん</u>にきれいなバラが何本か生けてある。
☺She opened her **purse** and took out some coins.	彼女は<u>さいふ</u>を開けて，硬貨を取り出した。
☺I keep my **wallet** in the inside breast pocket of my coat.	私は<u>札入れ</u>を上着の胸の内ポケットに入れておく。
☺The old man was walking with a **stick** to the station.	その老人は<u>つえ</u>をついて駅へ歩いていた。
☺He **understands** me very well.	彼は私の言うことをとてもよく<u>理解している</u>。
☺They often **argue about** money.	彼らはよくお金のことで<u>言い争いをする</u>。
☺My brother **insisted on** going there alone.	兄[弟]はどうしてもそこへ1人で行くと<u>言い張った</u>。
☺Could you **explain** the meaning of this word?	この単語の意味を<u>説明して</u>もらえませんか。

はハンドバッグを指すことが多い。小銭入れは change purse。

GRADE 1 §22

生活に関する語②(名詞)

0216 ★
habit
[hǽbit / ハビト]
① 習慣, 癖　② 習性
類 custom (社会の) 慣習
be in the habit of -ing
〜する習慣[癖]がある

0217
anger
[ǽŋgər / アンガ]
怒り, 憤り　動 〜を怒らせる
形 angry 怒って
in anger
怒って, 腹を立てて

0218
luck
[lʌ́k / ラック]
運, 幸運　形 lucky 幸運な
副 luckily 運よく
Good luck (to you).
幸運を祈ります。

0219 ★
hero
[híːrou / ヒーロウ]
① 英雄　② (物語などの)主人公
複 heroes
反 heróine ⑦ 女性の英雄
a national hero
国民的英雄

0220 ★
rest
[rést / レスト]
① 休み, 休息
② (the rest で) 残り
take a rest
休息を取る

参加・出現に関する語(動詞)

0221 ★★
attend
[əténd / アテンド]
① 〜に出席する　② 〜の世話をする
名 attendance 出席
名 attention 注意, 配慮
attend classes
授業に出席する

0222 ★
appear
[əpíər / アピア]
① 現れる　② 〜のように見える
名 appearance 現れること
appear to 〜
〜のように見える

0223 ★★
enter
[éntər / エンタ]
① 〜に入る　② 〜に入学する
名 entrance 入ること, 入場, 入学
enter the room
部屋に入る

0224 ★
escape
[iskéip / イスケイプ]
① 逃げる　② (災難など)を逃れる
名 逃亡, 逃れること
escape from a cage
おりから逃げる

0225 ★★
exist
[igzíst / イグズィスト]
① 存在する　② 生存する
名 existence 存在, 生存
exist everywhere
至るところに存在する

メモ　hero の女性形 heroine の同音異義語に, heroin [麻薬] がある。つづりを間違えないよう

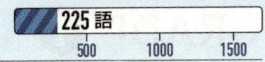

My brother **is in the habit of** staying up late.	兄[弟]は夜更かしする癖があります。
It is difficult to control your **anger**.	君の怒りを抑えることは難しい。
I had the **luck** to find a new part-time job.	私は運よく新しいアルバイトを見つけた。
Lincoln is one of the national **heroes** of the United States.	リンカーンはアメリカの国民的英雄の1人です。
The doctor told him to **take a** good **rest**.	医者は彼に十分休息を取るように言った。
All students must **attend** classes regularly.	学生は全員きちんと授業に出席しなければならない。
A ship suddenly **appeared** out of the mist.	1隻の船が霧の中から突然現れた。
We **entered** a restaurant and had lunch.	私たちはレストランに入って昼食を食べた。
Two tigers **escaped** from a cage in the zoo.	動物園のおりから2頭のトラが逃げた。
I don't believe that ghosts really **exist**.	幽霊は現実に存在しないと思う。

に注意する。

GRADE 1 §23

地域・場所・空間を表す語（名詞）

0226 ★★
area
[éəriə / エアリア]
① 地域　② 面積
an area code
（電話の）市外局番

0227 ★
distance
[dístəns / ディスタンス]
① 距離　② 遠方
形 distant 遠い
at a distance
少し離れて

0228 ★★
room
[rúːm / ルーム]
① 部屋
②（無冠詞で）空間, 余地
make room
場所をあける

0229 ★★
space
[spéis / スペイス]
①（時間に対して）空間
② 宇宙　③ 余地
time and space
時間と空間

0230 ★★
address
[ədrés / アドレス]
① 住所,（Eメールなどの）アドレス
②（公式の）演説
動 演説[講演]する
give an address
演説をする

獲得・維持に関する語（動詞）

0231 ★★
catch
[kǽtʃ / キャッチ]
① ～をつかまえる
②（乗り物）に間に合う
catch ～ by the ...
～の…をつかむ

0232 ★★
gain
[géin / ゲイン]
① ～を得る　反 lose ～を失う
②（数・量を）増す　名 利益, 増加
gain a victory
勝利を収める

0233 ★★
set
[sét / セット]
（物）を置く
⟨set-set-set⟩
set ～ in a line
～を一列に並べる

0234 ★★
bring
[bríŋ / ブリング]
～を持って来る,（人）を連れて来る
⟨bring-brought-brought⟩
反 take ～を持って行く, ～を連れて行く
bring ～ into ...
～を…に持ち込む

0235 ★★
drop
[drάp / ドラップ]
～を落とす, 落ちる
名 しずく
drop out
（社会から）逃避する

0236 ★★
pass
[pǽs / パス]
① 通る, 合格する
②（時が）たつ　名 通行許可書
pass away
死ぬ

メモ　bringは話し手・聞き手のいるところに「持ってくる」動作を表すのに対し, takeは話し

☑ There was heavy snow over a large <u>area</u> last night.	昨夜広い<u>地域</u>にわたって大雪が降った。
☑ What is the <u>distance</u> between Osaka and Hakata?	大阪と博多間の<u>距離</u>はどれくらいですか。
☑ My house has six <u>rooms</u>.	私の家には<u>部屋</u>が6つあります。
☑ We've sent a new satellite into <u>space</u>.	我々は新しい人工衛星を<u>宇宙</u>へ飛ばした。
☑ Please give me your home <u>address</u>.	自宅の<u>住所</u>を教えてください。
☑ The little boy <u>caught</u> me <u>by the arm</u>.	その幼い男の子は私の<u>腕をつかん</u>だ。
☑ His plan <u>gained</u> support from the whole class.	彼の案はクラス全員の支持を<u>得た</u>。
☑ Where shall we <u>set</u> this machine?	この機械をどこに<u>設置し</u>ましょうか。
☑ You can't <u>bring</u> any food or drink <u>into</u> the room.	室内に飲食物を<u>持ち込んで</u>はいけません。
☑ Perhaps it <u>dropped</u> out of his pocket.	たぶんそれは彼のポケットから<u>落ちた</u>のだろう。
☑ A cat suddenly <u>passed</u> in front of me.	ネコが突然私の前を<u>通った</u>。

手・聞き手から離れて「持って行く」場合に使う。「出かけて持ってくる」はfetch。

GRADE 1 §24

1-26

程度・形状を表す語（名詞）

0237 ★★
center
[séntər / センタ]

① 中心, 中央　② センター
形 central　中心の, 中央の

in the center of ~
～の中心に

0238 ★★
middle
[mídl / ミドル]

① 真ん中, 中央
②（期間の）中頃

in the middle of ~
～の真ん中に

0239
depth
[dépθ / デプス]

深さ, 奥行き
形 deep　深い

depth of water
水深

0240
height
[háit / ハイト]

① 高さ, 身長　形 high 高い
②（heights で）高い所, 高地

height and weight
身長と体重

0241 ★
length
[léŋkθ / レンクス] 発

①（物の）長さ, 縦　形 long 長い
②（時間の）長さ, 期間

at full length
手足を長々と伸ばして

0242
level
[lévl / レヴル]

① 水準, レベル　② 水平(面)
形 水平の　同じ高さの

eye level
目の高さ

積極的・攻撃的行為を表す語（動詞）

0243 ★
aim
[éim / エイム]

～することを目指す, ねらう
名 目標, ねらい

aim at a target
標的をねらう

0244
attack
[ətǽk / アタック]

～を攻撃する
名 攻撃

attack ~ from behind
～を背後から攻撃する

0245 ★★
bite
[báit / バイト]

(～を) かむ, (～を) かじる
⟨bite-bit-bitten⟩　名 かむこと

bite one's nails
つめをかむ

0246 ★
hunt
[hʌ́nt / ハント]

①（～の）狩りをする
② ～を捜索する
名 狩り, 捜索 ⇒ hunter 狩りをする人

hunt animals
動物を狩る

0247 ★
earn
[ə́ːrn / アーン]

①（給料など）をかせぐ
②（名声など）を得る

earn one's living
生計を立てる

メモ　center は線・面の中心を指すのに対して, middle は中心とその周辺部分を指す。また時

There is a little park **in the center of** the town.	町の中心に小さな公園がある。
There's a round table **in the middle of** the room.	その部屋の真ん中に丸いテーブルがある。
What is the **depth** of this pool?	このプールの深さはどれくらいですか。
This building is twice the **height** of that one.	このビルはあのビルの高さの2倍ある。
This river is 500 miles in **length**.	この川の長さは500マイルです。
Tanaka's guitar playing is at a professional **level**.	田中氏のギター演奏はプロのレベルだ。
He **aimed** a stone at the dog.	彼はイヌを目がけて石を投げた。
The village was **attacked** by the guerrillas.	その村はゲリラに攻撃された。
Be careful not to get **bitten** by the dog.	イヌにかまれないように注意しなさい。
We are going to **hunt** foxes next Sunday.	次の日曜日に私たちはキツネ狩りをする予定だ。
Robert **earns his living** by teaching at a high school.	ロバートは高校で教師をして生計を立てている。

間の中頃を指すのはmiddleだけである。

GRADE 1 §25

熱・音に関する語（名詞）

0248
☐ **heat**
[híːt / ヒート]

熱, 暑さ
動 ～を熱する
反 cold 寒さ　⇒ heater ヒーター

heat in the summer
夏の暑さ

0249
☐ **smoke**
[smóuk / スモウク]

① 煙
② （たばこの）一服, 喫煙
動 たばこを吸う

have a smoke
一服する

0250 ★
☐ **sound**
[sáund / サウンド]

① 音, 音響　② （テレビなどの）音声, 音量
動 音がする, ～に聞こえる
形 健全な

the sound of the waves
波の音

0251 ★
☐ **gas**
[gǽs / ギャス]

① 気体　② ガソリン《米》

natural gas
天然ガス

0252
☐ **headache**
[hédèik / ヘデイク] 発

① 頭痛
② （口語で）頭痛の種

have a headache
頭痛がする

集合・接近に関する語（動詞）

0253 ★
☐ **gather**
[gǽðər / ギャザ]

① ～を集める, 集まる
② ～を増す, 加える
類 collect ～を（選り分けて）集める

gather information
情報を集める

0254 ★
☐ **approach**
[əpróutʃ / アプロウチ]

～に近づく, 接近する
名 接近, 取り組み方

approach ～ carefully
～に注意して近づく

0255 ★
☐ **remain**
[riméin / リメイン]

① ～のままでいる
② （ある場所に）残る, とどまる
名 (remainsで) 遺物, 遺跡

remain silent
黙っている

0256 ★
☐ **belong**
[bilɔ́(ː)ŋ / ビロ（ー）ング]

～のものである,
～に所属している

belong to ～
～に所属している

0257 ★
☐ **discover**
[diskʌ́vər / ディスカヴァ]

① ～を発見する
② ～に気づく, ～がわかる
名 discovery 発見

discover a mistake
間違いを発見する

72　メモ　-ache で痛みを表す。headache（頭痛）, stomachache（胃痛）, toothache（歯痛）,

These plants don't like the **heat** in the summer.	これらの植物は夏の暑さを嫌う。
There is no **smoke** without fire.	火のないところに煙は立たない〔ことわざ〕。
Didn't you hear the **sound** of the front door opening?	玄関のドアの開く音が聞こえませんでしたか。
Oxygen and hydrogen are **gases**.	酸素と水素は気体である。
My mother is in bed with a bad **headache**.	母はひどい頭痛で床についている。
They **gather** information from various sources.	彼らはいろいろな資料から情報を集める。
A big typhoon is **approaching** Japan.	大型の台風が日本に接近している。
The weather will **remain** cold for several days.	気候はここ数日間は寒いままでしょう。
This dog **belongs to** her.	このイヌは彼女が飼っている。
I've **discovered** where he lives.	彼がどこに住んでいるのかわかった。

earache（耳痛）, backache（背中の痛み）

GRADE 1 §26

物質を表す語①(名詞)

0258 ★
alcohol
[ǽlkəhɔ(ː)l／アルコホ(ー)ル] ア
① アルコール　② 酒類
drink alcohol
酒類を飲む

0259 ★★
chocolate
[tʃɔ́(ː)kələt／チョ(ー)コラト]
① チョコレート
② チョコレート色
a bar of chocolate
板チョコ

0260 ★
sugar
[ʃúgər／シュガ]
砂糖
sugar bowl
砂糖つぼ

0261 ★★
cloth
[klɔ́(ː)θ／クロ(ー)ス]
① 布　② 布きれ
類 clothes 衣服, clothing (帽子, 靴などを含めた) 衣類
cotton cloth
綿の布

0262
hood
[húd／フッド]
① フード, ずきん
② 車のボンネット《米》
a coat with a hood
フード付きコート

日常の動作を表す語①(動詞)

0263 ★
close
[klóuz／クロウズ]
～を閉じる, 閉める
名 終わり
形 [klóus／クロウス] 親しい
close the door
ドアを閉める

0264 ★
lend
[lénd／レンド]
～を貸す
反 borrow ～を借りる
lend a hand
手を貸す

0265 ★
reply
[riplái／リプライ]
① 返事をする, 応答する
② ～と答える　名 返事, 答え
類 answer ～に答える
reply to a question
質問に答える

0266
sew
[sóu／ソウ]
～を縫う, 縫い物をする
名 sewing 裁縫
⟨sew-sewed-sewn [sewed]⟩
sew a button on ～
～にボタンを縫いつける

0267 ★
tie
[tái／タイ]
① ～を結ぶ　② ～を縛る
名 ネクタイ, 同点
tie a shoe
靴ひもを結ぶ

メモ　sewing machine は「ミシン」。machine の部分だけが「マシーン」ではなく「ミシン」と訛

He never drinks **alcohol**.	彼は決して<u>酒類</u>を飲まない。
She bought three bars of **chocolate**.	彼女は板<u>チョコ</u>を3枚買った。
Do you take **sugar** in your tea?	あなたは紅茶に<u>砂糖</u>を入れますか。
My sister bought some **cloth** to make a skirt.	姉［妹］はスカートを作るために<u>布</u>を買った。
He put his **hood** up against the cold.	彼は寒くないように<u>フード</u>を引き上げた。
Close the door behind you, please.	あなたの後ろのドアを<u>閉めて</u>ください。
Could you **lend** me **a hand** in moving this desk?	この机を動かすのに<u>手を貸して</u>くれませんか。
She **replied** to the question with a nod.	彼女はうなずいて質問に<u>答えた</u>。
My mother is good at **sewing**.	母は<u>縫い物</u>が上手だ。
I'll **tie** your shoes for you.	靴のひもを<u>結んで</u>あげます。

GRADE 1 §27

余暇・娯楽に関する語（名詞）

0268 ★
film
[fílm / フィルム]
① 映画（= movie《米》, cinema《英》）　② フィルム
go to see a film
映画を見に行く

0269 ★
drama
[drá:mə / ドラーマ]
① 劇　② 演劇　③ 劇的な事件
形 dramátic 劇の, 劇的な
human drama
人間ドラマ

0270 ★
fun
[fʌ́n / ファン]
楽しみ, おかしさ
形 funny おかしい, 変な
have fun
楽しむ

0271 ★
joy
[dʒɔ́i / ヂョイ]
喜び, うれしさ
for joy
うれしさのあまり

0272 ★
vacation
[veikéiʃən / ヴェイケイション]
休暇, 休日
類 holiday《英》
on vacation
休暇で

受容・失敗を表す語（動詞）

0273 ★★
accept
[əksépt / アクセプト]
（提案, 招待などを）受け入れる, ～を認める
反 refuse ～を拒否する
accept the invitation
招待を受ける

0274 ★★
arrive
[əráiv / アライヴ]
着く
名 arrival 到着
arrive at [in] ～
～に着く

0275 ★
fail
[féil / フェイル]
① 失敗する, 落ちる
② ～しそこなう
名 failure 失敗, 落第
fail to ～
～しそこなう

0276 ★★
select
[səlékt / セレクト]
～を選ぶ, 選抜する
同 choose　名 selection 選択
select words carefully
言葉を慎重に選ぶ

0277 ★
spread
[spréd / スプレッド]
～を広げる, (うわさなど) を広める
〈spread-spread-spread〉
spread one's wings
羽を広げる

メモ　vacation は米国で休暇を表すために用いられる。英国では大学, 法廷の休暇に用いられ,

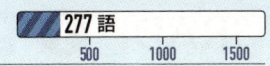

☑ Did you see the horror **film** on TV last night?	昨夜テレビであのホラー映画を見ましたか。
☑ Kabuki is a kind of traditional Japanese **drama**.	歌舞伎は日本の伝統的な演劇の一種です。
☑ It's great **fun** driving along the coast.	海岸をドライブするのはとても楽しい。
☑ Her movies gave **joy** to millions.	彼女の映画は何百万人もの人々に喜びを与えた。
☑ I went to Hokkaido with my family during the summer **vacation**.	夏休みの間に私は家族と北海道に行きました。
☑ She did not **accept** my invitation to dinner.	彼女は食事への招待を受け入れようとしなかった。
☑ My father **arrived** home just after midnight.	父は夜中の12時を少し回った頃に家に着いた。
☑ My sister **failed** her driving test.	私の姉[妹]は運転免許試験に落ちた。
☑ What was Tokyo called before being **selected** as the capital of Japan?	日本の首都として選定される前，東京は何と呼ばれていましたか。
☑ She **spread** a cloth on the table.	彼女はテーブルにテーブルクロスを広げた。

それ以外はholidayを用いる。国の祝日には英米ともにholidayを用いる。

GRADE 1 §28

動植物に関する語①〈名詞〉

0278
leaf
[líːf / リーフ]
葉
複 leaves
fallen leaves
落ち葉

0279 ★★
root
[rúːt / ルート]
①植物の根　②根源
root crops
根菜作物

0280 ★★
crop
[kráp / クラップ]
①作物, 収穫物　②収穫高
類 harvest 収穫
the main crop
主要な作物

0281 ★
mouse
[máus / マウス]
ネズミ
複 mice
a field mouse
野ネズミ

0282
snake
[snéik / スネイク]
ヘビ
keep a snake as a pet
ペットとしてヘビを飼う

0283
bone
[bóun / ボウン]
骨
⇒ flesh 肉
break a bone
骨を折る

方向・程度を表す語〈副詞〉

0284 ★
ahead
[əhéd / アヘッド]
①前方に　②先に(時間)
反 behind 後ろに
Go ahead.
お先にどうぞ。

0285 ★★
around
[əráund / アラウンド]
①周りに　②近くに
前 ～の周りに, ～の近くに
look around
周りを見る

0286 ★
aside
[əsáid / アサイド]
①わきに[へ]
②～は別として
put aside
取っておく

0287 ★★
overseas
[òuvərsíːz / オウヴァスィーズ]
海外へ[で], 外国へ[で]
類 abroad
live overseas
海外で暮らす

0288 ★★
rather
[ræðər / ラザ]
①多少
②かなり
would rather ~ (than ...)
(…するより) むしろ～したい

メモ　ahead のように, 名詞の語頭に a がついて副詞になることがよくある。around, aside,

☑ In autumn almost all the **leaves** on the trees turn red and yellow.	秋には木のほとんどすべての葉が紅葉する。
☑ Trees have large **roots**.	木には大きな根がある。
☑ Rice is the main **crop** in our district.	米は我々の地域の主要な作物です。
☑ She screamed when she saw a **mouse** in the kitchen.	台所にネズミがいるのを見たとき、彼女は悲鳴を上げた。
☑ Be careful. There are **snakes** in this area.	気をつけなさい。このあたりにはヘビがいるから。
☑ I broke a **bone** in my foot when I fell.	私は転んで足の骨を折った。
☑ Walk straight **ahead** until you get to the park.	公園に着くまでまっすぐ前方へ歩きなさい。
☑ We looked **around** and saw a small bird in the tree.	私たちは周りを見て、木に小鳥がとまっているのを見た。
☑ He **put aside** some money each month to buy a car.	彼は車を買うため毎月少しずつお金を取っておいた[貯金した]。
☑ My brother has lived **overseas** for five years.	兄[弟]は5年間海外で暮らしている。
☑ The color is brown **rather than** yellow.	その色は黄色というよりむしろ茶色である。

afoot（歩いて），across（横切って），away（離れて），ashore（海岸へ[に]）など。

基本動詞を用いた 群動詞のまとめ 1

do 基本の意味 〜をする

0289 **do one's best**	全力を尽くす
0290 **do with 〜**	(疑問詞whatを伴って)〜を処理する, 扱う
0291 **do without 〜**	〜なしですます
0292 **do away with 〜**	〜を廃止する　同 abolish
0293 **do for 〜**	〜の代わりになる, 〜の世話をする
0294 **do over 〜**	(課題・仕事など)をやり直す, 〜を改装する
0295 **do up 〜**	(ボタンなど)をとめる, (ひもなど)をしめる

have 基本の意味 〜を所有する

0296 **have to 〜**	〜しなければならない　同 must
0297 **have only to 〜 [only have to 〜]**	〜しさえすればよい
0298 **have yet to 〜**	まだ〜していない
0299 **have nothing to do with 〜**	〜と関係がない　⇒ have something to do with 〜 〜と関係がある
0300 **have 〜 on**	(衣服)を身に付けている

She **does her best** in everything.	彼女はどんなことにも全力を尽くす。
What shall we **do with** the children? —— Let's take them to the park.	子供たちをどう扱っていいのかしら。——公園に連れて行こう。
We cannot **do without** a cell phone in our life.	私たちは日々の暮らしを携帯電話なしですますことができません。
Let's **do away with** this chair.	このいすを捨てよう。
This rock will **do for** a hammer.	この岩は金づちの代わりになる。
Let's **do** this room **over** in blue.	この部屋を青に塗り直そう。
You should **do up** your zipper.	チャックをしめるべきだ。

He **has to** work hard today. ＊未来は will have to ～で表す。	彼は今日一生懸命働かなければならない。
She **has only to** wait for the chance to come.	彼女はただチャンスが来るのを待ちさえすればよい。
The problem **has yet to** be solved.	問題はまだ解決していない。
We **have nothing to do with** the traffic accident.	私たちはその交通事故と何の関係もない。
Ann **had** a blue dress **on**.	アンは青いドレスを着ていた。

基本動詞を用いた 群動詞のまとめ 2

call 基本の意味 大きな声を出して叫ぶ

0301 call at ~	(場所)に立ち寄る　同 visit (+場所)
0302 call ~ back	~に折り返し電話する, ~を呼び戻す
0303 call for ~	~を求めて叫ぶ, ~を呼びに立ち寄る
0304 call off ~	~を中止する, ~を取り消す　同 cancel
0305 call on ~	(人)を訪問する　同 visit (+人)
0306 call out	大声で叫ぶ [言う]
0307 call up ~	~に電話する, ~を電話口に呼び出す

go 基本の意味 他の場所に行く

0308 go back	①帰る　②(元の習慣などに)戻る
0309 go by	通り過ぎる, (時間が)経過する
0310 go on	①先へ進む　②(go on -ingで)~し続ける
0311 go out	①外出する　②(明かりなどが)消える
0312 go through (~)	①(~を)通り抜ける　②~を経験する
0313 go away	①立ち去る　②(痛み・問題などが)なくなる

I **called at** his office yesterday.	昨日彼の事務所に立ち寄った。
I will **call** you **back** later.	後ほど折り返し電話します。
The boy **called for** help.	少年は助けを求めて叫んだ。
The game was **called off** because of rain.	試合は雨のため中止された。
I **called on** Mr. Ito at his house.	伊藤先生を家に訪ねた。
The teacher **called out** to us.	先生が私たちに大声で叫んだ。
I **called** him **up** last night.	昨夜彼に電話をした。

I don't want to **go back** home.	家に帰りたくない。
Five years have **gone by** since we moved here.	私たちがここに引っ越してきてから5年が過ぎた。
Let's **go on** to the next topic.	次の話題へ進みましょう。
The light **went out**.	明かりが消えた。
My father has **gone through** a lot of difficulties.	父は多くの苦難を経験した。
Please **go away** at once.	すぐに立ち去ってください。

基本動詞を用いた 群動詞のまとめ 3

come 基本の意味 ある中心点に近づく

0314 come about	起こる，生じる 同 happen
0315 come across ~	~に偶然出くわす，~を横切る
0316 come from ~	~の出身である 同 be from ~
0317 come up	~に近づく，やって来る
0318 come up with ~	①~を考えつく ②~に追いつく
0319 come back	①戻って来る ②（人気などが）復活する
0320 come out	①出てくる ②（本・CDが）発売される

give 基本の意味 （物を）移動して（人に）持たせる

0321 give up ~	~をあきらめる，~をやめる
0322 give in (~)	①降参する ②（書類など）を提出する 同 hand in
0323 give way to ~	~に取って代わられる，~に屈する
0324 give back ~	①~を返す ②（音・光）を反響[反射]させる
0325 give off ~	（におい・光・音など）を発する，放つ
0326 give out	（物質・能力などが）尽きる，~が故障する

How did the accident **come about**?	その事故はどのようにして**起こった**のですか。
Yesterday I **came across** an old friend of mine on the street.	昨日通りで旧友と**偶然出会った**。
Where do you **come from**?	どちらの**ご出身**ですか。
An old woman **came up** to me.	老婦人が私に**近づいて来た**。
He **came up with** a good idea.	彼はよい考えを**思いついた**。
My father just **came back** home.	父はちょうど家に**戻った**ところです。
Stars **come out** at night.	星は夜に**現れる**。

He **gave up** smoking for his health.	彼は健康のためにたばこを**やめた**。
Let's not **give in** to temptation.	誘惑に**負ける**のはよそう。
The clear sky **gave way to** dark clouds.	晴れた空に**代わって**黒い雲が立ち込めた。
Could you **give** me **back** my dictionary?	私の辞書を**返して**いただけますか。
Roses **give off** a sweet smell.	バラはよいかおりを**放つ**。
His strength **gave out**.	彼の力が**尽きた**。

基本動詞を用いた 群動詞のまとめ 4

get 基本の意味 ある状態に達する

0327 get to ＋動詞の原形	～するようになる
0328 get to ＋名詞	①～に到着する　②～に着手する
0329 get on ～	（大きな乗り物）に乗る 反 get off (～)（～から）降りる
0330 get in [into] ～	（小さな乗り物）に乗る 反 get out (of ～)（～から）降りる
0331 get along	①何とかやって行く　②（get along with ～で）（他人）とうまくやって行く
0332 get back (～)	①戻る　②～を取り戻す
0333 get up	①起きる, 起床する　②立ち上がる

take 基本の意味 ある場所から取る, 持って行く

0334 take after ～	～に似ている
0335 take place	①（事件が）起こる　②（行事が）行われる
0336 take off (～)	①（飛行機が）離陸する 反 land 着陸する　②（衣類など）を脱ぐ
0337 take care of ～	①～の世話をする　②～に気をつける
0338 take part in ～	～に参加する
0339 take to ～	①～が習慣になる　②～が好きになる

She soon **got to** like him.	彼女はすぐ彼が好きに**なった**。
We **got to** the airport on schedule.	私たちは予定通り空港に**着いた**。
The woman was just **getting on** a bus.	その婦人はちょうどバスに**乗ろう**としていた。
Mary and I **got into** Jack's car.	メアリーと私はジャックの車に**乗った**。
How are you **getting along**?	いかが**お過し**ですか。
I want to **get back** home by six o'clock.	6時までには家に**帰り**たい。
I usually **get up** at half past six.	私はいつもは6時半に**起きる**。

He's a hard worker. He **takes after** his father.	彼は働き者だ。彼は父親に**似ている**。
The event **took place** ten years ago.	その事件は10年前に**起きた**。
Take off your hat in the house.	家の中では帽子を**脱ぎ**なさい。
Take care of your health.	健康には**気をつけなさい**。
Let's **take part in** the discussion.	その討論に**参加し**ましょう。
My father has **taken to** drinking in the evenings.	父は夜お酒を飲むのが**習慣になっている**。

熟語のまとめ 1

1-35

数量に関する熟語(1)——多い，少ないなど

0340 ☐ **a (large, great) number of ～**	多数の～ ＊後には複数名詞が来て，複数扱いをする。
0341 ☐ **a great [good] deal of ～**	多量の～ ＊後には数えられない名詞が来る。
0342 ☐ **a bit of ～**	少し[少量]の～, 1片の～
0343 ☐ **a couple of ～**	2つ[2人]の～, 2, 3(人)の～
0344 ☐ **a crowd of ～**	大勢[多数]の～ 同 crowds of ～
0345 ☐ **a lot of ～**	たくさんの～ 同 lots of ～ ＊通例肯定文に用いる。疑問文・否定文にはmany, muchを用いる。
0346 ☐ **millions of ～**	何百万もの～ 比 hundreds [thousands] of ～ 何百もの[何千もの]～
0347 ☐ **plenty of ～**	たくさんの～ ＊ a lot of ～と同様に，数えられる名詞にも数えられない名詞にも用いる。
0348 ☐ **quite a few ～**	かなり多数の～ 比 quite a little ～ かなり多量の～

Japan exports **a large number of** cars to foreign countries. He asked **a great number of** questions.	日本は多くの車を外国へ輸出している。 彼は多数の質問をした。
My brother spends **a great deal of** money on books. **A good deal of** damage was done to food crops.	兄[弟]は本にたくさんのお金を使います。 農作物はかなりの被害にあった。
Could you give me **a bit of** information about the company? I picked up **a bit of** paper.	その会社に関する情報を少し教えていただけませんか。 私は1片の紙切れを拾った。
He's going to stay here for **a couple of** days.	彼は2日間ここに滞在するつもりだ。
A crowd of people gathered around.	多くの人々が寄り集まった。
He has **a lot of** friends.	彼には友人がたくさんいます。
Millions of people are opposed to the plan.	何百万もの人がその計画に反対している。
Take **plenty of** salt and water in summer.	夏には,たくさんの塩と水を摂りなさい。
Quite a few bats live in the cave.	洞くつにはかなり多数のコウモリが住んでいる。

数量に関する熟語(2)——まとまりを示す

0349 a piece of ～	1つ[枚]の～
0350 a sheet of ～	1枚の～
0351 a slice of ～	1切れの～
0352 a pair of ～	1組[対]の～ ＊1組, 1対でその役目を果たすものに用いる。
0353 a kind [sort] of ～	一種の～
0354 a series of ～	一連の～ ＊ofの後に複数名詞が来ても, ふつうは単数扱いされる。
0355 a variety of ～	いろいろな～

前置詞・接続詞的役割をする熟語(1)

0356 apart from ～	～から離れて, ～を除いて
0357 as long as ～	～の間, ～する限り
0358 at the cost of ～	～を犠牲にして
0359 at the mercy of ～	～のなすがままに(なって)
0360 at the risk of ～	～の危険を冒して

We have **a piece of** good news for you.	あなたによい知らせが**1つ**あります。
Will you give me **a sheet of** paper?	紙を**1枚**いただけませんか。
There was only **a slice of** bread on the plate.	皿にはパンが**1切れ**だけしかなかった。
I'd like to buy **two pairs of** pants.	私はズボンを**2着**買いたい。
Champagne is **a kind of** wine.	シャンパンはワインの**一種**だ。
A series of fires broke out in the neighborhood.	近所で**一連の**火事が起こった。
That shop has **a wide variety of** goods.	その店には**様々な種類の**商品がある。

She had to live **apart from** her family.	彼女は家族と**離れて**生活しなければならなかった。
I'll buy it for you **as long as** it's not too expensive.	あまり高くない**限り**,あなたにそれを買ってあげよう。
He saved his family **at the cost of** losing his life.	彼は命を**犠牲にして**までも家族を救った。
The fishing boat was **at the mercy of** the wind and the high waves.	その漁船は風と高い波の**なすがまま**だった。
He saved the drowning child **at the risk of** losing his life.	彼は命の**危険を冒して**そのおぼれかけている子を助けた。

前置詞・接続詞的役割をする熟語(2)

0361 by means of 〜	〜によって
0362 due to 〜	〜のために 同 because of 〜, owing to 〜
0363 according to 〜	①〜によれば ②〜に従って ＊①の意味では通常文頭に置かれる。
0364 every time 〜	〜するときはいつも 同 each time 〜 比 by the time 〜（〜するときまでには）
0365 except for 〜	〜を除けば　同 but for 〜
0366 as far as 〜	〜まで，〜する限り
0367 for fear of 〜	〜を恐れて，〜しないように
0368 for lack of 〜	〜が不足して
0369 for the sake of 〜	〜のために
0370 in case 〜	〜の場合は，〜だといけないから

I made myself understood **by means of** sign language.	私は手話によって意思を伝えた。
The train was late **due to** the fog.	列車は霧のために遅れた。
According to the newspaper, a lot of people were killed in the accident. We left home **according to** schedule.	新聞によれば，多くの人がその事故で亡くなったそうだ。 私たちはスケジュールに従って家を出た。
I visit her house **every time** I come this way.	私がこちらへやって来るときはいつも彼女の家を訪ねる。
Except for the meals, it was a wonderful trip.	食事を除けば，とてもすてきな旅行だった。
The bus goes **as far as** the station. She hasn't been here **as far as** I know.	駅までバスが通っている。 私の知る限り，彼女はここに来ていない。
I walked quickly **for fear of** being late.	遅れないように急いで歩いた。
We gave up the plan **for lack of** time.	時間不足のために，我々は計画を断念した。
He moved to the country **for the sake of** his health.	彼は健康のために田舎に移った。
In case I miss the bus, don't wait to start.	もし私がバスに乗り遅れた場合は待たずに出発してください。
Take an umbrella with you **in case** it rains.	雨が降るといけないから，かさを持って行きなさい。

数詞 基数 (Cardinal Number) ＝個数を表す数

1～12

one [wʌ́n / ワン]	1
two [túː / トゥー]	2
three [θríː / スリー]	3
four [fɔ́ːr / フォー]	4
five [fáiv / ファイヴ]	5
six [síks / スィックス]	6
seven [sévn / セヴン]	7
eight [éit / エイト]	8
nine [náin / ナイン]	9
ten [tén / テン]	10
eleven [ilévn / イレヴン]	11
twelve [twélv / トウェルヴ] 発	12

13～19 -teen で終わる語

thirteen [θə̀ːrtíːn / サーティーン]	13
fourteen [fɔ̀ːrtíːn / フォーティーン]	14
fifteen [fìftíːn / フィフティーン]	15
sixteen [sìkstíːn / スィックスティーン]	16
seventeen [sèvntíːn / セヴンティーン]	17
eighteen [èitíːn / エイティーン]	18
nineteen [nàintíːn / ナインティーン]	19

20～90 -ty で終わる語

twenty [twénti / トウェンティ]	20
twenty-one [twénti wʌ́n / トウェンティ ワン]	21
thirty [θə́ːrti / サーティ]	30
forty [fɔ́ːrti / フォーティ] ⤴	40
fifty [fífti / フィフティ]	50
sixty [síksti / スィックスティ]	60
seventy [sévnti / セヴンティ]	70
eighty [éiti / エイティ]	80
ninety [náinti / ナインティ]	90

100, 1000, 1,000,000

hundred [hʌ́ndrəd / ハンドレッド]	100 (百)
thousand [θáuzənd / サウザンド]	1000 (千)
million [míljən / ミリョン]	1,000,000 (百万)

1,000,000,000 と 1,000,000,000,000

billion [bíljən / ビリョン] 10億
　➡ **billionth** [bíljənθ / ビリャンス] 10億番目 (の)

trillion [tríljən / トゥリリョン] 1兆
　➡ **trillionth** [tríljənθ / トゥリリョンス] 1兆番目 (の)

序数 (Ordinal Number) ＝順番を表す数

*序数には原則として the をつける

first (1st) [fə́:rst / ファースト]	1番目 (の)
second (2nd) [sékənd / セカンド]	2番目 (の)
third (3rd) [θə́:rd / サード]	3番目 (の)
fourth (4th) [fɔ́:rθ / フォース]	4番目 (の)
fifth (5th) [fífθ / フィフス]	5番目 (の)
sixth [síksθ / スィックスス]	6番目 (の)
seventh [sévnθ / セヴンス]	7番目 (の)
eighth [éitθ / エイトス]	8番目 (の)
ninth [náinθ / ナインス]	9番目 (の)
tenth [ténθ / テンス]	10番目 (の)
eleventh [ilévnθ / イレヴンス]	11番目 (の)
twelfth [twélfθ / トウェルフス]	12番目 (の)
thirteenth [θə̀:rtí:nθ / サーティーンス]	13番目 (の)
fourteenth [fɔ̀:rtí:nθ / フォーティーンス]	14番目 (の)
fifteenth [fìftí:nθ / フィフティーンス]	15番目 (の)
sixteenth [sìkstí:nθ / スィックスティーンス]	16番目 (の)
seventeenth [sèvntí:nθ / セヴンティーンス]	17番目 (の)
eighteenth [èití:nθ / エイティーンス]	18番目 (の)
nineteenth [nàintí:nθ / ナインティーンス]	19番目 (の)
twentieth [twéntiəθ / トウェンティエス]	20番目 (の)
twenty-first [twénti fə́:rst / トウェンティ ファースト]	21番目 (の)
thirtieth [θə́:rtiəθ / サーティエス]	30番目 (の)
fortieth [fɔ́:rtiəθ / フォーティエス]	40番目 (の)
fiftieth [fíftiəθ / フィフティエス]	50番目 (の)
sixtieth [síkstiəθ / スィックスティエス]	60番目 (の)
seventieth [sévəntiəθ / セヴンティエス]	70番目 (の)
eightieth [éitiəθ / エイティエス]	80番目 (の)
ninetieth [náintiəθ / ナインティエス]	90番目 (の)
hundredth [hʌ́ndrədθ / ハンドレッドス]	100番目 (の)
thousandth [θáuzəndθ / サウザンドス]	1000番目 (の)
millionth [míljənθ / ミリョンス]	100万番目 (の)

図解英単語

図形

① apex
② right triangle
③ base
④ square
⑤ rectangle
⑥ regular pentagon
⑦ regular octagon
⑧ oval
⑨ circle
⑩ circumference
⑪ radius
⑫ diameter
⑬ center

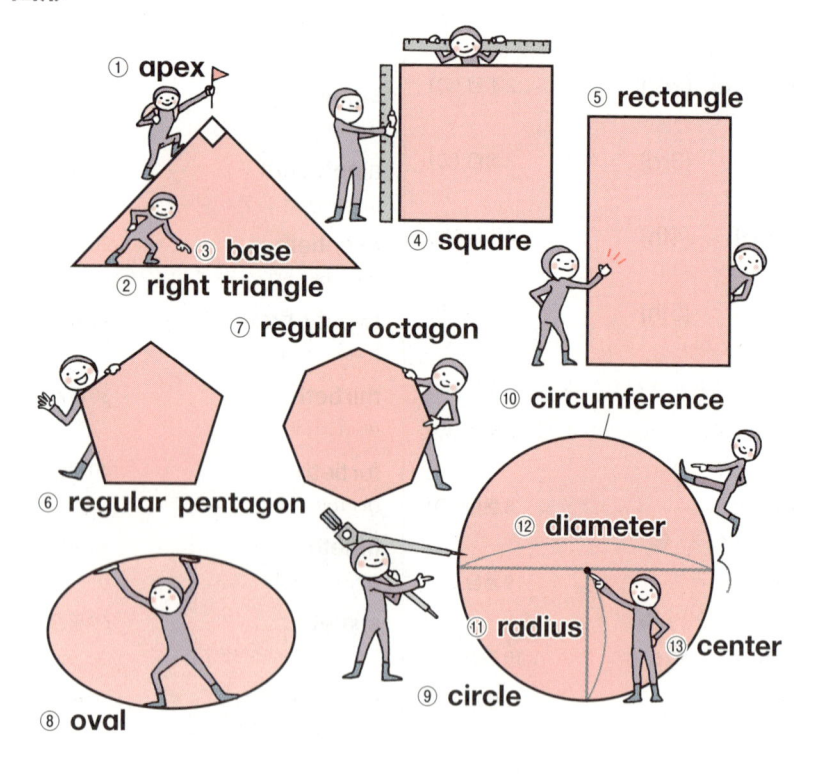

① [éipeks / エイペクス] **頂点**
② [ráit tráiæŋgl / ライト トライアングル] **直角三角形**
③ [béis / ベイス] **底辺**
④ [skwéər / スクウェア] **正方形**
⑤ [réktæŋgl / レクタングル] **長方形**
⑥ [régjələr péntəgàn / レギュラ ペンタガン] **正五角形**
⑦ [régjələr áktəgàn / レギュラ アクタガン] **正八角形**
⑧ [óuvəl / オウヴル] **だ円**
⑨ [sə́ːrkl / サークル] **円**
⑩ [sərkʌ́mfərəns / サーカムファレンス] **円周**
⑪ [réidiəs / レイディアス] **半径**
⑫ [daiǽmətər / ダイアミタ] **直径**
⑬ [séntər / センタ] **中心**

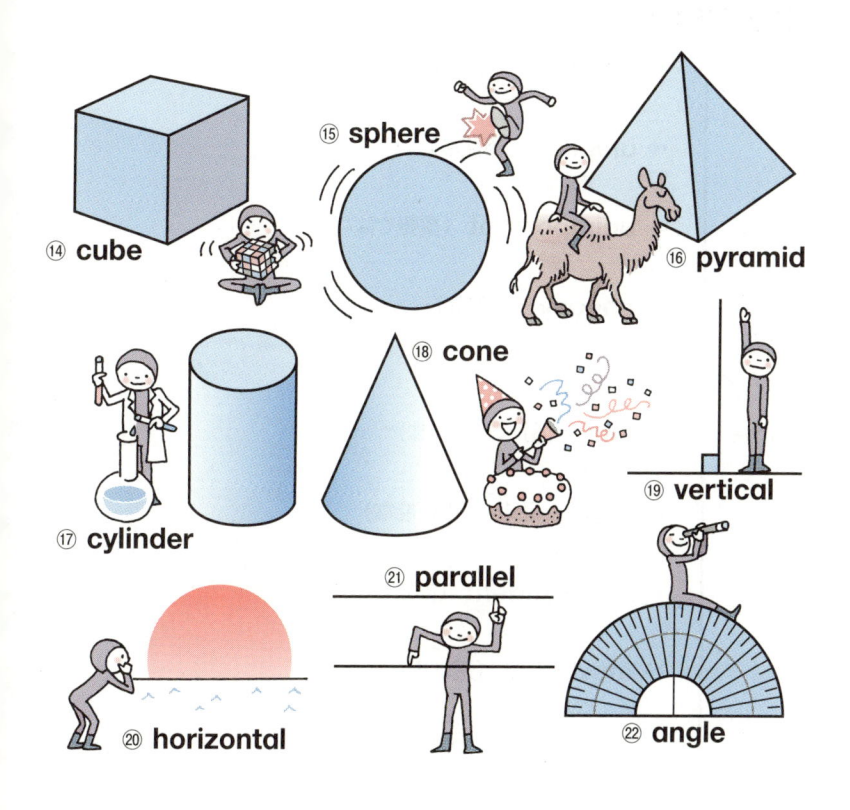

⑭ cube
⑮ sphere
⑯ pyramid
⑰ cylinder
⑱ cone
⑲ vertical
⑳ horizontal
㉑ parallel
㉒ angle

⑭ [kjú:b / キューブ] 立方体
⑮ [sfíər / スフィア] 球
⑯ [pírəmid / ピラミッド] 角すい
⑰ [sílindər / スィリンダ] 円柱
⑱ [kóun / コウン] 円すい
⑲ [vá:rtikl / ヴァーティクル] 垂直線
⑳ [hɔ̀(:)rəzántl / ホ(ー)リザントル] 水平線
㉑ [pǽrəlèl / パラレル] 平行線
㉒ [ǽŋgl / アングル] 角度

ボキャブラリーの枝葉を広げる
接頭辞で覚える英単語 1

否定を表すもの

un-
- ➡ **unhappy**（不幸な）
  幸せな
- ➡ **unlucky**（不運な）
  幸運な
- ➡ **unimportant**（重要ではない）
  重要な
- ➡ **uneasy**（不安な）
  気楽な

in-, im-
- ➡ **informal**（非公式な）
  公式の
- ➡ **impossible**（不可能な）
  可能な
- ➡ **independent**（独立した）
  依存した
- ➡ **inevitable**（避けられない）
  避けられる

  ＊他にirregular（不規則の），illegal（違法の）など，ir-, il-も否定を表す。

dis-
- ➡ **disability**（障害）
  能力
- ➡ **disagree**（意見が異なる，不賛成である）
  賛成する
- ➡ **disappear**（消える）
  現れる
- ➡ **discourage**（落胆させる，思いとどまらせる）
  勇気　　　　　＊encourageは「〜を励ます，勇気づける」

「内」「外」を表すもの

in-, im-
(中へ)
- **include**（～を含む）
  閉じ込める
- **invest**（～を投資する）
  衣類を着せる
- **inform**（～を知らせる）
  形作る
- **import**（～を輸入〔する〕）
  運ぶ

ex-
(外へ)
- **expect**（～を期待する）
  見る (spect)　　　＊inspectは「～を調べる, 調査する」
- **exclude**（～を除外する）
  閉じ込める
- **expand**（～を拡大する）
  広がる
- **exchange**（～を交換する）
  変える
- **export**（～を輸出〔する〕）
  運ぶ

out-
(外へ)
- **outcome**（結果）
  来る　　　＊incomeは「収入, 所得」
- **outline**（概略）
  線
- **outlook**（見方, 見通し）
  見る
- **outdoor**（野外の）
  戸, ドア

図解英単語

前置詞

on「〜の上に」（接触）

in「〜の中に」（内部）

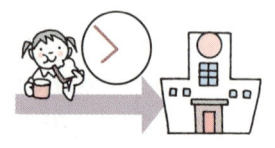

before「〜の前に」（時間的に前）

after「〜の後に」（時間的に後）

for「〜に賛成して」

against「〜に反対して」

with「〜と一緒に」

without「〜なしで」

by「〜までに」（完了の期限）

until [till]「〜までずっと」（継続）

between「〜の間に」（主に2つのものの間）

behind「〜の後ろに」

GRADE 2

まだまだ知っている単語が多いはず。どんどんスピードアップしよう。

GRADE 2 §1

自然・自然現象を表す語（名詞）

0371 ★
climate
[kláimət / クライメット] 発
① 気候　② 風土, 地域
類 weather 天気
a mild climate
温暖な気候

0372
horizon
[həráizn / ホライズン]
(the horizon で) 地[水]平線
形 horizóntal 水平の
beyond the horizon
地[水]平線の彼方に

0373
heaven
[hévən / ヘヴン]
天国, 楽園
a heaven on earth
地上の楽園

0374
flood
[flʌ́d / フラッド]
(しばしば floods で) 洪水, 大水
a flood [floods] of ~
多量の~

0375 ★
shower
[ʃáuər / シャウア]
① にわか雨　② シャワー
動 にわか雨が降る, シャワーを浴びる
take a shower
シャワーを浴びる

0376 ★
typhoon
[taifúːn / タイフーン]
台風, 大嵐
類 hurricane《米》
the eye of a typhoon
台風の目

容認・否定に関する語（動詞）

0377 ★
trust
[trʌ́st / トラスト]
① ~を信用する　名 信用, 信頼
② ~に任せる, 預ける
trust one's friend
友達を信用する

0378
admit
[ədmít / アドミット]
① ~を認める
② ~に入学[入場]を許す
名 admission 入場[入学]許可, 入場料
admit exceptions
例外を認める

0379
refuse
[rifjúːz / リフューズ]
① ~を断る　② ~を拒否する
名 refusal 拒否
refuse to ~
~することを拒否する

0380
deny
[dinái / ディナイ]
~を否定する
名 denial 否定, 拒絶
There is no denying (that) ~
~は否定できない

0381
cancel
[kǽnsl / キャンスル]
~を取り消す, 中止する
同 call off ~
cancel a meeting
会合を中止する

メモ　climate はある地域の長期にわたる気象状態を, weather は短期間の気象状態を指す。

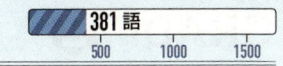

The world's **climate** is changing.	世界の気候は変わりつつある。
The sun rose above the **horizon**.	太陽が地[水]平線上に昇った。
I thought I had died and gone to **heaven**.	私は死んで天国に行ったと思った。
The typhoon caused **floods** in many parts of the country.	その台風は国のあちこちで洪水を引き起こした。
I was caught in a **shower** on my way home.	私は帰宅途中でにわか雨にあった。
The Okinawa Islands are often hit by big **typhoons**.	沖縄諸島はしばしば大型の台風に襲われる。
Don't **trust** such a dishonest man.	そんな不誠実な人を信用してはいけない。
He **admitted** that he was wrong.	彼は自分が間違っていることを認めた。
He **refused to** answer the question.	彼は質問に答えることを拒否した。
There is no denying that the news is true.	その報道が事実であることは否定できない。
The baseball game was **canceled** because it rained heavily.	大雨が降ったので、野球の試合は中止になった。

GRADE 2 §2

人・身分を表す語①(名詞)

0382 mayor [méiər / メイア]
市長, 村長, 町長
run for mayor
市長に立候補する

0383 ★ scholar [skάlər / スカラ] 発
(特に人文科学系の) 学者
a classical scholar
古典学者

0384 ★★ passenger [pǽsəndʒər / パセンヂャ]
(列車, バス, 船, 飛行機などの) 乗客, 旅客
a passenger list
乗客名簿

0385 soldier [sóuldʒər / ソウルヂャ]
(陸軍の) 軍人, 兵士
serve as a soldier
兵役に就く

0386 servant [sə́ːrvənt / サーヴァント]
使用人, 召使い
反 master 主人
a civil [public] servant
公務員

0387 alien [éiliən / エイリアン]
①外国人 ②異星人, エイリアン
形 外国の, 異質の
illegal aliens
不法在留外国人

賞賛・叱責に関する語(動詞)

0388 admire [ədmáiər / アドマイア]
〜を賞賛する, 〜に感嘆する
名 admirátion 賞賛, 感嘆
admire one's ability
〜の能力に感心する

0389 ★ prefer [prifə́ːr / プリファー] ア
〜のほうを好む
名 préference 好み
prefer A to B
BよりもAを好む

0390 scold [skóuld / スコウルド]
〜を叱る
scold 〜 for ...
…の理由で〜を叱る

0391 ★ regard [rigάːrd / リガード]
(regard 〜 as ... で) 〜を…と見なす, 考える
名 尊敬, 配慮
as regards 〜
〜に関しては

0392 ★★ recognize [rékəgnàiz / レコグナイズ] ア
①〜を見分ける, 〜に気づく
②〜を認める
名 recognítion 認識, 承認
recognize A as B
AをBと認める

メモ　scholarは一般に人文系の学者を, scientistは理科系の学者を指す。

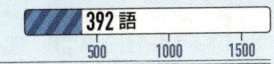

He will be elected **mayor**.	彼は<u>市長</u>に選ばれるだろう。
Most **scholars** do not agree with this theory.	ほとんどの<u>学者</u>はこの学説に賛成していない。
No **passengers** were injured in the accident.	事故でけがをした<u>乗客</u>はいなかった。
The **soldiers** are now stationed in Iraq.	その<u>兵士</u>たちは今イラクに配置されている。
Most people don't have **servants** nowadays.	今日ではほとんどの人は<u>使用人</u>を置かない。
They are all illegal **aliens**.	彼らは全員が不法在留している<u>外国人</u>です。
I **admire** her for her honesty.	私は彼女の素直さに<u>感心する</u>。
I **prefer** tennis **to** baseball.	私は野球<u>よりも</u>テニスの<u>ほうが好き</u>です。
The teacher **scolded** him **for** cutting his English class.	先生は英語の授業をさぼったことで彼を<u>叱った</u>。
People **regard** him **as** the greatest scientist of the day.	人々は彼を現代最高の科学者と<u>見なしている</u>。
I **recognized** John by his voice.	私は声でジョンだと<u>わかった</u>。

GRADE 2 §3

人・身分を表す語②(名詞)

0393 ★
audience
[ɔ́:diəns / オーディエンス]
(コンサート, 講演などの)
聴衆, 観客
a large audience
大勢の観客

0394
guest
[gést / ゲスト]
①(招待された)客
②(ホテルなどの)宿泊客
invite guests to ～
～へ客を招待する

0395
mankind
[mænkáind / マンカインド]
人類, 人間(通例単数扱い)
[同] humanity, human being
love for all mankind
人類愛

0396 ★
citizen
[sítəzn / スィティズン]
①国民　②市民, 住民
a citizen of the world
世界人

0397
chief
[tʃí:f / チーフ]
(組織・集団の)長
[形] 最高位の, 主要な
the editor in chief
編集長

0398 ★
enemy
[énəmi / エネミ]
①敵　②(the enemyで)敵軍
[複] enemies　[反] friend 味方
make an enemy of ～
～を敵に回す

日常の行為を表す語①(動詞)

0399
obey
[oubéi / オウベイ]
(～に)従う, 服従する
[名] obédience 服従, 従順
obey the rules
規則に従う

0400
pause
[pɔ́:z / ポーズ]
休止する, 立ち止まる
[名] 休止, 区切り
pause for tea
休憩してお茶を飲む

0401 ★
search
[sə́:rtʃ / サーチ]
(～を)捜す, 調べる
[名] 捜索, 調査
search ～ for ...
…を見つけようと～を捜す

0402 ★
debate
[dibéit / ディベイト]
～を討論する, 討議する
[名] 討議, ディベート
debate with oneself
熟考する

0403 ★★
avoid
[əvɔ́id / アヴォイド]
～を避ける, よける
avoid -ing
～するのを避ける

106　**メモ**　コンサートや講演会の聴衆・観客を audience, スポーツや競技の観客は spectator

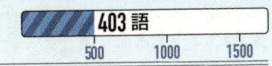

There was a large **audience** in the movie theater.	映画館には大勢の観客がいた。
A lot of **guests** were invited to the dinner party.	たくさんの客がその晩餐会に招かれた。
Mankind is destroying itself.	人類は自らを滅ぼしつつある。
He is a Chinese **citizen** but works in Japan.	彼は中国国民だが，日本で働いています。
He is the **chief** of the space laboratory.	彼はその宇宙実験室の室長だ。
You had better not **make an enemy of** your former friend.	以前の友を敵に回さないほうがいいよ。
Do you always **obey** the speed limit?	あなたはいつも制限速度に従っ(て運転し)ていますか。
Halfway up the mountain, we **paused** a minute to rest.	山の中腹で，私たちはちょっと立ち止まって休息した。
She **searched** the house **for** the letter.	彼女はその手紙を見つけようと家の中を捜した。
We **debated** the issue for about an hour.	私たちはその問題について約1時間討議した。
I usually **avoid going** shopping on Sundays.	私はふつう日曜日には買い物に行くのを避けている。

(→ p. 322) と言う。

GRADE 2 §4

性格・特徴に関する語（名詞）

0404 ★★
character
[kǽrəktər / キャラクタ]
① 性格, 特性　② 登場人物
③ 文字　形 (characteristic to 〜で) 〜に特有の, 独特の
Chinese character
漢字

0405 ★
attitude
[ǽtətùːd / アティトゥード]
態度, 心構え, 姿勢
a negative attitude
消極的な態度

0406 ★
talent
[tǽlənt / タレント]
(生まれつきの)才能, 才能ある人(々)
形 talented 才能のある
a talent for music
音楽の才能

0407
honesty
[ánəsti / アネスティ] 発
正直(さ), 誠実
形 honest 正直な, 誠実な
in all honesty
正直に言って

0408
patience
[péiʃəns / ペイシェンス]
忍耐(力), 我慢
形名 patient 我慢強い, 患者
have the patience to 〜
忍耐強く〜する

0409
pride
[práid / プライド]
① 誇り, プライド　② うぬぼれ
形 proud 誇り高い, 高慢な
take pride in 〜
〜を自慢する

破壊・攻撃に関する語（動詞）

0410 ★
destroy
[distrɔ́i / ディストロイ]
〜を破壊する, 壊す, 滅ぼす
類 ruin 〜を破滅させる
名 destruction 破壊, 破滅
destroy a friendship
友情を壊す

0411
bark
[báːrk / バーク]
(犬などが)ほえる, どなる
名 ほえる声, どなる声
bark at 〜
〜に向かってほえる

0412 ★
warn
[wɔ́ːrn / ウォーン]
警告する
名 warning 警告
warn 〜 of ...
〜に…を警告する

0413
swing
[swíŋ / スウィング]
揺れる, 回転する
名 揺れること, ブランコ
swing open
(ドアなどが)ぱっと開く

メモ　アルファベットのような表音文字を letter, 漢字や象形文字のような表意文字を

☑ He is a genius, but he doesn't have a lovable **character**.	彼は天才だが，愛すべき<u>性格</u>の持ち主ではない。
☑ He has a positive **attitude** toward his job.	彼は仕事に対して前向きな<u>態度</u>である。
☑ She has a great **talent** for painting.	彼女には絵を描く優れた<u>才能</u>がある。
☑ **Honesty** is the best policy.	<u>正直</u>は最善の策〔ことわざ〕。
☑ I have no **patience** with rude people.	私は失礼な人には<u>我慢</u>ができない。
☑ His **pride** didn't allow him to do such a thing.	そのようなことをするのは彼の<u>誇り</u>が許さなかった。
☑ The village was **destroyed** by the earthquake.	その村は地震で<u>破壊され</u>た。
☑ Our next-door neighbor's dog often **barks at** me.	隣の家のイヌがよく私に<u>ほえる</u>。
☑ The TV news **warned** us **of** the coming storm.	テレビのニュースが私たちに嵐の接近を<u>警告した</u>。
☑ The curtains were **swinging** in the breeze.	カーテンがそよ風で<u>揺れて</u>いた。

character と言う。

GRADE 2 §5

科学・物理に関する語①(名詞)

0414
atom [ǽtəm / アトム]
① 原子　② 微粒子
形 atómic 原子(力)の
a hydrogen atom
水素原子

0415 ★
object [ábdʒikt / アブヂェクト] ア
① 物, 物体　② 対象　③ 目的
動 object to 〜 〜に反対する
an object of thought
思考の対象

0416 ★
focus [fóukəs / フォウカス]
① 焦点　② (興味・注意の)中心, 的
動 〜の焦点を合わせる
be in focus
焦点が合っている

0417 ★
model [mɑ́dl / マドル]
① 模型, 型　② 模範, 手本
動 (〜の)模型を作る, 型をとる
on the model of 〜
〜を手本にして

0418 ★★
function [fʌ́ŋkʃən / ファンクション]
① 機能, 働き　② 役割, 職務
動 機能する, 役目を果たす
function of the body
身体機能

研究・学習に関する語(動詞)

0419 ★★
discuss [diskʌ́s / ディスカス]
〜について話し合う, 討論する
名 discussion 討論, 話し合い
discuss what to do
すべきことを話し合う

0420 ★★
observe [əbzə́ːrv / オブザーヴ]
① 〜を観察する　② (規則を)守る
名 observátion 観察, 遵守
observe the laws
法律を守る

0421 ★★
solve [sɑ́lv / サルブ]
(問題など)を解く, 解決する
名 solútion 解決[策], 解答
solve the mystery
謎を解明する

0422
prove [prúːv / プルーヴ]
① 〜を証明する　② 〜と判明する
名 proof 証明, 証拠
prove to be 〜
〜であると判明する

0423 ★
graduate [grǽdʒuèit / グラヂュエイト]
(graduate from 〜で) 〜を卒業する
名 graduátion 卒業
graduate from high school
高校を卒業する

0424 ★★
prepare [pripéər / プリペア]
(〜を)準備する, 用意する
名 preparátion 準備, 用意
prepare dinner
夕食を用意する

メモ 「その問題について話し合う」は discuss the problem が正しい表現。(×) discuss about

Hydrogen is the simplest kind of **atom**.	水素は最も単純な性質の原子である。
The bag is full of precious **objects** of various kinds.	かばんにはいろいろな種類の高価な物がいっぱい入っています。
The girl was the **focus** of attention at the party.	その女の子はパーティーで注目の的だった。
My brother likes making plastic **model** planes.	私の兄[弟]は飛行機のプラモデルを作るのが好きだ。
Do you know the main **function** of this machine?	この機械の主な機能を知っていますか。

We **discussed** the problem with him.	私たちは彼とその問題について話し合った。
In their science class the students **observed** the growth of tadpoles.	理科の授業で、生徒はオタマジャクシの成長を観察した。
He **solved** all the math problems easily.	彼はそのすべての数学の問題を簡単に解いた。
The new play **proved to be** a great success.	その新作の劇は大成功であることがわかった。
My grandfather **graduated from** university in 1952.	祖父は1952年に大学を卒業しました。
We must **prepare** a room for our guest.	私たちは客のために部屋の用意をしなくてはならない。

the problem は誤り。

GRADE 2 §6　1-43

動植物に関する語②（名詞）

0425 ★★
seed [síːd / スィード]
① 種, 種子　② シード選手[チーム]
動 種をまく
sow seeds
種をまく

0426
bloom [blúːm / ブルーム]
①（観賞用の）花　② 開花
動 開花する　類 flower（一般的な）花
in full bloom
満開で[の]

0427
blossom [blásəm / ブラサム]
①（果樹の）花　② 開花
動（樹木の）花が咲く
orange blossoms
オレンジの花

0428
creature [kríːtʃər / クリーチャ]
生き物　動 create ～を創造する（→p.116）
living creatures
生物

0429 ★
cattle [kǽtl / キャトル]
（複数扱い）ウシ
a herd of cattle
ウシの群れ

0430
tail [téil / テイル]
尾, しっぽ
wag its tail
しっぽを振る

運動・行為を表す語（動詞）

0431 ★★
perform [pərfɔ́ːrm / パフォーム]
① ～を行う, 果たす
② ～を演じる, 演奏する
名 performance 上演, 遂行
perform a duty
義務を果たす

0432
dive [dáiv / ダイヴ]
① 飛び込む　② 潜る
名 飛び込み, 潜水
dive into the sea
海に飛び込む

0433
roll [róul / ロウル]
① 転がる, ～を転がす　② ～を巻く
名 転がること, 名簿
roll up a carpet
カーペットを巻く

0434 ★
attach [ətǽtʃ / アタッチ]
～を取り[貼り]付ける
名 attachment 取り[貼り]付け
attach ～ to ...
～を…に取り[貼り]付ける

0435 ★
rush [rʌ́ʃ / ラッシュ]
① 突進する　名 突進, 殺到
② ～を急いでする
rush out of the room
部屋から急いで出る

メモ　cattleは集合名詞である。「50頭のウシ」は fifty cattle となり，(×) cattles としない。

☑ This plant grew from a very small **seed**.	この植物は非常に小さい種から育ちました。
☑ The roses in the garden are **in full bloom** now.	庭のバラは今満開です。
☑ The children are playing in the park under the cherry **blossoms**.	子供たちが公園の桜の花の下で遊んでいる。
☑ A lot of small **creatures** live under the ground.	地中にはたくさんの小さな生物が住んでいる。
☑ He keeps sheep and **cattle**.	彼はヒツジとウシを飼っている。
☑ Many monkeys have long **tails**.	長いしっぽを持つサルは多い。
☑ My favorite actress is **performing** in the second act.	私の大好きな女優は2幕目に出演している。
☑ He **dived** from the rock into the river.	彼は岩場から川に飛び込んだ。
☑ The ball **rolled** down the hill.	ボールは丘を転がり落ちた。
☑ She **attached** some labels **to** her baggage.	彼女は荷物に荷札を付けた。
☑ Hearing the news, he **rushed out of** the room.	その知らせを聞いて，彼は部屋から飛び出して行った。

GRADE 2 §7

感覚に関する語（名詞）

0436 ★★
view
[vjúː / ヴュー]
① 意見, 見解　② 眺め
③ 視野
a point of view
視点

0437 ★
memory
[méməri / メモリ]
① 記憶, 記憶力　② 思い出
動 memorize 〜を記憶する
in memory of 〜
〜を記念して, しのんで

0438 ★
sight
[sáit / サイト]
① 視覚　② 見ること
③ 光景,（sights で）名所
catch [lose] sight of 〜
〜を見つける[見失う]

0439 ★
vision
[víʒən / ヴィジョン]
① 視力　② 未来像
have good [bad] vision
視力がよい[悪い]

0440
horror
[hɔ́(ː)rər / ホ(ー)ラ]
① 恐怖, ぞっとする思い
② 嫌悪
in horror
ぞっとして

0441 ★
pain
[péin / ペイン]
① 苦痛, 痛み
②（pains で）苦労, 骨折り
形 painful 痛い,（精神的に）つらい
take pains
苦労する

修復・回復に関する語（動詞）

0442 ★
recover
[rikʌ́vər / リカヴァ]
①〜を取り戻す
②（〜を）回復する
名 recovery 回復, 修復
recover from 〜
〜から回復する

0443
mend
[ménd / メンド]
（比較的小さな物）を修理する, 直す
mend a toy
おもちゃを修理する

0444
connect
[kənékt / コネクト]
〜をつなぐ, 結合する
名 connection つながり, 結合
be connected with 〜
〜と関連[関係]がある

0445
treat
[tríːt / トリート]
①（〜を）扱う
②（病人・人を）治療する
名 treatment 取り扱い, 治療
treat 〜 as ...
〜を…として扱う

メモ　単数形と複数形では意味が異なる名詞がある。(例) [sight (景色), sights (名所)],

We have different **views** on education.	私たちは教育について異なった意見を持っている。
He has a good **memory** for foreign place names.	彼は外国の地名に関しては記憶力がよい。
I **lost sight of** Ken in the crowd.	私は人ごみの中でケンを見失った。
He has lost his **vision** in his left eye.	彼は左目の視力を失った。
My sister likes **horror** movies.	私の姉[妹]はホラー映画が好きだ。
I have a **pain** in my lower back.	私は腰が痛い。
He's ill now, but I think he'll **recover** his health soon.	彼は今は病気だが,すぐに健康を取り戻すだろう。
Can you **mend** this rip in my skirt by tomorrow?	スカートのこのほころびを明日までに直してくれますか。
Will you **connect** me **with** Mr. Smith?	(電話で)スミスさんにつないでくれませんか。
We **treat** our dog **as** one of the family.	私たちはイヌを家族の一員として扱っている。

[pain (苦痛), pains (苦労)], [arm (腕), arms (武器)], [wood (木材), woods (森)]など。

GRADE 2 §8

科学・物理に関する語②(名詞)

0446 ★
photograph [fóutəgræf / フォウトグラフ]
写真
類 phóto〔口語〕, picture
take photographs
写真を撮る

0447 ★
physics [fíziks / フィズィックス]
物理学〔単数扱い〕
形 physical 物質の, 物理学の
atomic physics
原子物理学

0448
motion [móuʃən / モウション]
①運動, 動き ②動作, 身ぶり
動 身ぶりで合図する
the motion of stars
星の動き

0449 ★
proof [prúːf / プルーフ]
①証拠(品) ②証明
動 prove 〜を証明する
as (a) proof of 〜
〜の証拠として

生成・変化を表す語(動詞)

0450 ★★
create [kriéit / クリエイト]
〜を創造する
名 creation 創造(物)
形 creative 独創的な
create a new post
新しい役職を設ける

0451 ★★
develop [divéləp / ディヴェロップ]
①発達[発展]する
②〜を発達[発展]させる
名 development 発展, 開発
develop one's ability
能力を発達させる

0452
sink [síŋk / スィンク]
①沈む ②〜を沈める
名 (台所の)流し, 洗面台《米》
sink to one's knees
がっくりとひざをつく

0453 ★★
flow [flóu / フロウ]
①流れる ②(潮が)満ちる
名 流れ, 満ち潮
flow into 〜
(川などが)〜へ流れ込む

0454 ★
vary [véəri / ヴェアリ]
①異なる, 様々である
②変わる, 変化する
名 variation 変化, 違い
vary in price
価格が異なる

0455 ★
occur [əkə́ːr / オカー]
①(出来事が)起こる
②(考えなどが)浮かぶ
類 happen
occur to 〜
(考えが)〜に浮かぶ

メモ 学問の名前には -s で終わる単語があるが, それらはすべて単数扱いをする。(例) ethics

I **took** a lot of **photographs** during the school trip.	私は修学旅行中たくさん写真を撮った。
She studied **physics** at university.	彼女は大学で物理学を研究した。
The ship's **motion** always makes me feel seasick.	船の動きは私をいつも船酔いさせる。
Please keep your receipt as **proof** of purchase.	買った証拠としてレシートを保管しておきなさい。
The Bible says that God **created** the world.	聖書には神が世界を創造したと書いてある。
The town will **develop** into a big city in the future.	その町は将来大都市に発展するだろう。
The sun has just **sunk** below the horizon.	太陽はちょうど地平線に沈んだところです。
Tears **flowed** down her cheeks.	涙が彼女のほおを流れた。
These products **vary** in size.	これらの製品は大きさが様々だ。
The fire **occurred** in the early morning.	火事は早朝に起こった。

(倫理学), politics (政治学) など。

GRADE 2 §9

場所・方向を表す語（名詞）

0456 ★★
position
[pəzíʃən / ポズィション]
① 位置, 場所
② (社会的) 地位, 立場
out of position
場違いで

0457 ★
spot
[spát / スパット]
① 斑点, しみ　② 地点, 現場
on the spot
ただちに, その場で

0458 ★★
direction
[dərékʃən / ディレクション]
① 方向, 方角　②（directions で）指示,（道）案内
in the direction of ~
~の方向へ

0459
district
[dístrikt / ディストリクト]
① 地方　② 地区
a shopping district
商店街

0460
tip
[típ / ティップ]
① 先, 先端　② チップ
動 ~にチップをやる
the tip of one's finger
指先

0461 ★
border
[bɔ́:rdər / ボーダ]
① 国境, 境界　② ふち, へり
動 ~に接する
on the border of ~
~の境界線上に

時の経過・程度に関する語（副詞）

0462 ★
forever
[fərévər / ファレヴァ]
永久に, 永遠に, いつまでも
last forever
永遠に続く

0463 ★
gradually
[grǽdʒuəli / グラヂュアリ]
だんだんと, 徐々に
形 gradual 徐々の
improve gradually
徐々に改善する

0464 ★
immediately
[imí:diətli / イミーディエットリ]
① ただちに　② 直接に
形 immediate すぐさまの, 直接の
同 at once
answer immediately
すぐに返事をする

0465 ★★
recently
[rí:sntli / リースントリ]
近頃, 最近
形 recent 最近の, 近頃の
until recently
最近まで

0466 ★★
well
[wél / ウェル]
① 上手に　② 十分に
形 健康な　名 井戸
do well
うまくいく, 成功する

メモ　形容詞に -ly を付けて副詞になる語と, high や fast のように1つの語が形容詞と副詞の

He has an important **position** in the company.	彼は会社で重要な地位にある。
There is a **spot** of paint on your dress.	君の服にペンキのしみがついている。
My wife has a poor sense of **direction**.	私の妻は方向音痴だ。
What **district** is Sendai in? —— It's in the Tohoku **district**.	仙台はどの地方にありますか。—東北地方にあります。
Did you give a **tip** to the bellboy?	ベルボーイにチップを渡しましたか。
They crossed the French **border**.	彼らはフランス国境を越えた。
I'd like to stay here **forever**.	私はいつまでもここにいたい。
Gradually, economic conditions in this country have improved.	この国の経済状態は徐々によくなった。
Please give me a reply **immediately**.	すぐに返事をください。
I have not seen her **recently**.	最近彼女に会っていない。
We are surprised she has done the work very **well**.	彼女がその仕事をとても上手にしたので、私たちは驚いている。

両方の意味を持つ語がある。

GRADE 2 §10

1-47

通信・手段に関する語（名詞）

0467 ★★
Internet
[íntərnèt / インタネット]
(the Internet で) インターネット
on the Internet
インターネット（上）で

0468 ★★
means
[míːnz / ミーンズ]
手段, 方法
by no means
決して～でない

0469 ★
conversation
[kùnvərséiʃən / カンヴァセイション]
会話, 対談, （人との）話
be in conversation with ～
～と会話している

0470 ★★
opinion
[əpínjən / オピニオン]
① 意見　② 世論　③ 評価
in one's opinion
～の考えでは

0471 ★
interview
[íntərvjùː / インタヴュー] ア
① 面接　② （記者などの）インタビュー
動 ～と面接[会見]する
a job interview
求職[採用]面接

思考・感情に関する語（動詞）

0472 ★
suppose
[səpóuz / サポウズ]
① ～と思う
② ～と仮定する
be supposed to ～
～することになっている

0473 ★★
wonder
[wʌ́ndər / ワンダ]
① ～かしらと思う
② （～を）不思議に思う
名 不思議, 驚異
wonder at ～
～に驚く

0474 ★
realize
[ríːəlàiz / リーアライズ]
① ～を理解する
② ～を実現する
名 realizátion 理解, 実現
realize one's dream
夢を実現する

0475 ★★
consider
[kənsídər / コンスィダ] ア
～をよく考える
名 considerátion 配慮, 熟考
consider ～ to be …
～を…と見なす

0476
dislike
[disláik / ディスライク]
～を嫌う　反 like ～を好む
名 嫌うこと, 嫌いな物
dislike one's work
自分の仕事を嫌う

0477 ★★
worry
[wə́ːri / ワーリ]
～を悩ませる, 心配する
名 心配, 悩み
worry about ～
～のことで悩む

120　メモ　mean (動詞：～を意味する), meaning (名詞：意味), means (名詞：手段・方法) を正

☑ I usually get tickets on the **Internet**.	私はたいてい<u>インターネット</u>で切符を手に入れる。
☑ Language is a **means** of communication.	言語は伝達<u>手段</u>の1つである。
☑ He had a long **conversation** with his old friend yesterday.	彼は昨日旧友と長時間<u>話</u>をした。
☑ Could you give us your **opinion** about the economic reform?	経済改革についてあなたの<u>ご意見</u>をお聞かせください。
☑ I'm going for an **interview** at a computer company next month.	私は来月コンピューター会社の<u>面接</u>に行きます。
☑ I **suppose** he will come on time.	彼は時間通りに来ると<u>思う</u>。
☑ I **wonder** if [whether] George knows her name.	ジョージは彼女の名前を知っているの<u>かしらと思う</u>。
☑ You should fully **realize** how important this matter is.	この問題がいかに重要かよく<u>理解す</u>べきです。
☑ I still **consider** him my teacher.	私は今もなお彼を自分の師と<u>考えている</u>。
☑ He **dislikes** selfish people.	彼は身勝手な人が<u>嫌いです</u>。
☑ You don't have to **worry about** the results of the test.	あなたはテストの結果を<u>心配する</u>必要はない。

確に区別して覚えよう。

GRADE 2 §11

行動・動作に関する語（名詞）

0478 silence
[sáiləns / サイレンス]
静けさ, 沈黙
形 silent 静かな, 沈黙の
in silence
静かに, 黙って

0479 ★★ laughter
[lǽftər / ラフタ]
笑うこと, 笑い（声）
動 laugh 笑う
burst into laughter
どっと笑う

0480 ★★ activity
[æktívəti / アクティヴィティ]
活動, 積極性, 活気
形 áctive 活動的な
⇔ passive 受け身の
club activities
クラブ活動

0481 ★★ behavior
[bihéivjər / ビヘイヴァ]
ふるまい, 行儀, 態度
動 behave ふるまう
careful behavior
慎重なふるまい

0482 pardon
[páːrdn / パードン]
許し, 許すこと
動 ～を許す, 大目に見る
I beg your pardon?
もう一度言ってください。

家事に関する語（動詞）

0483 boil
[bɔ́il / ボイル]
① 沸く, ～を沸かす
② 煮える, ～を煮る
boil water
湯をわかす

0484 shake
[ʃéik / シェイク]
① ～を振る, 動揺させる
② 揺れる, 震える
shake hands
握手する

0485 bathe
[béið / ベイズ] 発
① 風呂に入る
② ～を風呂に入れる
名 bath 入浴, 浴室（= bathroom）
bathe a baby
赤ん坊を入浴させる

0486 sweep
[swíːp / スウィープ]
～を掃く
名 掃除, 一掃
sweep fallen leaves
落ち葉を掃く

0487 wipe
[wáip / ワイプ]
～をふく, ふき取る
名 ふくこと, ぬぐい取ること
wipe out ～
～を一掃する, 絶滅させる

メモ　I beg your pardon. (↘) と文の最後を下げて言うと「申し訳ありません」,「すみ

☑ He listened to my explanation **in silence**.	彼は私の説明を静かに聞いた。
☑ The audience **burst into laughter** at his words.	聴衆は彼の言葉を聞いてどっと笑った。
☑ The classroom was full of **activity**.	教室は活気にあふれていた。
☑ I'm worried about my son's bad **behavior**.	息子の行儀の悪さが心配だ。
☑ **Pardon**? Can you say that again?	すみません。もう一度言ってくれませんか。
☑ Water **boils** at 100 degrees Celsius.	水は摂氏100度で沸騰する。
☑ Please **shake** this medicine bottle well before you open it.	この薬のびんは開ける前によく振ってください。
☑ Japanese people usually **bathe** every day.	日本人はたいてい毎日風呂に入る。
☑ The children **swept** the fallen leaves from the sidewalk.	子供たちは歩道の落ち葉を掃いた。
☑ Please **wipe** your shoes on the mat before coming into the house.	家に入る前にマットで靴をふいてください。

ません」の意味になる。

GRADE 2 §12

紛争・事件を表す語（名詞）

0488 crime [kráim /クライム]
(法律上の) 罪, 犯罪
⇒ criminal 犯罪者
類 sin（道徳, 宗教上の）罪
commit a crime
犯罪を犯す

0489 ★ harm [há:rm /ハーム]
害, 損害　動 ～を害する
形 harmful 有害な
do harm to ～
～に危害[損害]を与える

0490 ★ affair [əféər /アフェア]
① 出来事, 事件
②（affairsで）情勢, 事情
a big affair
大事件

0491 battle [bǽtl /バトル]
①（個々の）戦闘, 戦い
② 争い, 闘争　類 war 戦争
the field of battle
戦場

日常の動作を表す語②（動詞）

0492 ★ repair [ripéər /リペア]
(大きな物を) 修理する, 直す
名 修理　類 mend, fix
repair a house
家を修理[改築]する

0493 ★★ offer [ɔ́(:)fər /オ(ー)ファ]
～を提供する, 差し出す
名 提供, 申し出
offer to ～
～しようと申し出る

0494 bow [báu /バウ]
① おじぎをする　名 おじぎ
② ～に屈服する
bow to ～
～におじぎする

0495 ★★ march [má:rtʃ /マーチ]
行進する, ～を行進させる
名 行進,（音楽の）行進曲
march down the street
街路を行進する

0496 bend [bénd /ベンド]
① ～を曲げる, 曲がる
② かがむ ⟨bend-bent-bent⟩
bend one's knees
ひざを曲げる

0497 bind [báind /バインド]
① ～をしばる　② ～を巻く
⟨bind-bound-bound⟩
bind a bandage around ～
～に包帯を巻く

メモ　bowは発音によって意味が異なる。[báu /バウ]と発音すれば「おじぎ」「おじぎをする」

☑ If you **commit a crime**, you will be punished.	罪を犯したら，罰せられるだろう。
☑ The storm has **done** a lot of **harm to** the crops.	嵐は作物に多くの被害を与えた。
☑ Are you interested in international **affairs**?	あなたは国際情勢に興味がありますか。
☑ They lost the **battle** but won the war.	彼らはその戦闘には負けたが，戦争には勝った。

☑ I'm afraid it is impossible to **repair** this cell phone.	この携帯電話は修理するのが不可能なようです。
☑ Bob **offered** her a job, but she refused it.	ボブは彼女に仕事を提供したが，彼女は断った。
☑ The student **bowed** to the teacher.	生徒は先生におじぎをした。
☑ The demonstrators **marched** in front of the Diet Building.	デモ隊は国会議事堂の前を行進した。
☑ Bamboo doesn't **bend** so easily.	竹はそんなに簡単には曲がらない。
☑ They **bound** the robber to a chair with a rope.	彼らは強盗をロープでいすにしばった。

の意味となり，[bóu / ボウ] と発音すれば「弓」の意味となる。

GRADE 2 §13

交通・地理に関する語（名詞）

0498 ★★
signal
[sígnəl / スィグヌル]

① 合図, 信号　② きざし, 兆候
類 sign 記号, 合図 (→p.284)

a traffic signal
交通信号

0499
access
[ǽkses / アクセス]

① 接近, 近づくこと
② (access to ～で) ～へ近づく方法

have access to ～
～に近づく[会う]手段がある

0500 ★★
summit
[sʌ́mit / サミット]

頂上

a summit meeting
首脳会議

0501
path
[pǽθ / パス]

① 小道, 細道　② 進路, 軌道
複 paths [pǽðz / パズ]　同 course

the path of the moon
月の軌道

0502
suburb
[sʌ́bəːrb / サバーブ]

(the suburbsで) 郊外

in the suburbs of ～
～の郊外に

日常の行為を表す語②（動詞）

0503
glance
[glǽns / グランス]

ちらりと見る, ざっと目を通す
名 一目見ること

at a glance
一目で

0504 ★
stare
[stéər / ステア]

じっと見つめる, じろじろ見る
名 凝視　類 gaze ～を熱心に見る

stare ～ in the face
～の顔をじろじろ見る

0505
wink
[wíŋk / ウィンク]

① ウィンクする
② (星などが) きらめく
名 ウィンク, きらめき

wink at ～
～にウィンクする

0506 ★
relax
[rilǽks / リラックス]

① くつろぐ, リラックスする
② (人を) くつろがせる

relax one's muscle
筋肉を弛緩させる

0507 ★
repeat
[ripíːt / リピート]

① (～を) 繰り返す
② (～を) 繰り返して言う
名 repetition 繰り返し

I repeat ～.
繰り返して言うが, ～だ。

0508 ★
slip
[slíp / スリップ]

① すべる　名 すべること
② そっと動く[入る, 出る]

slip on the ice
氷の上ですべる

メモ　accessは, コンピュータシステムから情報を取り出したり, 入力することを意味する

I gave him the **signal** to start.	彼にスタートの合図をした。
We have no **access** to the data.	私たちにはそのデータを見る手段がない。
The mountain climbers reached the **summit** before dark.	登山家たちは暗くならないうちに頂上に着いた。
A narrow **path** leads to the lake.	狭い小道が湖に通じている。
We live **in the suburbs of** Tokyo.	私たちは東京の郊外に住んでいる。
He **glanced** at his watch while waiting for the bus.	彼はバスを待ちながら時計をちらっと見た。
She **stared** at the rings in the shop window.	彼女はショーウィンドーの指輪をじっと見つめた。
Annie **winked** at me and smiled.	アニーは私にウィンクしてほほ笑んだ。
Please sit down and **relax**.	座ってくつろいでください。
Be careful not to **repeat** the same mistake.	同じ間違いを繰り返さないよう注意しなさい。
He **slipped** on the wet floor and fell on his bottom.	彼はぬれた床ですべって、しりもちをついた。

ときにも使われる。

GRADE 2 §14

状況を表す語①（名詞）

0509 ★★
condition
[kəndíʃən / コンディション]
① (心身の) 状態, 健康状態
② (conditionsで) 状況, 事情
③ 条件
living conditions
生活状況

0510 ★★
advantage
[ədvǽntidʒ / アドヴァンテッヂ] ア
有利 (さ), 長所
反 disadvantage 不利な点
take advantage of ～
～を十分利用する

0511 ★★
youth
[júːθ / ユース]
① 若いとき, 青春時代
② 若さ 形 young 若い
in one's youth
若い頃に

0512 ★
balance
[bǽləns / バランス] ア
① つり合い, バランス
② はかり, てんびん
keep one's balance
バランスを保つ

0513 ★★
instance
[ínstəns / インスタンス]
① 例, 実例　② 場合
for instance
例えば

提案・提供に関する語（動詞）

0514 ★
propose
[prəpóuz / プロポウズ]
① ～を提案する
② (～に) 結婚を申し込む
名 proposal 提案, プロポーズ
propose a new plan
新しい案を出す

0515 ★
appeal
[əpíːl / アピール]
① ～に訴える　② ～の興味をそそる, アピールする
名 訴え, 懇願, 魅力
appeal for A to B
AをもとめてBに訴える

0516 ★★
provide
[prəváid / プロヴァイド]
～を供給する, 提供する
同 supply
provide A with B
AにBを供給する

0517
rent
[rént / レント]
① (部屋・車など) を賃借する
② (部屋・車など) を賃貸する
名 賃貸料, 使用料
rent a house
家を借りる

0518 ★★
mean
[míːn / ミーン]
～を意味する
名 meaning 意味
mean to ～
～するつもりである

128 　メモ　「～を貸す」はlend,「～を借りる」はborrowであるが, 金銭の授受が伴う場合にはどち

My body is not in good **condition**.	私の体はよい<u>状態</u>ではない。
What is the **advantage** of being tall?	背が高くて<u>有利なこと</u>は何ですか。
<u>In</u> <u>his</u> <u>youth</u>, he dreamed of being an actor.	<u>若い頃</u>，彼は俳優になることを夢見た。
He lost his **balance** and fell off the ladder.	彼は<u>バランス</u>をくずして，はしごから落ちた。
I have experienced many **instances** of racial discrimination.	私は多くの人種差別の<u>実例</u>を体験した。
She **proposed** that I (should) try to persuade him.	彼女は私が彼を説得してみるよう<u>提案した</u>。
The city government is **appealing** to us to save water.	市当局は私たちに節水を<u>呼びかけて</u>いる。
They **provided** us **with** food and drink.	彼らは私たちに食べ物と飲み物を<u>出してくれた</u>。
It is expensive to **rent** an apartment in a large city.	大都市でアパートを<u>借りる</u>のはお金がかかる。
What do you **mean** by that?	それは何を<u>意味しています</u>か。

らの場合も rent を使う。

GRADE 2 §15　1-52

義務・役割を表す語(名詞)

0519 ★★
role
[róul / ロウル]

① 役割, 任務
② (劇の) 役, 配役

play a role
役割を果たす

0520 ★★
task
[tǽsk / タスク]

(骨の折れる) 仕事, 任務, 職務

set ～ to a task
～に任務を課する

0521 ★
duty
[djúːti / デューティ]

① 義務　② 職務
③ (duties で) 税金, 税関

on duty / off duty
勤務中で / 休みで

0522 ★
freedom
[fríːdəm / フリーダム]

自由
形 free 自由な, 暇な, 無料の

freedom of speech
言論の自由

0523 ★
control
[kəntróul / コントロウル]

① 管理, 統制　② 制限, 抑制
動 ～を管理する, 制御する

under the control of ～
～に管理されて

状態を表す語②(動詞)

0524 ★
afford
[əfɔ́ːrd / アフォード]

～する [～を持つ] 余裕がある

can afford to ～
～する余裕がある

0525 ★★
depend
[dipénd / ディペンド]

(depend on [upon] で) ① ～を頼る　② ～次第である
形 dependent 頼って

depend on ability
能力次第である

0526 ★
consist
[kənsíst / コンスィスト]

① (consist of ～で) ～から成る
② (consist in ～で) ～にある

consist of a series of processes
一連のプロセスから成る

0527
resemble
[rizémbl / リゼンブル]

～に似ている
名 resemblance 類似(点)

resemble ～ in ...
...の点で～に似る

0528 ★
reflect
[riflékt / リフレクト]

① (～を) 反射する
② ～を映す, ～を反映する
名 reflection 反射, 反映

reflect the light
光を反射する

メモ　depend, consist, resemble, belong のように状態を表す語は進行形にしない。

☑ He **played an** important **role** in carrying out the plan.	彼はその計画を遂行する上で重要な<u>役割を果たした</u>。
☑ Babysitting is not an easy **task**.	ベビーシッターをするのは簡単な<u>仕事</u>ではない。
☑ It is your **duty** to look after your parents.	両親の面倒を見るのはあなたの<u>義務</u>だ。
☑ We have **freedom** of speech and thought.	私たちには言論と思考の<u>自由</u>がある。
☑ This company is **under the control of** Mr. Smith.	この会社はスミス氏に<u>管理されている</u>。
☑ **Can** you **afford to** buy a new car?	あなたは新車を買う<u>余裕［お金］がありますか</u>。
☑ You can **depend on** Harry.	ハリーは<u>頼りになる</u>よ。
☑ The committee **consists of** 12 members.	その委員会は12名のメンバーから<u>成る</u>。
☑ Her voice **resembles** her mother's.	彼女の声はお母さんの声に<u>似ている</u>。
☑ The lake clearly **reflected** the trees along the shore.	湖は岸辺の木々をくっきりと<u>映していた</u>。

(例) × John *is resembling* his uncle.

GRADE 2 §16　1-53

旅行・移動に関する語（名詞）

0529 ★★
flight
[fláit / フライト]

(飛行機での)飛行, (航空機の)便
動 fly 飛ぶ, 飛行機で行く

make a long flight
長距離飛行をする

0530
journey
[dʒə́ːrni / ヂャーニ]

① (陸路の長い)旅行
② 旅程, 行程
類 travel (一般に)旅行

go on a journey
旅行に出かける

0531 ★★
traffic
[trǽfik / トラフィック]

① 交通(量), 往来　② 輸送

air traffic
空輸

0532
baggage
[bǽgidʒ / バギッヂ]

(旅行時の)手荷物
同 luggage《英》

a piece of baggage
手荷物1個

0533 ★★
truck
[trʌ́k / トラック]

トラック《米》
同 lorry《英》

a huge truck
巨大なトラック

0534
yacht
[ját / ヤット]発

ヨット, 小型帆船

sail on a yacht
ヨットで帆走する

信頼・保護を表す語（動詞）

0535 ★
rely
[rilái / リライ]

(rely on 〜で)〜を頼りにする
名 reliance 信頼
形 reliable 信頼できる

rely on [upon] A for B
AのB(援助, 資金)を
当てにする

0536
assist
[əsíst / アスィスト]

〜を援助する, 手伝う
名 assistance 援助,
assistant 助手

assist A with B
AのB(仕事, 作業)を
手伝う

0537 ★★
protect
[prətékt / プロテクト]

〜を保護する
名 protection 保護

protect A from [against] B
BからAを守る

0538
defend
[difénd / ディフェンド]

①〜を守る, 防ぐ　②〜を
弁護する　名 defense 防御,
弁護　反 attack 〜を攻撃する

defend oneself
自分の身を守る

メモ　baggage, luggage は直接 -s をつけて複数形にすることはできない。「荷物2個」は

She took the 6:30 p.m. **flight** to Boston.	彼女は午後6時半のボストン行きの便に乗った。
I hope you will have a good **journey**.	楽しい旅行をされますように。
This is a noisy street with a lot of **traffic**.	ここは交通量の多い騒々しい通りです。
How many pieces of **baggage** can I take on the plane?	機内には手荷物を何個持ち込めますか。
A **truck** was going along the freeway.	トラックが高速道路を疾走していた。
I'd like to sail on a **yacht** one day.	いつかヨットに乗りたいなあ。
We can't **rely on** him **for** help.	彼の助けは当てにできない。
Professor Jones **assisted** me **with** my research.	ジョーンズ教授は私の研究を助けてくれた。
You should wear sunglasses to **protect** your eyes **against** ultraviolet rays.	紫外線から目を守るために、サングラスをかけなさい。
They have no weapons to **defend themselves**.	彼らには自分たちの身を守るための武器がない。

two pieces of baggage [luggage] と表現する。

GRADE 2 §17

目標・意欲に関する語（名詞）

0539 ★
purpose [pə́ːrpəs / パーパス]
目的, 意図
on purpose わざと, 故意に

0540
target [tɑ́ːrgət / ターゲット]
①標的, 的 ②目標 ③（批判, もの笑いの）対象
hit the target 的に当たる

0541 ★
aid [éid / エイド]
助力, 援助
動 ～を援助する
with the aid of ～ ～の助けによって

0542 ★
haste [héist / ヘイスト]
①急ぎ, 急ぐこと ②慌てること
動 hasten [héisn] 急いで行く
in haste 急いで, あわてて

0543 ★
advance [ədvǽns / アドヴァンス]
①前進 ②進歩
動 前進する, 進歩する
in advance 前もって, あらかじめ

0544 ★
challenge [tʃǽlindʒ / チャリンヂ]
挑戦
動 ～に挑戦する
accept a challenge 挑戦に応じる

プラスイメージの語②（形容詞）

0545
noble [nóubl / ノウブル]
①気高い, 立派な ②貴族の
反 ignoble 下品な
a noble deed 気高い行い

0546 ★
peaceful [píːsfl / ピースフル]
穏やかな, 平和な
名 peace 平和
a peaceful life 平穏な生活

0547 ★
calm [kɑ́ːm / カーム] 発
①（海, 天候などが）穏やかな ②（気持ちなどが）落ち着いた, 冷静な
動 ～を静める, 落ち着かせる
in a calm voice 落ち着いた声で

0548 ★
dynamic [dainǽmik / ダイナミック] ア
①精力的な, 活動的な ②動的な
a dynamic personality 活動的な性格（の人）

0549 ★★
real [ríːəl / リーアル]
①現実の, 実在する ②本物の, 本当の
名 reálity 現実, 実在
the real world 現実の世界

メモ　calm, half, palm（手のひら）などの l はいずれも発音しない文字である。

She dropped her handkerchief **on purpose**.	彼女はわざとハンカチを落とした。
He became the **target** of bitter criticism.	彼は厳しい批判の的となった。
She could translate it **with the aid of** three dictionaries.	彼女はそれを3冊の辞書の助けによって翻訳することができた。
Make **haste** slowly.	急がば回れ〔ことわざ〕。
Great **advances** have been made in information technology.	情報技術は大きな進歩を遂げた。
I think each experience is a new **challenge**.	どの経験も新しい挑戦だと思います。
It was **noble** of him to save the drowning child.	おぼれかけている子供を救うとは彼は立派だった。
John wanted a **peaceful** life.	ジョンは平穏な生活を望んでいた。
The sea is **calm** today.	今日は海が静かだ。
Our boss is very **dynamic**.	私たちの上司はとても精力的だ。
Are these **real** flowers or artificial ones?	これらは本物の花ですか、それとも造花ですか。

GRADE 2 §18

教育・書物に関する語(名詞)

0550 ★★
education
[èdʒəkéiʃən/エヂュケイション]

教育　動 educate ～を教育する
形 educational 教育の, 教育的な

moral education
道徳教育

0551 ★
article
[á:rtikl/アーティクル]

① 記事, 論文　② 品物, 商品

an editorial article
(新聞, 雑誌の) 社説

0552
document
[dákjəmənt/ダキュメント]

書類　形 documéntary 文書の,
事実を記録した

an official document
公文書

0553
tale
[téil/テイル]

(事実・伝説などの) 話, 物語
同 story

a fairy tale
おとぎ話

0554
fiction
[fíkʃən/フィクション]

小説, フィクション
反 nonfiction ノンフィクション

science fiction
空想科学小説 (SF)

マイナスイメージの語②(形容詞)

0555 ★
rude
[rú:d/ルード]

① 失礼な, 不作法な
② 乱暴な
反 polite 礼儀正しい

a rude reply
不作法な返事

0556 ★
sour
[sáuər/サウア]

すっぱい
反 sweet 甘い

sour oranges
すっぱいオレンジ

0557 ★
terrible
[térəbl/テリブル]

① ひどい, ひどく悪い
② 恐ろしい　名 terror 恐怖

terrible weather
ひどい悪天候

0558
false
[fɔ́:ls/フォールス]

間違った, 不正確な
反 true 本当の, real 事実の,
genuine 本物の

a false statement
間違いの陳述

0559
timid
[tímid/ティミッド]

臆病な, 小心の
反 bold 大胆な

a timid person
臆病な人

136　メモ　terrible は「恐ろしい」だが,「ぞっとする, 背筋が寒くなるほど恐ろしい」は horrible で

Children's **education** at school begins when they are six years old.	子供の学校**教育**は6歳になると始まる。
She went shopping for domestic **articles**.	彼女は家庭用**品**を買いに出かけた。
I'll hand in this **document** to my professor by Friday.	私は金曜日までにこの**書類**を教授に提出するつもりです。
The play is based on an old **folk tale**.	その劇は古い**民話**に基づいている。
Fact is stranger than **fiction**.	事実は**小説**よりも奇なり。

You shouldn't be **rude** to the customers when you work in a shop.	店で働いている場合，お客さんに**失礼な**ことをしてはいけません。
These grapes are still too **sour** to eat.	これらのブドウはまだ**すっぱ**すぎて食べられない。
A **terrible** accident happened while she was away.	彼女の留守中に**ひどい**事故が起こった。
It turned out to be a **false** alarm.	それは**間違いの**警報だと判明した。
The **timid** little boy hid from strangers.	その**臆病な**男の子は知らない人に会わないように隠れた。

ある。

GRADE 2 §19

形状規格・人体に関する語（名詞）

0560 ★
standard
[stǽndərd / スタンダド]
① 標準, 基準　② 規範
形 標準の, 普通の
up to standard
基準に達して, 合格で

0561
scale
[skéil / スケイル]
① 規模, 程度　② 目盛り
③ (scalesで) 天秤, 体重計
動 ～をある基準で決める, はかりにかける
on a large scale
大規模な [に]

0562 ★
stripe
[stráip / ストライプ]
しま（模様）, すじ
red stripes
赤いしま模様

0563 ★
pattern
[pǽtərn / パタン] 発
① 様式, パターン, 型
② 模範
behavior patterns
行動様式

0564
sweat
[swét / スウェット] 発
① 汗　② (a sweatで) 汗をかくこと
動 汗をかく
in a cold sweat
冷や汗をかいて

0565
tongue
[tʌ́ŋ / タング] 発
① 舌　② 言語
同 language
hold one's tongue
黙っている

社会生活に関する語①（形容詞）

0566 ★★
international
[ìntərnǽʃənl / インタナショヌル]
国際的な
an international airport
国際空港

0567
civil
[sívəl / スィヴル]
① 市民の　② 国内の
③ 民間の
a civil war
内戦, 内乱

0568 ★★
local
[lóukəl / ロウクル]
① その地方の, 地元の
② 各駅停車の
a local train
普通列車

0569 ★★
native
[néitiv / ネイティヴ]
① 出生地の, 母国の
② 生まれつきの
one's native country
母国

0570 ★
formal
[fɔ́:rməl / フォーマル]
① 形式的な　② 正式の
反 informal 非公式の
formal dress
正装, 礼装

138　メモ　localには「地元の」,「(中央から離れた) 地方の」の意味はあるが,「(都会に対する) 田

His new piece of writing is below **standard**.	彼の新しい著作は標準以下の出来だ。
Mr. Brown is doing business on a small **scale**.	ブラウンさんは小規模に商売をしている。
The zebra has black and white **stripes**.	シマウマには黒と白のしまがある。
The scientist is studying the behavior **patterns** of monkeys.	その科学者はサルの行動様式を研究している。
A good **sweat** will cure a cold.	十分汗をかけば風邪は治る。
I didn't want to make him angry, so I **held my tongue**.	彼を怒らせたくなかったので、私は黙っていた。
An **international** conference will be held in Kyoto next year.	来年京都で国際会議が開かれます。
He became well-known in the **civil** rights movement.	彼は公民権運動で有名になった。
My children go to the **local** school.	私の子供たちは地元の学校へ行っている。
English is not my **native** language.	英語は私の母国の言語ではありません。
You don't have to wear **formal clothes** at the party.	そのパーティーでは正装しなくてもいいよ。

GRADE 2 §20

設備・衣類に関する語（名詞）

0571 ★★
restaurant [réstərənt / レストラント]
食堂, レストラン
a Chinese restaurant
中華料理店

0572 ★
screen [skríːn / スクリーン]
① (部屋の) 仕切り　②スクリーン, (テレビ・映画の) 画面
a sliding screen
障子, ふすま

0573 ★
ceiling [síːliŋ / スィーリング]
①天井　反 floor 床　② (価格・賃金などの) 最高限度
set a ceiling on ～
～の最高限度を決める

0574 ★
furniture [fə́ːrnitʃər / ファーニチャ]
(集合的に) 家具
a set of furniture
家具一式

0575 ★
wool [wúl / ウル] 発
①羊毛　②毛織物
形 woolen 羊毛 (製) の
knitting wool
毛糸

0576 ★
suit [súːt / スート]
①スーツ　② (ある目的のための) 服
a diving suit
潜水服

形状を表す語①（形容詞）

0577 ★
regular [régjələr / レギュラ]
①定期的な, 規則正しい　②正規の　反 irregular 不規則な　副 regularly 定期的に
regular employment
正規雇用

0578
broad [brɔ́ːd / ブロード]
(幅が) 広い
反 narrow (幅が) 狭い
a broad road
広々とした道

0579 ★
rough [rʌ́f / ラフ]
① (手ざわりが) ざらざらした　②乱暴な, 荒れた
反 smooth なめらかな
a rough sea
荒れた海

0580
empty [émpti / エンプティ]
からの, 誰もいない
反 full いっぱいの (→p.38)
an empty can
空き缶

0581 ★
huge [hjúːdʒ / ヒューヂ]
①巨大な　反 tiny 非常に小さい　② (量・程度が) ばく大な
a huge amount of ～
ばく大な量 [額] の～

メモ　furniture は数えられない名詞なので, a furniture, many furnitures は誤り。a piece of

140

☑ A new **restaurant** opened in my neighborhood.	近所に新しい<u>レストラン</u>が開店した。
☑ The nurse pulled the **screen** around the patient's bed.	看護師は<u>仕切り</u>を患者のベッドの周りに引いた。
☑ All the rooms have high **ceilings**.	どの部屋も<u>天井</u>が高い。
☑ There is too much **furniture** in my room.	私の部屋には<u>家具</u>が多すぎるほどある。
☑ This cloth is made of **wool**.	これは<u>羊毛</u>で織った布地です。
☑ A bright tie will go nicely with your **suit**.	明るい色のネクタイがあなたの<u>スーツ</u>とよく合いますよ。
☑ We hold **regular** meetings on Wednesday afternoons.	私たちは水曜日の午後に<u>定例の</u>会議を開く。
☑ He has very **broad** shoulders.	彼はとても肩幅が<u>広い</u>。
☑ The wall was made of **rough** stone.	その塀は<u>ざらざらした</u>石でできていた。
☑ The thief was disappointed to find the safe **empty**.	泥棒は金庫が<u>からっぽ</u>だったのでがっかりした。
☑ He won a **huge** sum of money in the lottery.	彼は宝くじで<u>ばく大な</u>金を当てた。

furniture, much furniture のように表現する。

GRADE 2 §21

身の回り品を表す語①(名詞)

0582 iron [áiərn / アイアン]
① 鉄　② アイロン
形 鉄の, 鉄のように堅い
a steam iron
スチームアイロン

0583 ★ item [áitəm / アイテム]
① 項目, 品目
② (新聞などの)記事
20 items on the list
リストの中の20品目

0584 ★ tool [túːl / トゥール]
① (主に手仕事用に使う)道具, 工具　② 手段
類 instrument (精巧な)器具, 楽器
a tool of communication
伝達手段

0585 jewel [dʒúːəl / ヂューエル]
宝石
⇒ jewelry (集合的に)宝石類
a jewel box
宝石箱

0586 ★ medicine [médəsn / メディスン]
① 薬　類 pill 丸薬　tablet 錠剤
② 医学　形 medical 医学の
take a medicine
薬を飲む

0587 ★ parcel [páːrsl / パースル]
① 小包《英》, 小荷物
同 package《主に米》
a parcel of books
本の包み

形状を表す語②(形容詞)

0588 ★ tight [táit / タイト]
① (衣服などが)きつい, ぴったりとした　② 締まった, 堅い　副 しっかりと, 堅く
反 loose ゆるい (→p.178)
a tight knot
堅い結び目

0589 ★ smooth [smúːð / スムーズ] 発
① (表面が)なめらかな
② 穏やかな
a smooth surface
なめらかな表面

0590 ★ straight [stréit / ストレイト]
① まっすぐな　② 正直な
副 まっすぐに, 一直線に
a straight line
直線

0591 ★ tiny [táini / タイニ]
とても小さい
反 huge 巨大な
a tiny bubble
(液体の)ごく小さな泡

メモ　工具・機械類は, 構造の単純なものから複雑なものへと順に tool → instrument →

☑ Strike while the <u>iron</u> is hot.	<u>鉄</u>は熱いうちに打て〔ことわざ〕。
☑ Do you have any fragile <u>items</u> in your luggage?	手荷物に壊れやすい<u>もの</u>は入っていますか。
☑ Words are the <u>tools</u> of his trade.	言葉は彼の商売<u>道具</u>です。
☑ Rubies are my favorite kind of <u>jewel</u>.	ルビーは私の好きな<u>宝石</u>です。
☑ <u>Take</u> this <u>medicine</u> after breakfast and supper.	朝食と夕食の後にこの<u>薬を飲ん</u>でください。
☑ On my birthday I received a large <u>parcel</u>.	誕生日に私は大きな<u>小包</u>を受け取った。
☑ <u>Tight</u> shoes can hurt your feet.	<u>きつい</u>靴は足を痛めることがあるよ。
☑ There was no wind, and the lake was as <u>smooth</u> as glass.	風もなく，湖面はガラスのように<u>なめらか</u>だった。
☑ She has long <u>straight</u> hair.	彼女は長い<u>まっすぐな</u>髪をしている。
☑ She knitted some <u>tiny</u> mittens for her baby.	彼女は赤ん坊に<u>とても小さい</u>手袋を編んでやった。

machine となる。

GRADE 2 §22 1-59

身の回り品を表す語②(名詞)

0592 ★
calendar [kǽləndər / キャリンダ] ア つ
① カレンダー, 暦
② 日程表, 予定表
a desk calendar
卓上カレンダー

0593
trouser [tráuzər / トラウザ] 発
(trousers で) ズボン
同 pants 《米》
a pair of trousers
ズボン一着

0594
soap [sóup / ソウプ]
石けん
a bar [cake] of soap
石けん1個

0595
tube [t(j)úːb / テューブ]
① (ガラス・ゴムなどの) 管
② (歯みがきなどの) チューブ
a glass tube
ガラス管

0596
sample [sǽmpl / サンプル]
見本, 標本, サンプル
show a sample
見本を見せる

状態を表す語③(形容詞)

0597
brief [bríːf / ブリーフ]
① 短時間の
② 簡潔な, 手短な 類 short
in brief
手短に, 簡潔に

0598 ★
crowded [kráudid / クラウデッド]
(人・物で) いっぱいの, 混雑した
be crowded with ~
~で混雑している

0599
deaf [déf / デフ] 発
耳が聞こえない, 聞こうとしない
be deaf to ~
~を聞こうとしない

0600
direct [dərékt / ディレクト]
① 直接の ② 直行の
副 まっすぐに 名 direction 方向 副 directly 直接に
a direct hit
直撃

0601 ★★
expensive [ikspénsiv / イクスペンスィヴ]
費用のかかる, 高価な
反 inexpensive 安い, 安価な
an expensive car
高価な車

メモ 「物 (car, camera など) が高い [安い]」は be expensive [inexpensive].「価格 (price) が

☑ Please turn over the **calendar**.	カレンダーをめくってください。
☑ I need some new **trousers**.	新しいズボンを買わなくてはならない。
☑ You must wash your hands well with **soap**.	石けんでよく手を洗わないといけないよ。
☑ The doctor put a **tube** in the sick person's nose.	医者はその病人の鼻に管をさした。
☑ I want to see a **sample** of the goods.	商品の見本を見たいのです。
☑ His speech was **brief** and witty.	彼のスピーチは簡潔で機知に富んでいた。
☑ The shop **was crowded with** customers.	店は客で混雑していた。
☑ Sign language is used for **deaf** people.	手話は耳の不自由な人のために使われる。
☑ Are there any **direct** flights to San Jose?	サンホセへの直行便はありますか。
☑ Life here is **expensive**.	ここでの生活は高くつく。

高い [低い] は be high [low] と表現する。

GRADE 2 §23

金銭・産業に関する語（名詞）

0602 ★
fare
[féər / フェア]
（乗り物の）料金, 運賃
a bus [an air] fare
バス[航空]運賃

0603 ★
tax
[tǽks / タクス]
税金
動 〜に課税する
an income tax
所得税

0604 ★
receipt
[risíːt / リスィート]
① 領収書, レシート
② 受領, 受けとること
on [upon] (the) receipt of 〜
〜を受け取るとすぐに

0605
industry
[índəstri / インダストリ]
① 産業, 工業　② 勤勉
形 indústrial 産業の, 工業の
indústrious 勤勉な
the textile industry
繊維産業

0606 ★★
skill
[skíl / スキル]
① 腕前, 熟練　② （特殊な）技能, 能力　形 skillful, skilled 上手な, 熟練した
a man of skill
名人, 熟練者

数量・必要を表す語（形容詞）

0607 ★★
least
[líːst / リースト]
最も少ない
（little（少ない）の最上級）
at least
少なくとも

0608 ★
rare
[réər / レア]
① まれな, 珍しい
② （肉が）生焼けの
副 rarely めったに〜しない
a rare example
まれな例

0609 ★
whole
[hóul / ホウル]
① 全体の　② 完全な
the whole city
全市, 市全体

0610 ★★
necessary
[nésəsèri / ネセセリ]
必要な, 欠くことができない
名 necéssity 必要（物）, 必然
if necessary
必要なら

0611 ★
proper
[prápər / プラパ]
① 適切な, ふさわしい　② 特有の
副 properly 適切に, 当然
a proper name
固有名詞

メモ　金銭の性格を表現する語として, fareの他にfee（手数料, 授業料など）, due（会費など），

☐ How much is the air **fare** to London?	ロンドンまでの航空運賃はいくらですか。
☐ Everyone has to pay **taxes**.	誰でも税金を払わなければならない。
☐ Payment is due **upon receipt of** the goods.	品物を受け取り次第お支払いください。
☐ This city is famous for its computer **industry**.	この都市はコンピューター産業で有名だ。
☐ Flying a plane requires a lot of **skill**.	飛行機を操縦するには多くの技能が必要です。

☐ You must study **at least** three hours a day.	1日に少なくとも3時間は勉強しなければならない。
☐ It is **rare** to find deer around here.	このあたりでシカを目にすることは珍しい。
☐ He devoted his **whole** life to art.	彼は全生涯を芸術にささげた。
☐ I'll give you all the **necessary** things.	必要なものは何でもあなたに与えよう。
☐ Please put everything back in its **proper** place.	すべてを適切な場所に戻してください。

toll (通行料など) がある。

GRADE 2 §24

数量を表す語（名詞）

0612 ★★
amount
[əmáunt／アマウント]
①量, 額　②（the amount で）総額　動（amount to～で）総額～になる
a large amount of ～
多量[多額]の～

0613 ★★
degree
[digríː／ディグリー]
①程度, 度合い　②（角度・温度の）度　③学位
by degrees
徐々に

0614 ★
rate
[réit／レイト]
①比率　②割合　③料金
at any rate
とにかく

0615 ★★
bit
[bít／ビット]
少量, 一口
a bit of ～
少し[少量]の～

0616 ★★
deal
[díːl／ディール]
①（a good[great] deal で）多量, たくさん　②取引
a great deal of work
たくさんの仕事

0617 ★
dozen
[dʌ́zn／ダズン]
①1ダース, 12個　②（dozens of ～で）何ダースもの～, 多数の～
by the dozen
1ダースずつ

0618 ★
score
[skɔ́ːr／スコー]
①（競技の）得点　②（試験の）点数　動 得点する
the average score
平均点

状態を表す語④（形容詞）

0619 ★★
present
[préznt／プリズント]
①出席して　②現在の　反 absent 欠席して　名 presence 出席, 存在　動 present ～を提出する　名 present 贈り物
be present at ～
～に出席する

0620 ★
instant
[ínstənt／インスタント]
すぐの, 即座の　名 瞬間, 一瞬　同 momentary
in an instant
即座に, すぐに

0621 ★
raw
[rɔ́ː／ロー]
①生の, 調理していない　②原料のままの, 未加工の
raw fish
生魚

0622 ★
thirsty
[θə́ːrsti／サースティ]
のどがかわいた
名 thirst のどのかわき
be thirsty from running
走ってのどがかわく

148　メモ　英語には特定の数を表す単語がある。dozen(12), score(20), fortnight(2週間) などが

☑ I spent **a large amount of** time preparing for the meeting.	私はその会合の準備に<u>多くの</u>時間を費やした。
☑ This work needs a high **degree** of skill.	この仕事は高<u>度</u>な技術が必要だ。
☑ The death **rate** from cancer is decreasing.	がんによる死亡<u>率</u>は減少している。
☑ There's a **bit** more cake.	もう<u>少し</u>ケーキがありますよ。
☑ I learned **a great deal** from the experience.	私はその経験から<u>多くのこと</u>を学んだ。
☑ Let's pack the apples **by the dozen**.	リンゴを<u>1ダースずつ</u>詰めよう。
☑ The **score** was 3-0 at halftime.	<u>得点</u>はハーフタイムで3対0だった。
☑ All the members **present** agreed to the plan.	<u>出席した</u>会員はみなその計画に賛成した。
☑ All the lights went out **in an instant**.	すべての光が<u>すぐに</u>消えた。
☑ They don't eat **raw** meat.	彼らは<u>生</u>肉を食べない。
☑ I often feel **thirsty** when it's very hot.	とても暑いときには，私はよく<u>のどがかわきます</u>。

その例である。

GRADE 2 §25

まとまりを表す語（名詞）

0623 flock [flάk / フラック]
（ヒツジやニワトリなどの）群れ
a flock of ~
~の群れ

0624 ★★ department [dipάːrtmənt / ディパートメント]
①（会社などの）部, 課,（百貨店の）売り場 ②（通例 Department で）（行政組織の）省, 庁, 局
the gift department
（デパートの）贈答品売り場

0625 ★★ system [sístəm / スィステム]
①組織, 制度 ②体系
形 systemátic 組織的な
the solar system
太陽系

0626 harmony [hάːrməni / ハーモニー]
①調和 ②（音楽の）ハーモニー
in harmony with ~
~と調和して, 一致して

意識・感情を表す語①（形容詞）

0627 ashamed [əʃéimd / アシェイムド]
①恥じて 名 shame 恥
②（be ashamed to ~ で）~するのが恥ずかしい
be ashamed of ~
~を恥じている

0628 ★ awful [ɔ́ːfl / オーフル]
ひどい, 恐ろしい
副 awfully ひどく, 非常に
an awful noise
ひどい騒音

0629 ★ pleasant [plézn t / プレズント] 発
①（物事が）楽しい ②（人などが）感じのよい 名 pleasure 喜び, 楽しみ
a pleasant surprise
うれしい驚き

0630 ★ boring [bɔ́ːriŋ / ボーリング]
退屈な, うんざりするような
動 bore ~を退屈させる
a boring lecture
退屈な講義

0631 horrible [hɔ́(ː)rəbl / ホ(ー)リブル]
①恐ろしい ②ひどく不快な
名 horror 恐怖, 戦慄
horrible weather
ひどい天気

0632 curious [kjúəriəs / キュアリアス]
①好奇心の強い ②奇妙な
名 curiósity 好奇心
be curious about ~
~に好奇心を持つ

0633 ★ eager [íːgər / イーガ]
①（be eager for ~ で）~を熱望している
②（~に）熱心な 副 eagerly 熱心に
be eager to ~
しきりに~したがっている

メモ 「（物が）退屈な」は boring,「（人が）退屈して」は bored である。exciting−excited.

A flock of small birds was flying around the park.	小鳥の群れが公園の周りを飛んでいた。
Where's the Fire **Department** of this city?	この市の消防局はどこですか。
What is the educational **system** in your country?	あなたの国はどんな教育制度ですか。
His way of thinking is **in harmony with** mine.	彼の考え方は私の考え方と一致している。
You should **be ashamed of** yourself.	(そんなことをして)自分を恥ずかしいと思いなさい。
This wine tastes **awful**.	このワインはひどい味がする。
Did you have a **pleasant** flight?	楽しい空の旅でしたか。
The movie was deadly **boring**.	その映画は死ぬほど退屈だった。
I had a **horrible** day at school.	学校でとても不愉快な1日だった。
He **is** very **curious about** what other people are doing.	彼は他人のしていることにとても好奇心を持っている。
My sister **is eager to** go to Italy.	姉[妹]はイタリアへしきりに行きたがっている。

interesting−interested なども同様である。

GRADE 2 §26

選択・限度に関する語（名詞）

0634 ★
lack [lǽk／ラック]
不足, 欠乏
動 不足する, 欠ける
lack of time
時間不足

0635 ★
limit [límit／リミット]
① 限界, 限度　②（limitsで）境界(線)
動 〜を制限する, 限定する
within limits
範囲内で, 限度内で

0636 ★
choice [tʃɔ́is／チョイス]
① 選ぶこと　② 選択権, 選択肢
動 choose 〜を選ぶ, 選択する
make a choice
選択する

0637 ★★
decision [disíʒən／ディスィジョン]
①（問題などの）解決, 決着
② 決定　動 decide 〜を決める
make a decision
結論を出す

特性・性質を表す語①（形容詞）

0638 ★
former [fɔ́ːrmər／フォーマ]
以前の, かつての
代 (the formerで) 前者
in former days
かつては

0639
male [méil／メイル]
男性の, 雄の　名 男性, 雄
反 female 女性の, 雌の
a male nurse
男性の看護師

0640 ★
official [əfíʃəl／オフィシャル]
公式の, 公用の
名 公務員,（会社の）役員
an official duty
公務

0641 ★
physical [fízikəl／フィズィクル]
① 身体の, 身体的な
② 物質の　反 mental 精神の
physical exercise
体操

0642
diligent [díliʤənt／ディリヂェント]
勤勉な, 熱心な
名 diligence 勤勉
be diligent in 〜
〜に熱心である

0643 ★★
particular [pərtíkjələr／パティキュラ] ア
① 特定の　② 特別の
反 general 全体的な, 一般の
副 particularly とりわけ, 特に
particular about 〜
〜に（好みが）うるさい

0644
pure [pjúər／ピュア]
① 純粋な
② きれいな, 澄んだ
pure gold
純金

メモ　the former（前者の）と対になって用いられる語は the latter（後者の）である。

There was a **lack** of communication between them.	彼らの間にはコミュニケーションが<u>不足</u>していた。
He seems to have reached the **limit** of his abilities.	彼は能力の<u>限界</u>に達したようだ。
I'll **make the choice** for you.	あなたに代わって<u>選ん</u>であげよう。
You must **make a decision** in two days.	あなたは2日たったら<u>結論を出さ</u>ないといけない。
He invited his **former** classmates to his wedding.	彼は結婚式に<u>かつての</u>同級生を招待した。
Male birds are often more colorful than females.	<u>雄の</u>鳥はしばしば雌よりも色鮮やかだ。
The president will make an **official** visit to China next year.	大統領は来年中国を<u>公式</u>訪問する予定だ。
The students have a **physical** checkup once a year.	生徒たちは年に1度<u>身体</u>検査を受ける。
She is a careful and **diligent** student.	彼女は慎重で<u>勤勉な</u>学生です。
There aren't any **particular** problems with this experiment.	この実験に関しては<u>特に</u>問題はない。
As we went up, the air became **purer** and cooler.	登るにつれて,空気はだんだん<u>澄んで</u>涼しくなった。

(例) *The former* plan seems better than *the latter*. (前者の計画は後者のよりもよい)

GRADE 2 §27

現象を表す語(名詞)

0645 fog [fɔ́(:)g / フォ(ー)グ]
霧, もや 類 mist (薄い) 霧
形 foggy 霧の立ち込めた
a dense [thick] fog
濃い霧

0646 steam [stíːm / スティーム]
蒸気, スチーム
a steam engine
蒸気機関

0647 ★ force [fɔ́ːrs / フォース]
力, 暴力 動 (force ~ to ...で)
~に無理に…させる
with all one's force
全力で

0648 flame [fléim / フレイム]
炎 動 燃え上がる
比 frame 骨組み
in flames
燃えて, 炎上して

判断・評価を表す語③(形容詞)

0649 ★★ main [méin / メイン]
主な, 主要な
副 mainly 主に
the main entrance
中央[正面]入口

0650 ★★ certain [sə́ːrtn / サートン]
①確信して ②確かな ③ある~
副 certainly きっと, 確かに
be certain (that) ~
きっと~だと思う

0651 ★ delicious [dilíʃəs / ディリシャス]
おいしい, 香りのよい
a delicious meal
おいしい食事

0652 ★ worth [wə́ːrθ / ワース]
~の価値がある 名 価値
類 worthy [wə́ːði / ワーズィ] of ~
worth -ing
~する価値がある

0653 ★★ fair [féər / フェア]
①公平な 反 unfair 不公平な
②(天気が)晴れた
a fair judgment
公正な判決

0654 ★★ major [méidʒər / メイヂャ]
①主要な, より大きい ②多数
の 名 majority 多数 反 minor
あまり重要でない, 小さいほうの
a major disaster
大災害

0655 normal [nɔ́ːrməl / ノーマル]
①標準の, 普通の ②正常
な 反 abnormal 異常な
the normal temperature
(体温の)平熱

メモ　certain や present (→ p.148) などの形容詞は, 置かれる位置によって全く異なる意味を

At last the **fog** began to clear.	ついに霧が晴れ始めた。
Steam is rising from the kettle.	蒸気がやかんから上がっている。
The **force** of nature can be cruel sometimes.	自然の力はときには残酷なことがある。
The whole house was **in flames**.	家全体が炎に包まれていた。
Did you get the **main points** of the lecture?	その講演の要点をつかめましたか。
I'm **certain that** he will be a good teacher.	きっと彼はよい先生になると思う。
This cake tastes **delicious**.	このケーキはおいしい。
Munich is **worth visiting**.	ミュンヘンは訪れる価値がある。
The teacher is **fair** to all the students.	その先生はすべての生徒に公平に接する。
The New York Times is one of the **major** newspapers in America.	ニューヨークタイムズ紙はアメリカの主要な新聞の1つだ。
It is **normal** to feel tired after a long trip.	長旅の後で疲れるのは普通のことだ。

表すので注意しよう。

基本動詞を用いた 群動詞のまとめ 5　1-65

look　基本の意味　意識的にある方向に目を向ける

0656 look after ～	～の世話をする　同 take care of ～
0657 look for ～	～を探す
0658 look up (～)	見上げる，（辞書などで）～を調べる
0659 look into ～	～を調査する，～をのぞき込む
0660 look forward to ～	～を楽しみにする ＊後に動詞が続くときは -ing 形にする。
0661 look up to ～	～を尊敬する　同 respect 反 look down on ～　～を軽蔑する
0662 look over ～	①～を見渡す　②（書類など）にざっと目を通す ③（場所・人）を調べる

put　基本の意味　ものを（ある位置や状態に）持って行く

0663 put down ～	～を下に置く
0664 put on ～	①～を着る，～をはく　反 take off ～　～を脱ぐ ②（体重など）を増す
0665 put off ～	～を延期する　同 postpone
0666 put out ～	（火・電灯）を消す
0667 put up with ～	～を我慢する，～に耐える　同 endure, stand
0668 put back ～	①～を元に戻す ②～を延期する，～の進行を遅らせる

156

You should **look after** the baby today.	今日は赤ちゃんの世話をしてね。
What are you **looking for**?	何をお探しですか。
He tried **looking up** the word on his smartphone.	彼はスマートフォンでその単語を調べてみた。
The police were **looking into** the incident then.	そのとき警察はその事件の捜査をしていた。
The students are **looking forward to** visiting Australia.	生徒たちはオーストラリアを訪問するのを楽しみにしている。
Who do you **look up to**?	誰を尊敬していますか。
I asked the teacher to **look over** my paper.	私は先生にレポートを見てもらった。

She **put down** her book and turned on the TV.	彼女は本を下に置き、テレビをつけた。
She **put on** her clothes quickly and went out.	彼女はすばやく服を着て、出かけて行った。
The meeting was **put off** till next week.	会議は来週まで延期された。
Put out the light.	明かりを消しなさい。
I can't **put up with** that noise any more.	あの騒音にはもう耐えられない。
Please **put** the book **back** in its place.	本を元の所に戻してください。

基本動詞を用いた 群動詞のまとめ 6

make 基本の意味 あるものを別の形や状態にする

0669 make ～ from [of] ...	…から～を作る ＊「～」が「…」と材質が変化するときには from, 変化しないときには of を用いる。
0670 make out ～	～を理解する 同 understand
0671 make oneself at home	気楽にする
0672 make up for ～	(不足など)をうめ合わせる 同 cómpensate
0673 make it	①(目的地に)たどり着く　②間に合う ③うまくいく

keep 基本の意味 あるものの状態を保つ

0674 keep ～ from -ing	～が…するのを妨げる, ～に…させない 同 prevent ～ from -ing
0675 keep away from ～	～に近づかない, ～を避ける
0676 keep ～ in mind	～を心に留める
0677 keep in touch with ～	～と接触を続ける, ～と連絡を取り合う
0678 keep one's promise	約束を守る 反 break one's promise 約束を破る
0679 keep a diary	日記をつける ＊「1回分をつける」は write ～ in one's diary。
0680 keep up with ～	～に遅れないでついていく

They **make** cheese **from** milk. This desk **is made of** wood.	チーズは牛乳**で作る**。 この机は木**製です**。
No one could **make out** what he said.	誰も彼の言うことを**理解する**ことができなかった。
Please **make yourself at home**.	どうぞ**おくつろぎください**。
We did our best to **make up for** the loss.	私たちは損害を**うめ合わせる**ために全力を尽くした。
If you start now, you'll **make it** to the last train.	今出発すると，最終列車に**間に合う**でしょう。

Heavy snow **kept** the plane **from** taking off.	大雪の**ために**飛行機は離陸**できなかった**。
You should **keep away from** fast food.	ファーストフードを**避ける**ようにしたらいいですよ。
I'll **keep** your advice **in mind**.	あなたの忠告を**心に留めて**おきます。
I **keep in touch with** Laura through email.	私はローラとEメールで**連絡を取り合っている**。
He is reliable; he always **keeps his promises**.	彼は信用できる。いつも**約束を守る**から。
He **kept a diary** while he was overseas.	彼は海外にいた間**日記をつけた**。
You should **keep up with** the times.	時勢に**遅れないでついていく**べきである。

基本動詞を用いた 群動詞のまとめ 7

turn 基本の意味 回転する，(転じて)変化する

0681 turn into ~	~になる，~に変わる
0682 turn on [off] ~	(電灯やテレビなど)をつける[消す]
0683 turn out ~	①~であることがわかる　②~を作り出す
0684 turn up	現れる　同 appear

run 基本の意味 速い速度で進む，動く

0685 run away	逃げる
0686 run across ~	~に偶然出会う　同 come across ~
0687 run after ~	~を追いかける
0688 run out of ~	~を使い果たす

set 基本の意味 ものを(特定の位置や状態に)置く

0689 set about ~	~に取りかかる
0690 set in	(季節などが)始まる　同 begin
0691 set out	出発する
0692 set up ~	~を立てる，~を創立[設立]する

Water **turns into** ice.	水は氷に変わる。
I **turned on** the heater today because it was cold.	今日は寒かったのでストーブをつけた。
The rumor **turned out** (to be) true.	そのうわさは真実であると判明した。
She **turned up** the following day.	彼女はその翌日姿を見せた。

He **ran away** with the pearls.	彼はその真珠を持って逃げた。
I **ran across** Jim at the station.	私は駅でジムに偶然出会った。
She **ran after** the man, but lost sight of him.	彼女はその男を追いかけたが、見失ってしまった。
My uncle **ran out of** money.	おじはお金を使い果たした。

He **set about** the work.	彼はその仕事に取りかかった。
The rainy season **set in** earlier than usual this year.	今年はいつもより早く梅雨に入った。
My father **set out** for Paris yesterday.	父は昨日パリに出発した。
The company was **set up** last year.	その会社は昨年設立された。

熟語のまとめ 2

前置詞的役割をする熟語 (1)

0693 as for 〜	〜はどうかと言えば
0694 as to 〜	〜に関しては
0695 at the expense of 〜	〜を犠牲にして
0696 at the rate of 〜	〜の割合で
0697 at the sight of 〜	〜を見ると
0698 but for 〜	〜がないとしたら　同 without 〜
0699 by way of 〜	〜経由で
0700 in [with] regard to 〜	〜に関して
0701 in addition to 〜	〜に加えて 同 besides 比 in addition さらに, その上
0702 in case of 〜	〜の場合は, 〜の場合に備えて
0703 in charge of 〜	〜を管理 [担当, 世話] して ＊ in the charge of 〜は「(人) に管理されて」「〜に預けられて」の意味。

As for me, I'm against his plan.	私は<u>どうかと言えば</u>，彼の計画には反対だ。
I have no complaint **as to** the rent.	家賃に<u>関しては</u>不満はない。
He continued to write a novel **at the expense of** his health.	彼は健康を<u>犠牲にして</u>小説を書き続けた。
The factory produces cars **at the rate of** 100 an hour.	その工場は1時間に100台の<u>割合で</u>車を製造する。
The man ran away **at the sight of** the police officer.	その男は警官を<u>見ると</u>走り去った。
But for water, we couldn't live.	水が<u>なければ</u>，私たちは生きられないだろう。
I went to London **by way of** Moscow.	モスクワ<u>経由で</u>ロンドンへ行った。
I cannot answer **in regard to** the matter.	その件に<u>関しては</u>お答えできません。
She works **in addition to** studying at college.	彼女は大学で勉強しているのに<u>加えて</u>，働いている。
In case of emergency, use this exit.	非常<u>時には</u>，この出口を使用してください。
Take an umbrella **in case of** rain.	雨の<u>場合に備えて</u>，かさを持って行きなさい。
Ms. Bush is **in charge of** research and development.	ブッシュさんは，研究開発を<u>担当</u>しています。

前置詞的役割をする熟語 (2)

0704 ☑ **in contrast to [with]** 〜	〜と対照的に
0705 ☑ **in favor of** 〜	〜に賛成して
0706 ☑ **in front of** 〜	〜の前に
0707 ☑ **in honor of** 〜	〜に敬意を表して 同 in memory of 〜
0708 ☑ **in order to** 〜	〜するために　同 so as to 〜 ＊to の後には動詞の原形が来る。
0709 ☑ **in search of** 〜	〜を求めて
0710 ☑ **in spite of** 〜	〜にもかかわらず　同 despite 〜
0711 ☑ **in terms of** 〜	〜の点から
0712 ☑ **in the event of** 〜	〜の場合は
0713 ☑ **in the presence of** 〜	〜の面前で　同 in one's presence
0714 ☑ **in touch with** 〜	〜と接触して，精通して 反 out of touch with 〜　〜と接触しないで
0715 ☑ **instead of** 〜	〜の代わりに

Jack, **in contrast to** Ken, is well-behaved.	ジャックは，ケンとは<u>対照的に</u>行儀がよい。
Many people are **in favor of** cutting taxes.	多くの人が減税に<u>賛成している</u>。
Our school stands **in front of** the church.	私たちの学校は教会の<u>前に</u>立っている。
We held a dinner **in honor of** Professor Smith.	私たちはスミス教授に<u>敬意を表して</u>晩餐会を催した。
I went to the airport **in order to** see my friend from America.	私はアメリカからの友人を迎える<u>ために</u>空港に行った。
They came to Japan **in search of** better-paying jobs.	彼らは給料のよい仕事を<u>求めて</u>日本へやって来た。
Thank you for coming **in spite of** the bad weather.	悪天候<u>にもかかわらず</u>，来てくださってありがとう。
It may be a better way **in terms of** cost.	それは経費の<u>点では</u>よりよい方法かもしれない。
In the event of rain, we'll put off the game.	雨天の<u>場合は</u>，試合は延期します。
You should not do such a thing **in the presence of** your grandmother.	あなたのおばあさんの<u>面前で</u>そんなことをしてはいけません。
I wasn't **in touch with** her for about ten years. He is **in touch with** current issues.	私は彼女と約10年間<u>連絡を取って</u>いなかった。 彼は目下の問題に<u>精通している</u>。
He attended the meeting **instead of** me.	私の<u>代わりに</u>彼が会議に出た。

前置詞的役割をする熟語 (3)

0716 ☐ **on [in] behalf of ～**	～の代わりに
0717 ☐ **on account of ～**	～のために
0718 ☐ **on the point of -ing**	まさに～しようとして
0719 ☐ **owing to ～**	～のために
0720 ☐ **regardless of ～**	～にかかわらず
0721 ☐ **thanks to ～**	～のおかげで
0722 ☐ **up to ～**	～次第で
0723 ☐ **with a view to -ing**	～する目的で 同 with the intention of -ing

I've come **on behalf of** our president.	社長に**代わって**参りました。
He's absent **on account of** illness.	病気の**ために**彼は欠席です。
He was **on the point of leaving**.	彼は**まさに去ろうとして**いた。
Owing to the heavy snow, the game was called off.	大雪の**ために**, 試合は中止された。
Regardless of the weather, the concert will be held.	天候に**かかわらず**, コンサートは行われるだろう。
Thanks to your help, the result was very good.	あなたの援助の**おかげで**, 結果は非常によかった。
It is **up to** you to make a decision.	決心するのはあなた**次第**だ。
He went to Paris **with a view to studying** art.	彼は芸術を学ぶ**ために**, パリへ行った。

ボキャブラリーの枝葉を広げる
接頭辞で覚える英単語 2

「上下」「前後」などを表すもの

sur-
(上の / 越えて)
- ➡ **surface** (表面)
  面, 顔
- ➡ **surprise** (〜を驚かせる)
  捕まえる
- ➡ **survive** (生き残る)
  生きる
- ➡ **surround** (〜を取り囲む)
  あふれる

de-
(下へ)
- ➡ **decrease** (減少する)
  成長する   ＊increaseは「増加する」
- ➡ **decline** (減少する)
  曲げる   ＊inclineは「傾く, 傾ける」
- ➡ **depend** (〜を頼る)
  ぶら下がる
- ➡ **design** (〜を設計〔する〕)
  印をつける

sub-
(下へ, 副)
- ➡ **subway** (地下鉄)
  道
- ➡ **substance** (物質)
  立つもの
- ➡ **subject** (話題, 主題)
  投げられたもの
- ➡ **suburb** (郊外)
  都市
- ➡ **submit** (〜を提出する)
  送る, 置く

pre-
(…前 / 前もって)

- ➡ **pre**war(戦前の)
  戦争
- ➡ **pre**vious(以前の)
  道の
- ➡ **pre**judice(偏見)
  判断
- ➡ **pre**pare(準備する)
  用意する
- ➡ **pre**dict(〜を予言する)
  言う
- ➡ **pre**vent(〜を妨げる)
  来る   ＊inventは「発明する」

post-
(…後 / 次の)

- ➡ **post**war(戦後の)
  戦争
- ➡ **post**pone(〜を延期する)
  置く
- ➡ **post**script(追伸)
  原稿, 記述

re-
(再び / 元に)

- ➡ **re**act(反応する)
  行動する
- ➡ **re**peat(繰り返す)
  求める
- ➡ **re**lease(〜を解放する, 放す)
  ゆるめる
- ➡ **re**duce(〜を減少させる)
  導く   ＊induceは「勧める, 仕向ける」

- ➡ **re**turn(帰る, 戻る)
  戻る
- ➡ **re**cover(回復する)
  おおう

センター必出
環境問題の英単語

- **natural environment** [nǽtʃərəl enváiərənmənt /ナチュラル エンヴァイアロンメント] 自然環境
    ⇒ **environmental protection**（環境保護）
    environmental destruction（環境破壊）
    environmental assessment（環境アセスメント）

- **ecosystem** 生態系
    * eco-は「生態の，環境保護の」の意味の接頭辞。

- **eco-friendly** 環境にやさしい

- **wildlife** 野生生物

- **biological diversity** [baiəládʒikl dəvə́ːrsəti /バイアラヂクル ディヴァースィティ] 生物多様性

- **species** [spíːʃiːz /スピーシーズ] （生物の）種
    ⇒ **endangered species**（絶滅危惧種）
    our species（人類）

- **extinct** 絶滅した
    ⇒ **become extinct**（絶滅する）
    extinction（絶滅）

- **tropical rainforest** 熱帯雨林

- **active volcano** 活火山

- **desert island** 無人島

- **tornado** [tɔːrnéidou /トーネイドウ] 竜巻

- **drought** [dráut /ドラウト] 干ばつ

- **tsunami = tidal wave** 津波

- **typhoon** 台風
    ⇒ **hurricane**（ハリケーン〔北大西洋に発生する熱帯低気圧〕）
    cyclone（サイクロン〔インド洋に発生する熱帯低気圧〕）

- **acid rain** [ǽsid réin /アスィッド レイン] 酸性雨

- **carbon dioxide (CO_2)** [ká:rbən daiáksaid /カーボン ダイアクサイド] **二酸化炭素**
  ⇒ **CO_2 emission**(二酸化炭素の排出)
- **exhaust gas** [igzɔ́:st ɡǽs /イグゾースト ギャス] **排気ガス**
- **ozone layer** [óuzoun léiər /オウゾウン レイヤ] **オゾン層**
- **greenhouse effect** **温室効果**
  ⇒ **greenhouse gas**(温室効果ガス)
- **global warming** **地球温暖化**
- **heat island phenomenon** [finámənàn /フェナメナン] **ヒートアイランド現象**
- **sea level rise** **海面上昇**
- **deforestation** [di:fɔ̀:ristéiʃən /ディーフォレステイション] **森林伐採, 森林破壊**
- **desertification** [dizə̀:rtəfikéiʃən /ディザーティフィケイション] **砂漠化**
- **pollution** [pəlú:ʃən /ポルーション] **汚染**
  ⇒ **air pollution**(大気汚染)
    water pollution(水質汚濁)
- **natural resource** **天然資源**
- **recycle** **リサイクル, 再生利用**
- **reuse** **再利用**
- **mass disposal** [mǽs dispóuzl /マス ディスポウズル] **大量廃棄**
- **waste** [wéist /ウェイスト] **廃物, 廃棄物**
  ⇒ **industrial waste**(産業廃棄物)
    nuclear waste(核廃棄物)
- **nuclear power plant** **原子力発電所**
- **solar power generation** [sóulər páuər dʒenəréiʃən /ソウラー パウア ヂェネレイション]
  太陽光発電

センター必出
統計・図表の英単語

- **data** データ *単数形は datum
- **number** 数
- **amount** 量
- **sum** 合計, 総計
- **total** 合計
  - 例 the sum total（総合計）
- **average** 平均
  - 例 average life span（平均寿命）
- **maximum** 最大限, 最大値
  - 例 the maximum temperature（最高気温）
- **minimum** 最低限, 最小値
- **digit** 桁
  - 例 double digit（2桁）
- **item** （一覧中の）項目
- **percent** パーセント（％）
  - *数字とともに用いる。
  - 例 80 percent of the world's population（世界の人口の80％）
- **percentage** 百分率, 割合
- **rate** 割合, 比率
  - 例 tax rate（税率）
    interest rate（利率）
- **proportion** 割合, 比率
  - *全体の中であるものの占める割合を表す。
  - 例 the proportion of woman in management position（女性管理職の割合）
- **calculate** （〜を）計算する

- **increase** 増加する
- **decrease** 減少する
- **decline** 減少する, 低下する
- **estimate** 見積もり
- **analyze** 〜を分析する
  - *名詞形は analysis（分析）
- **account for 〜** （ある割合を）占める
  - 例 Women account for more than 95% of nurses.（女性が看護師の95％より多くを占める）
- **table** 表 例 Table 1 表1
- **graph** グラフ
- **bar graph**
  棒グラフ 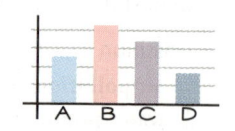
- **line graph**
  折れ線グラフ 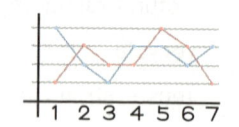
- **chart** 図表, グラフ
- **pie chart**
  円グラフ 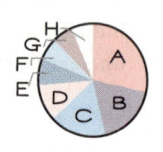
- **bar chart** 棒グラフ
- **figure** 図
  - 例 See Fig. 1. 図1を参照
  - *個々の図を示す場合, Fig. と省略形にすることが多い。

GRADE 3

高校の間に必ず覚えておきたい単語だ。派生語やアクセントの位置も合わせて覚えよう。

GRADE 3 §1

マイナスイメージの語③(名詞)

0724 bomb [bám/バム] 発
爆弾
動 〜を爆撃する
an atomic bomb
原子爆弾

0725 ★ risk [rísk/リスク]
①危険(性) ②冒険
at the risk of -ing
〜の危険を冒して

0726 dust [dÁst/ダスト]
ほこり
形 dusty ほこりっぽい
gather dust
ほこりをかぶる

0727 fever [fíːvər/フィーヴァ]
①熱 ②熱狂
have a slight fever
微熱がある

0728 pity [píti/ピティ]
①哀れみ，同情
②(a pityで)残念なこと
形 pitiful 哀れみを誘う
It is a pity (that) 〜
〜は残念なことだ

0729 ★★ shortage [ʃɔ́ːrtidʒ/ショーテッヂ]
不足, 欠乏
a shortage of 〜
〜の不足

0730 ★ trick [trík/トリック]
①策略 ②いたずら
③手品
play a trick on 〜
〜にいたずらをする

位置・大きさを表す語(形容詞)

0731 ★ opposite [ápəzit/アポズィット] ア
正反対の, 向かいの
the opposite direction
反対の方向

0732 ★ vast [væst/ヴァスト]
①広大な
②(数量・程度が)ばく大な
a vast amount of money
巨額の金

0733 grand [grǽnd/グランド]
雄大な, 立派な
a grand piano
グランドピアノ

メモ 「微熱がある」はslightまたはmildを用い,「高熱がある」はhighを用いて表す。

☑ An atomic **bomb** was dropped on Hiroshima in 1945.	1945年に原子爆弾が広島に落とされた。
☑ We must do it even **at the risk of** our own lives.	我々は命の危険を冒してそれをやらなければならない。
☑ The dictionary was covered with **dust**.	その辞書はほこりまみれだった。
☑ This medicine will help reduce the **fever**.	この薬を飲めば熱が下がるでしょう。
☑ **It's a pity** (**that**) you can't join us tomorrow.	あなたが明日参加できないのは残念だ。
☑ The country suffers from a growing **shortage** of labor.	その国は深刻化する労働力不足に悩んでいる。
☑ The pupils tried to **play a trick on** their teacher.	生徒たちは先生にいたずらをしようとした。
☑ She drove away in the **opposite** direction.	彼女は正反対の方向に車で去った。
☑ The **vast** ocean lay before my eyes.	広大な海が目の前に広がっていた。
☑ How **grand** their house is!	彼らの家はなんて立派なんだろう。

have a high fever（高熱がある）

GRADE 3 §2

1-72

プラスイメージの語③(名詞)

0734 ★
progress
[prágres / プラグレス]
① 進歩, 上達 ② 前進
動 [progrés / プログレス] 進歩する ア
make progress
上達する

0735 ★
strength
[stréŋkθ / ストレンクス] 発
力, 気力
動 strengthen ～を強化する
gather one's strength
力を振り絞る

0736
charm
[tʃɑ́ːrm / チャーム]
魅力
形 charming 魅力的な
natural charm
天性の魅力

0737
courage
[kə́ːridʒ / カーリッヂ]
勇気
形 courágeous 勇気のある
pluck up one's courage
勇気を奮い起こす

意識・感情を表す語②(形容詞)

0738 ★
mental
[méntl / メントル]
精神の
反 physical 身体の
mental health
心の健康

0739 ★
willing
[wíliŋ / ウィリング]
～する気[用意]がある
反 reluctant ～したがらない
be willing to ～
喜んで～する

0740 ★★
comfortable
[kʌ́mfərtəbl / カムファタブル] ア
① 快適な
② 気楽な
名 comfort 快適さ
feel comfortable
快適に感じる

0741
delicate
[délikət / デリケット] ア
① 繊細な
② 傷つきやすい
名 délicacy 繊細さ
a delicate problem
デリケートな問題

0742
keen
[kíːn / キーン]
熱心な
be keen on ～
～に夢中である

0743
merry
[méri / メリ]
陽気な
副 merrily 陽気に
make merry
陽気にはしゃぐ

メモ　strengthのgは[k]と発音することに注意。動詞形のstrengthenも同じ。

She is **making** good **progress** with her English.	彼女は英語がめきめき上達している。
I don't have the **strength** to think about it any more.	私にはもうそれについて考える気力はない。
His **charm** stole my heart.	彼の魅力に私は心を奪われた。
Jim is a man of great **courage**.	ジムは非常に勇気のある人だ。
Her problem is **mental** rather than physical.	彼女の問題は肉体的なことよりむしろ精神的なことだ。
I'm willing to help you move.	喜んで引越しのお手伝いをいたします。
I feel **comfortable** in this room.	この部屋は快適だ。
A newborn baby's skin is very **delicate**.	生まれたばかりの赤ちゃんの皮膚はとても傷つきやすい。
She **is keen on** choosing what to wear.	彼女は着る服を選ぶのに夢中だ。
We drank a bottle of wine and became very **merry**.	私たちはワインを1本飲んで、とても陽気になった。

GRADE 3 §3　1-73

思想・論理に関する語（名詞）

0744 logic [ládʒik / ラヂック]
論理, 道理
形 logical 論理的な
clear logic
明確な論理

0745 ★ principle [prínsəpl / プリンスィプル]
原理, 主義
against one's principles
〜の主義に反する

0746 ★ authority [əθɔ́ːrəti / オソーリティ]
権威, 大家
have the authority to 〜
〜する権限がある

0747 ★ religion [rilídʒən / リリヂョン]
宗教
形 religious 宗教上の
freedom of religion
宗教の自由

0748 ★ wisdom [wízdəm / ウィズダム]
① 知恵, 賢さ　② 良識
words of wisdom
賢明な教え

状態を表す語⑤（形容詞）

0749 bare [béər / ベア]
裸の, むき出しの
副 barely かろうじて
in bare feet
裸足で

0750 loose [lúːs / ルース]
ゆるい
反 tight きつい
break loose
自由になる, 脱走する

0751 solid [sálid / サリッド]
固体の, 堅い
⇒ liquid 液体の, gas 気体の
on solid ground
確かな根拠に基づいて

0752 ★ rapid [rǽpid / ラピッド]
速い
副 rapidly 速く
rapid growth
急速な成長

0753 ★ tough [tʌ́f / タフ]
① 厳しい, 難しい
② 丈夫な
類 difficult 困難な
a tough question
厳しい質問

メモ　bare は bear（名詞で「クマ」, 動詞で「運ぶ, 負う」）と発音が同じ。

There is no **logic** in what he says.	彼の発言には何の論理もない。
Asking people for money is against my **principles**.	お金を人に求めることは私の主義に反する。
He is an **authority** on Italian food.	彼はイタリア料理の大家だ。
There is **freedom of religion** in this country.	この国には宗教の自由がある。
God speaks **words of wisdom**.	神は賢明な教えを述べる。
The children ran about **in bare feet**.	子供たちは裸足で走り回った。
Our house has **loose** windows.	私たちの家の窓はがたがたする。
Water becomes **solid** when it freezes.	水は凍結すると固体になる。
Singapore has recently made **rapid** economic growth.	シンガポールは最近, 急速な経済成長をとげている。
This meat is too **tough**.	この肉は固すぎる。

GRADE 3 §4

1-74

状況・状態に関する語①(名詞)

0754 ★★
situation
[sítʃuéiʃən / スィチュエイション]
① 情勢　② (建物などの) 位置
③ (人の) 立場
the economic situation
経済情勢

0755 ★★
process
[práses / プラセス]
過程, 工程
動 proceed 〜を続ける
process of making wine
ワインを作る工程

0756 ★★
variety
[vəráiəti / ヴァライエティ] 発
変化, 種類
形 várious さまざまな
動 váry 異なる
a variety of 〜
いろいろな種類の〜

0757
contact
[kántækt / カンタクト]
① 接触　② 関係
make contact with 〜
〜と連絡が取れる

0758 ★
feature
[fíːtʃər / フィーチャ]
① 特徴
② (通例 features で) 顔立ち
a main feature
主な特徴

0759 ★
liquid
[líkwid / リクウィッド]
液体
a colorless liquid
無色の液体

価値・種類を表す語(形容詞)

0760 ★
precious
[préʃəs / プレシャス]
貴重な
precious time
貴重な時間

0761 ★★
various
[véəriəs / ヴェアリアス]
さまざまな, いろいろな
名 variety [vəráiəti / ヴァライエティ]
変化, 種類
various reasons
いろいろな理由

0762 ★★
due
[d(j)úː / デュー]
① (〜する) 予定で
② (〜に) 支払われるべき
due to 〜
〜のために

0763
principal
[prínsəpəl / プリンスィパル]
主な
名 校長
a principal character
主役

メモ　principal は principle (原理) と発音が同じ。つづりも似ているので注意しよう。

The economic **situation** has changed.	経済<u>情勢</u>が変わった。
The **process** of making wine is quite simple.	ワインを作る<u>工程</u>はとても簡単である。
We fully enjoyed <u>a</u> large **variety** <u>of</u> Thai dishes.	私たちは非常に<u>さまざまな種類の</u>タイ料理を十分に満喫した。
Children should be in closer **contact** with nature.	子供はより密接に自然と<u>触れ合う</u>ことが必要だ。
What are the main **features** of this university?	この大学の主な<u>特徴</u>は何ですか。
Water, milk, and oil are **liquids**.	水や牛乳，油は<u>液体</u>だ。
Nothing is as **precious** as time.	時ほど<u>貴重な</u>ものはない。
I've decided to leave school for **various** reasons.	私は<u>いろいろな</u>理由で学校を退学する決心をした。
The plane is **due** at 5 p.m.	飛行機は午後5時着の<u>予定</u>です。
Who are the **principal** characters in the film?	その映画の<u>主な</u>登場人物は誰ですか。

GRADE 3 §5

建物・構成部分を表す語(名詞)

0764 ★
apartment
[əpáːrtmənt / アパートメント]
アパート(の貸室)
同 flat
an apartment house
アパート(建物全体)

0765 ★
entrance
[éntrəns / エントランス]
入り口, 入場
反 exit 出口
at the entrance
入り口で

0766 ★
exit
[éɡzit / エグズィット]
出口
反 entrance 入り口
a fire exit
(火災用の)非常口

0767 ★
stair
[stéər / ステア]
階段
類 steps (屋外の)階段
climb the stairs
階段を上る

程度を表す語(形容詞)

0768 ★
ordinary
[ɔ́ːrdənèri / オーディネリ]
普通の
反 extraordinary 並外れた
the ordinary price
通常価格

0769 ★
serious
[síəriəs / スィアリアス]
①まじめな
②重大な
名 seriousness まじめ
be serious about ~
本気で~するつもりだ

0770 ★
severe
[sivíər / スィヴィア]
①深刻な
②厳しい
副 severely 厳しく
severe illness
深刻な病気

0771 ★
sufficient
[səfíʃənt / サフィシェント]
十分な
同 enough
sufficient amount of water
十分な量の水

0772 ★
equal
[íːkwəl / イークワル]
等しい, 平等な
名 equality 平等
be equal to ~
~に等しい

0773 ★
casual
[kǽʒuəl / キャジュアル]
思いつきの, 偶然の
a casual meeting
偶然の出会い

メモ stair (単数)は階段の「1段」。stairs (複数形)で階と階を結ぶ「階段」となる。

☑ I'm looking for a new **apartment** around here.	この辺で新しい<u>アパート</u>を探しています。
☑ A few teachers usually stand and greet students at the **entrance** gate every morning.	毎朝，たいてい数人の先生が<u>入り口</u>の門に立って，生徒たちにあいさつをしている。
☑ They left the building by the fire **exit**.	彼らは非常<u>口</u>からビルを出た。
☑ I climbed the **stairs** to the second floor.	私は<u>階段</u>を2階まで上った。
☑ My father is an **ordinary** office worker.	私の父は<u>普通の</u>会社員です。
☑ **Is** he **serious about** leaving school?	彼は<u>本気で</u>退学<u>するつもり</u>なのですか。
☑ The winters in Hokkaido are very **severe**.	北海道の冬はとても<u>厳しい</u>。
☑ Is this **sufficient** for your pocket money?	これでお小遣いは<u>十分</u>ですか。
☑ One mile **is** almost **equal to** 1.6 kilometers.	1マイルは1.6キロメートルにほぼ<u>等しい</u>。
☑ Don't give me a **casual** answer to the question.	私の質問に対して<u>思いつきの</u>返事をしてはいけません。

GRADE 3 §6

産業・技術に関する語（名詞）

0774 ★★
economy [ikánəmi / イカノミ]
経済
形 económic 経済の, económical 経済的な
the Japanese economy
日本経済

0775 ★
software [sɔ́(ː)ftwèər / ソ(ー)フトウェア]
ソフトウェア
⇒ hardware ハードウェア
a software designer
ソフトウェアの設計者

0776 ★
technique [tekníːk / テクニーク]
技術, テクニック
形 téchnical 技術的な
basic technique
基本的な技術

0777 ★
technology [teknálədʒi / テクナロヂ]
科学技術
形 technológical 科学技術の
modern technology
現代の科学技術

特性・性質を表す語②（形容詞）

0778 ★
private [práivət / プライヴェット]
①私的な ②私立の
反 public 公の
private life
私生活

0779 ★
secret [síːkrət / スィークレット]
秘密の
名 秘密
in secret
秘密で

0780 ★
domestic [dəméstik / ドメスティック]
国内の
反 foreign 外国の
the domestic market
国内市場

0781 ★
mobile [móubl / モウビル]
動きやすい, 流動的な
名 mobílity 動きやすさ, 可動性
a mobile library
移動図書館

0782 ★
female [fíːmeil / フィーメイル]
女性の, 雌の
反 male 男性の, 雄の
a female animal
雌の動物

0783 ★★
individual [ìndivídʒuəl / インディヴィヂュアル]
①個々の ②個人の
反 general 一般的な 名 個人
individual cases
個々の場合

0784 ★
constant [kánstənt / カンスタント]
絶え間ない
副 constantly 絶えず, いつも
constant change
絶え間ない変化

メモ software に対する hardware は, コンピューターの機械, 機器を言う。

The Japanese **economy** has greatly improved.	日本経済は大きく改善した。
Please install **software** before you use it.	ご使用前にソフトをインストールしてください。
He is a great pianist with wonderful **technique**.	彼はすばらしい技術を持った偉大なピアニストだ。
Modern **technology** has made our lives more comfortable.	現代の科学技術は私たちの生活をより快適にした。
I don't like to talk about my **private** life.	私は私生活については話したくない。
I kept the information **secret**.	私はその情報を秘密にしておいた。
These products are designed for the **domestic** market.	これらの製品は国内市場用に計画されたものです。
Mobile communication technologies play a large role in modern society.	移動通信技術は現代社会において大きな役割を担っている。
Only **female** mosquitoes bite.	雌の蚊しか刺さない。
The teacher helped each **individual** student.	先生はそれぞれ個々の生徒を手伝った。
There was a **constant** stream of telephone calls that night.	その夜、電話がひっきりなしにかかった。

GRADE 3 §7

自然・環境に関する語①(名詞)

0785 ★★
environment
[inváiərnmənt / エンヴァイロンメント]
① 環境, 周囲(の状況)
② 自然環境
形 environméntal 環境の
protect the environment
自然環境を守る

0786
globe
[glóub / グロウブ]
地球儀, 地球
同 earth 形 global 地球の
all over the globe
世界中に

0787
earthquake
[ə́:rθkwèik / アースクウェイク]
地震
a strong earthquake
強い地震

0788
storm
[stɔ́:rm / ストーム]
嵐, 暴風雨
形 stormy 嵐の, 激しい
a violent storm
激しい嵐

0789
shadow
[ʃǽdou / シャドウ]
① 影 ② 暗がり
類 shade 物陰
in the shadow of ～
～の陰に隠れて

判断・評価を表す語④(形容詞)

0790 ★
general
[dʒénərəl / ヂェナラル]
① 一般的な ② だいたいの
副 generally 一般的に
in general
一般的に, たいてい

0791 ★★
traditional
[trədíʃənl / トラディショヌル]
伝統的な
名 tradition 伝統
副 traditionally 伝統的に
a traditional dish
伝統的な料理

0792 ★
unique
[ju:ní:k / ユーニーク]
① 独特の ② 珍しい
名 uniqueness 独特さ
be unique to ～
～独特である

0793 ★
typical
[típikəl / ティピカル]
典型的な
名 type 型
a typical example
典型的な例

0794 ★
wealthy
[wélθi / ウェルスィ]
金持ちの, 裕福な
名 wealth 財産, 富
a wealthy family
裕福な家

メモ　globeは「球体, 地球」だが, gloveは「手袋」で, groveは「小さな森」。

We must protect the **environment** from destruction.	私たちは<u>自然環境</u>を破壊から守らねばならない。
We can travel around the **globe** in a few days.	私たちは数日で<u>地球</u>を1周することができる。
There was a very strong **earthquake** in eastern Japan in 2011.	2011年に東日本で非常に強い<u>地震</u>があった。
A lot of houses were damaged by the **storm**.	多くの家が<u>嵐</u>で被害を受けた。
He is afraid of his own **shadow**.	彼は自分自身の<u>影</u>におびえている。
The treatment is not **in general** use now.	その治療法は現在，<u>一般</u>に使用されていない。
This is a **traditional** Japanese garden.	これは<u>伝統的な</u>日本庭園です。
Haiku poetry is **unique** to Japan.	俳句は日本<u>独特の</u>ものだ。
This car is a **typical** energy-saving model.	この車は<u>典型的な</u>省エネ型のモデルだ。
They are said to be very **wealthy**.	彼らはとても<u>裕福</u>だと言われている。

GRADE 3 §8

場所・地域に関する語（名詞）

0795 ★
location
[loukéiʃən / ロウケイション]

場所, 位置
動 lócate (場所など)をつきとめる

be located in [at, on] ~
~に位置する

0796 ★
region
[ríːdʒən / リーヂョン]

地域, 地方
形 regional 地域の, 地方の

a mountainous region
山岳地域

0797 ★
route
[rúːt / ルート]

道筋, ルート

the shortest route
最短ルート

0798 ★
edge
[édʒ / エッヂ]

① 端 ② 刃

at the edge of town
町はずれで

0799 ★
row
[róu / ロウ]

列
動 (船を)こぐ

in a row
一列に, 連続して

コミュニケーションに関する語①（動詞）

0800 ★★
introduce
[ìntrəd(j)úːs / イントロデュース]

① ~を紹介する
② ~を導入する
名 introduction 紹介, 導入

introduce ~ to ...
~を…に紹介する

0801 ★
claim
[kléim / クレイム]

① ~を主張する
② ~を要求[請求]する
名 主張, 要求

claim for damages
損害賠償を請求する

0802 ★
declare
[dikléər / ディクレア]

① ~を宣言する
② (税関で課税品など)を申告する
名 declarátion 宣言, 申告

declare independence
独立を宣言する

0803 ★
announce
[ənáuns / アナウンス]

~を公表する
名 announcement 発表

announce one's engagement
婚約を発表する

0804 ★
translate
[trǽnslèit / トランスレイト]

(~を) 翻訳する
名 translátion 翻訳(書)

translate ~ from A into B
~をAからBに訳す

メモ　region は「地域」だが, religion は「宗教」。

Give me your exact **location**.	君のいる正確な場所を教えてください。
The village is located in a mountainous **region**.	その村は山岳地域にある。
My house is on a bus **route**.	私の家はバスの運転経路にある。
The children were playing at the water's **edge**.	子供たちは水際で遊んでいた。
They sat in the front **row**.	彼らは最前列に座った。
I'd like to **introduce** you **to** my friend, John.	あなたを私の友人のジョンに紹介したい。
The lawyer **claimed** the defendant was not guilty.	弁護士は被告が無罪だと主張した。
Many former colonies in Africa have **declared** their independence from European colonial powers.	アフリカの多くの旧植民地はヨーロッパの植民地大国からの独立を宣言した。
The winners of the Oscars were **announced** to the press.	オスカーの受賞者が報道陣に発表された。
She **translated** the novel **from** Japanese **into** English.	彼女はその小説を日本語から英語に翻訳した。

GRADE 3 §9

政治に関する語（名詞）

0805 democracy [dimákrəsi / ディマクラスィ]
民主主義
形 democrátic 民主主義の
enjoy democracy
民主主義を享受する

0806 ★ government [gʌ́vərnmənt / ガヴァンメント]
①政府 ②政治
動 govern ～を治める
類 administration 政府, 政権
the Japanese government
日本政府

0807 policy [pɑ́ləsi / パリスィ]
政策, 方針
a banking policy
金融政策

0808 ★★ society [səsáiəti / ソサイエティ]
社会
形 sócial 社会の
Japanese society
日本社会

0809 campaign [kæmpéin / キャンペイン]
運動, キャンペーン
a campaign for gun control
銃規制の運動

0810 ★ vote [vóut / ヴォウト]
①投票 ②（個々の）票
⇒ voter 投票者
cast a vote for ～
～に投票する

変化・創造に関する語（動詞）

0811 ★★ produce [prəd(j)úːs / プロデュース]
（～を）生産する
名 production 生産高, próduct 製品
produce a good profit
多くの利益を生む

0812 reform [rifɔ́ːrm / リフォーム]
～を改革する
名 改革
reform the tax system
税制を改革する

0813 ★ affect [əfékt / アフェクト]
①～に影響する
②（be affected で）感動する
affect the crops
農作物に影響を与える

0814 ★ invent [invént / インヴェント]
～を発明する
名 invention 発明
invent a new product
新しい製品を発明する

0815 compose [kəmpóuz / コンポウズ]
～を構成する
名 composítion 構成, 作品
be composed of ～
～から成る

メモ　affect は「～に影響する」, effect は名詞で「効果」, または動詞で「～を引き起こす」。

☑ Today **democracy** is taken for granted in many countries.	今日では民主主義は多くの国で当然のこととされている。
☑ The Japanese **government** sent rescue planes to bring their own people back home.	日本政府は自国民を故国に連れ戻すために救助機を送った。
☑ Today many companies have a no-smoking **policy**.	今日多くの会社が禁煙の方針をとっている。
☑ Let's think about the role of TV in **society**.	社会におけるテレビの役割について考えてみよう。
☑ He began his **campaign** for the presidency.	彼は大統領職に向けての選挙運動を開始した。
☑ We were surprised at the results of the **vote**.	私たちは投票の結果に驚いた。
☑ The soil of Hokkaido **produces** good crops.	北海道の土壌は豊作をもたらす。
☑ They are trying to **reform** the educational system.	彼らは教育制度を改革しようとしている。
☑ Lack of rain will **affect** the crops.	雨不足は農作物に影響する。
☑ Who **invented** the computer?	誰がコンピューターを発明したのですか。
☑ The party **was composed of** six girls and four boys.	その一行は6人の少女と4人の少年から成っていた。

GRADE 3 §10

病気に関する語（名詞）

0816 ★
disease [díziːz / ディズィーズ]
病気
類 illness, sickness
heart disease
心臓病

0817 ★
toothache [túːθèik / トゥースエイク]
歯痛
have a toothache
歯が痛くなる

0818
cancer [kǽnsər / キャンサ]
がん
skin cancer
皮膚がん

0819
wound [wúːnd / ウーンド]
けが, 傷
形 wounded 負傷した
同 injury
a leg wound
脚の傷

0820
poison [pɔ́izən / ポイズン]
毒
形 poisonous 有毒な
a deadly poison
猛毒

獲得・達成を表す語①（動詞）

0821
acquire [əkwáiər / アクワイア]
①〜を手に入れる
②〜を習得する
acquire knowledge
知識を獲得する

0822 ★
achieve [ətʃíːv / アチーヴ]
〜を成し遂げる
名 achievement 達成
achieve one's goal
目標を達成する

0823 ★★
obtain [əbtéin / オブテイン]
〜を得る
obtain information
情報を得る

0824 ★★
require [rikwáiər / リクワイア]
〜を必要とする
同 need
require an explanation
説明を必要とする

0825 ★
explore [ikspló:r / イクスプロー]
〜を探検する
⇒ explorer 探検家
explore the moon
月を探査する

メモ 「〜を得る」の一般的な語は get。obtain は多少の努力をして計画的に手に入れる場合,

☑ High blood pressure can cause heart **disease**.	高血圧は心臓病を引き起こすことがある。
☑ I **had a toothache** last night.	私は昨夜，歯が痛くなった。
☑ The **cancer** spread to his stomach.	がんが彼の胃に転移した。
☑ He tried to treat the **wound** on his son's head.	彼は息子の頭の傷を手当てしようとした。
☑ These mushrooms contain a deadly **poison**.	これらのきのこは猛毒を含んでいる。
☑ He **acquired** a good knowledge of French.	彼はフランス語の知識を十分身につけた。
☑ You must work hard to **achieve** your goal.	君の目標を達成するためには懸命に働かなければならない。
☑ Success can be **obtained** only through effort.	成功は努力によってのみ得られる。
☑ This university **requires** a large entrance fee.	この大学は高い入学金が必要だ。
☑ They **explored** the moon and brought back some rocks.	彼らは月を探査して，岩石をいくつか持ち帰った。

gainは価値あるものを競争で得る場合に用いる。

GRADE 3 §11

質・量を表す語（名詞）

0826 ★★
quality
[kwάləti / クワリティ]
① 質 ② 品質
反 quantity 量
top quality
最高品質

0827 ★
quantity
[kwάntəti / クワンティティ]
① 量 ② 多量, 多数
反 quality 質
a large [small] quantity of ~
多量［少量］の~

0828
sum
[sÁm / サム]
① 総計, 合計 ② 金額
動 (sum up で) 要約する
a large sum of money
多額のお金

0829
volume
[vάlju(:)m / ヴァリュ(ー)ム]
① 容積
② （本などの）冊
③ 音量, ボリューム
volume of gas
気体の体積

企画・挑戦に関する語（動詞）

0830
attempt
[ətémpt / アテンプト]
~を試みる
名 試み, 企て
attempt an escape
脱走を試みる

0831 ★★
involve
[invάlv / インヴァルヴ]
①（人）を巻き込む
② ~を含む
be involved in ~
~に関係している

0832 ★★
apply
[əplái / アプライ]
① ~に応募する
② ~に当てはまる
名 application 申し込み,
applicant 応募者
apply for the job
その仕事に応募する

0833 ★★
survive
[sərváiv / サヴァイヴ]
生き残る
名 survival 生き残ること
survive a fall
転落事故から生還する

0834 ★
regret
[rigrét / リグレット]
① ~を後悔する
② ~を残念に思う
I regret to say ~
残念ながら~

0835
pollute
[pəlú:t / ポルート]
~を汚染する
名 pollution 汚染
pollute the atmosphere
大気を汚染する

メモ　一続きの書物の「第1巻」「第2巻」は Volume 1, Volume 2 と表す。略して Vol. 1 と表記

They sell high-**quality** goods at a fair price.	彼らは<u>品質</u>のよい商品を公正な値段で売っている。
The family bought **a large quantity of** food.	その家族は<u>多量の</u>食品を買った。
The **sum** of seven and twelve is nineteen.	7と12の<u>合計</u>は19だ。
My father has a library of 3,000 **volumes**.	父の蔵書は3000<u>冊</u>だ。
The company **attempted** to lay off a lot of workers.	その会社はたくさんの労働者を解雇<u>しようとした</u>。
We **are** deeply **involved in** the matter.	私たちはその問題に深く<u>関わっている</u>。
A lot of young people **applied for** the job.	たくさんの若者がその仕事に<u>応募した</u>。
Very few passengers **survived** the plane crash.	飛行機事故で<u>生き残った</u>人はほとんどいなかった。
I **regret** that I did not marry her.	私は彼女と結婚しなかったことを<u>後悔している</u>。
We must not **pollute** the atmosphere any more.	これ以上大気を<u>汚染して</u>はいけない。

することもある。

GRADE 3 §12

人・職業を表す語②(名詞)

0836 ★
athlete
[ǽθliːt / アスリート]

運動選手
形 athlétic (運動) 競技の

an Olympic athlete
オリンピック代表選手

0837 ★
author
[ɔ́ːθər / オーサ]

著者, 作者
名 authórity 権威

a popular author
人気作家

0838
secretary
[sékrətèri / セクレタリ]

①秘書　②(米国の行政組織の各省の)長官

a secretary to 〜
〜の秘書

0839 ★
staff
[stǽf / スタッフ]

職員

employ a large staff
多数の職員を雇う

0840 ★
relative
[rélətiv / レラティヴ]

親戚
形 関係のある, 比較上の

have no relatives
親戚がいない

0841 ★
twin
[twín / トウィン]

双子
形 双子の

identical twins
一卵性双生児

経済・生産活動を表す語①(動詞)

0842 ★
operate
[ápərèit / アパレイト] ア

①(機械など)を操作する
②手術する
名 operátion 操作, 手術

operate a machine
機械を操作する

0843 ★
charge
[tʃɑ́ːrdʒ / チャーヂ]

①(代金を)請求する
②〜を非難する
名 料金

charge for delivery
配達料を請求する

0844 ★
deliver
[dilívər / ディリヴァ]

〜を配達する
名 delivery 配達

deliver the goods
商品を配達する

0845 ★
demand
[dimǽnd / ディマンド]

〜を要求する
反 supply 〜を供給する

demand an answer
回答を要求する

メモ　demand は「強制的, 命令的に要求する」のに対し, claim は「自分に当然の権利として要

A lot of **athletes** took part in the Olympics.	多くの運動選手がオリンピックに参加した。
She is one of the best-selling **authors**.	彼女はベストセラー作家の1人だ。
She is **secretary** to the president.	彼女は社長の秘書です。
A **staff** meeting is being held now.	今，職員会議中です。
He has no **relatives** in this town.	彼はこの町には親戚はいない。
My sister gave birth to **twins**.	私の姉［妹］は双子を産んだ。
Do you know how to **operate** this machine?	この機械を操作する方法を知っていますか。
How much does the hotel **charge** for a night?	そのホテルは1泊いくら請求しますか。
The computer will be **delivered** to my house in a few days.	数日後，コンピューターは自宅に配達されるだろう。
We **demanded** that he (should) pay the money at once.	私たちは彼に直ちにお金を払うように要求した。

求する」の意味。

GRADE 3 §13

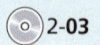

余暇・趣味に関する語（名詞）

0846 ★
leisure
[líːʒər / リージャ]
余暇, レジャー
at leisure
暇で, ゆっくり

0847
adventure
[ədvéntʃər / アドヴェンチャ]
冒険
形 adventurous 冒険的な
⇒ adventurer 冒険家
an adventure story
冒険小説

0848
animation
[ǽnəméiʃən / アニメイション]
① アニメーション
② 活発
computer animations
CGアニメ

0849
tune
[tjúːn / テューン]
① 曲　② 正しい調子
in tune
正しい音程で

攻撃に関する語（動詞）

0850 ★
injure
[índʒər / インヂャ]
～を傷つける
類 wound　名 injury 負傷
be injured in ～
～でけがをする

0851 ★
strike
[stráik / ストライク]
～を打つ
〈strike-struck-struck〉
be struck by lightning
雷に打たれる

0852
tear
[téər / テア] 発
～を引き裂く
〈tear-tore-torn〉
tear ～ to pieces
～をずたずたに引き裂く

0853
beat
[bíːt / ビート]
～を打ち負かす
〈beat-beat-beat / beaten〉
beat ～ at chess
チェスで～を負かす

0854 ★
resist
[rizíst / リズィスト]
① ～に抵抗する
② ～を我慢する
名 resistance 抵抗
resist political pressure
政治的圧力に抵抗する

0855 ★
complain
[kəmpléin / コンプレイン]
不平[不満]を言う
名 complaint 不平, 不満
complain about the meal
食事のことで文句を言う

メモ　tear（～を引き裂く）は名詞の tear [tíər / ティア]（涙）と発音が異なるので注意。

☑ Marry in haste, and repent **at leisure**.	あわてて結婚し，**ゆっくり**後悔せよ〔ことわざ〕。
☑ Children are very fond of **adventure**.	子供は**冒険**が大好きだ。
☑ **Animations** are made with computer graphics these days.	**アニメーション**は最近，コンピューターグラフィックスで作られる。
☑ She always sings out of **tune**.	彼女の歌はいつも**音程**がはずれている。
☑ A lot of people **were injured in** the traffic accident.	その交通事故で多数の人が**負傷した**。
☑ He **struck** me on the head.	彼は私の頭を**たたいた**。
☑ She **tore** her skirt on a nail.	彼女はスカートを釘で**破いてしまった**。
☑ If you can't **beat** them, join them.	**勝て**ないなら仲間に入れ［長いものには巻かれよ］〔ことわざ〕。
☑ The baby cried as he **resisted** getting a shot.	赤ちゃんは注射を打ってもらうのを**嫌がって**泣いた。
☑ My father often **complains** to my mother about his meals.	父は食事のことで母によく**文句を言う**。

GRADE 3 §14

時・時期を表す語（名詞）

0856
occasion
[əkéiʒən／オケイジョン]
① (ある特定の) 場合, 折
② 機会　形 occasional 時折の
on this occasion
この機会に

0857 ★★
opportunity
[ὰpərtúːnəti／アパトゥーニティ]
機会
同 chance
give an equal opportunity
機会均等を与える

0858
peak
[píːk／ピーク]
① ピーク, 絶頂期
② 山頂
be at the peak of ～
～の絶頂期にある

思考・変化に関する語（動詞）

0859 ★★
imagine
[imǽdʒin／イマジン]
～を想像する
名 imaginátion 想像, 想像力
imagine life without music
音楽のない人生を想像する

0860 ★
intend
[inténd／インテンド]
～を意図する
名 intention 意図, 意志
intend to ～
～するつもりである

0861
remind
[rimáind／リマインド]
～を思い出させる
remind ～ of ...
～に…を思い出させる

0862 ★★
satisfy
[sǽtisfài／サティスファイ]
～を満足させる
名 satisfáction 満足
be satisfied with ～
～に満足している

0863 ★
respect
[rispékt／リスペクト]
～を尊敬する
類 look up to ～
形 respectful (～に) 敬意を表す
respect one's opinion
～の意見を尊重する

0864
freeze
[fríːz／フリーズ]
凍る
〈freeze-froze-frozen〉
freeze to death
凍死する

0865
melt
[mélt／メルト]
溶ける, ～を溶かす
melt cheese on toast
トーストのチーズを溶かす

メモ　peakは「先のとがったもの」が元の意味。「絶頂期」は折れ線グラフのとがった先端を

☑ I call him whenever I find an **occasion**.	<u>折</u>を見ては彼に電話している。
☑ I don't have any **opportunity** to travel abroad.	私は海外旅行をする<u>機会</u>がない。
☑ She is at the **peak** of her career as a singer.	彼女は歌手として<u>絶頂期</u>にある。
☑ **Imagine** all the people living in peace.	全人類が平和に暮らすことを<u>想像してごらん</u>。
☑ I **intend to** study abroad after I graduate from high school.	私は高校卒業後に留学<u>するつもりだ</u>。
☑ This song **reminds** me **of** my childhood.	この歌を聴くと子供時代を<u>思い出す</u>。
☑ **Are** you **satisfied with** your exam results?	あなたは試験の結果に<u>満足しています</u>か。
☑ She **respects** her mother.	彼女は母を<u>尊敬している</u>。
☑ When water **freezes**, it becomes ice.	水は<u>凍る</u>と氷になる。
☑ Wow! My ice cream has **melted**!	うわあ。ぼくのアイスクリームが<u>溶けて</u>しまった。

示し,「山頂」も先のとがった形をしている。

GRADE 3 §15

教育に関する語(名詞)

0866 ★★
knowledge
[nάlidʒ/ナリッヂ]
知識
動 know ～を知る
have a good knowledge of ～
～に対する十分な知識がある

0867 ★★
exercise
[éksərsàiz/エクササイズ]
運動, 練習問題
take exercise
運動をする

0868 ★
examination
[igzæmənéiʃən/イグザミネイション]
①試験 ②検査, 診察
動 exámine ～を調べる
an entrance examination
入学試験

0869
quiz
[kwíz/クウィズ]
小テスト
複 quizzes
have a quiz
小テストを受ける

0870 ★
geography
[dʒiágrəfi/ヂアグラフィ]
地理
形 geográphical 地理学的な
geography of Japan
日本の地理

0871 ★
biology
[baiάlədʒi/バイアロヂ] ア
生物学
形 biológical 生物学的な
global biology
地球生物学

0872
theory
[θí:əri/スィーアリ]
①理論 ②学説
反 practice 実行
in theory
理論的には

関与を表す語(動詞)

0873 ★★
relate
[riléit/リレイト]
～を関係づける
名 relation 関連, 関係
be related to ～
～と関係がある

0874 ★★
associate
[əsóuʃièit/アソウシエイト]
連想する
名 associátion 協会, 連想
associate ～ with ...
～と...を関連づける

0875 ★
concern
[kənsə́:rn/コンサーン]
①～に関係がある
②(be concerned about ～で)～を心配する
as far as ～ is concerned
～に関する限り

0876 ★★
include
[inklú:d/インクルード]
～を含む
前 including ～を含めて
反 exclude ～を除外する
include consumption tax
消費税を含む

メモ　examination (試験) は短縮して exam と言うことが多い。

☑ She has a good **knowledge** of traditional Japanese art.	彼女は伝統的な日本美術に対して十分な<u>知識</u>がある。
☑ The doctor advised me to take more **exercise**.	医者はもっと<u>運動</u>しないといけないよと私に言った。
☑ We have an entrance **examination** tomorrow.	明日は入学<u>試験</u>です。
☑ The teacher gives us a vocabulary **quiz** during class.	先生は授業中にボキャブラリーの<u>小テスト</u>をする。
☑ **Geography** is the study of the Earth and the people living on it.	<u>地理</u>は地球と地球上に住む人についての勉強です。
☑ I majored in **biology** at university.	私は大学で<u>生物学</u>を専攻した。
☑ There are many **theories** about the origin of life.	生命の起源については多くの<u>学説</u>がある。
☑ Crime **is** often **related to** poverty.	犯罪はしばしば貧困と<u>関係がある</u>。
☑ Many people **associate** the name of da Vinci with the *Mona Lisa*.	多くの人がダ・ビンチと聞けばモナリザを<u>思い浮かべる</u>。
☑ His wife **is concerned about** his health.	彼の妻は彼の健康を<u>心配している</u>。
☑ The price **includes** postage.	その値段は郵送料を<u>含んでいる</u>。

GRADE 3 §16

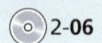

金銭・財産に関する語（名詞）

0877 ★
income
[ínkʌm／インカム]

収入
反 outgo 支出

have a high income
収入が多い

0878 ★
bill
[bíl／ビル]

① 請求書[金額]
② 紙幣《米》
③ 法案

pay a bill
勘定を払う

0879 ★
debt
[dét／デット] 発

借金

be in debt
借金している

社会・経済に関する語（動詞）

0880 ★
employ
[implói／インプロイ]

〜を雇う
名 employment 雇用
⇒ employer 雇い主, employee 従業員

employ a gardener
庭師を雇う

0881 ★
publish
[pʌ́bliʃ／パブリッシュ]

① 〜を出版する
② 〜を発表する

publish a book
本を出版する

0882 ★★
supply
[səplái／サプライ]

〜を供給する　名 供給
反 demand 〜を要求する

supply 〜 with ...
〜に…を供給する

0883
import
[impɔ́ːrt／インポート,
ímpɔːrt／インポート]

〜を輸入する, 導入する
名 [ímpɔːrt／インポート] 輸入（品）
反 export 〜を輸出する

import 〜 from ...
…から〜を輸入する

0884
export
[ikspɔ́ːrt／イクスポート,
ékspɔːrt／エクスポート]

〜を輸出する
名 [ékspɔːrt／エクスポート] 輸出（品）
反 import 〜を輸入する

export sugar and fruit
砂糖と果物を輸出する

0885 ★★
share
[ʃéər／シェア]

〜を共有する

share 〜 with ...
…と〜を共有する

メモ　supply は必要な物の不足を補充することを重点にしている。provide は必要な物を前

He has an **income** of about ¥300,000 a month.	彼は月に約30万円の<u>収入</u>がある。
You haven't paid this month's phone **bill** yet.	あなたは今月の電話<u>料金</u>をまだ払っていませんよ。
I got out of **debt** at last.	私はやっと<u>借金</u>を返した。
How many people does the firm **employ**?	その会社は何人の従業員を<u>雇っています</u>か。
The writer's new mystery is being **published** this month.	その作家の新しい推理小説が今月<u>出版</u>される。
Many countries **supplied** the Tohoku people **with** a lot of money and food.	多くの国々が東北の人々に多額のお金と食糧を<u>供給した</u>。
Japan **imports** oil from the Middle East.	日本は中東から石油を<u>輸入している</u>。
Japan **exports** many kinds of industrial products.	日本は多くの種類の工業製品を<u>輸出している</u>。
Taro **shares** a room **with** his brother.	太郎は兄［弟］と部屋を<u>共有している</u>。

もって準備して供給するという意味。

GRADE 3 §17

乗り物・交通に関する語（名詞）

0886 wheel [hwíːl / ウィール]
① 車輪　②（the wheel で）（自動車の）ハンドル
behind the wheel
ハンドルを握って

0887 ★ aisle [áil / アイル] 発
（座席間の）通路
an aisle seat
通路側の席

0888 tunnel [tʌ́nl / タヌル] 発
トンネル
a tunnel under the sea
海底トンネル

0889 voyage [vɔ́iidʒ / ヴォイイッヂ]
① 航海　② 宇宙旅行
a voyage to the moon
月旅行

0890 ★ background [bǽkgràund / バックグラウンド]
背景
a social background
社会的背景

積極的・攻撃的行為（動詞）

0891 ★ grab [grǽb / グラブ]
～を（不意に）つかむ
grab at ～
～をひっつかもうとする

0892 ★ seize [síːz / スィーズ]
～を（すばやく）つかむ，握る
图 seizure つかむこと
seize power
権力を握る

0893 ★ prevent [privént / プレヴェント]
～が…するのを防ぐ
图 prevention 防止
prevent ～ from -ing
…のために—できない

0894 ★★ attract [ətrǽkt / アトラクト]
～を引きつける
图 attraction 魅力, 引きつけるもの
形 attractive 魅力的な
attract attention
注意を引きつける

0895 ★ compare [kəmpéər / コンペア]
① 比較する　② たとえる
图 comparison 比較
compare ～ with ...
～を…と比較する

メモ　列車の場合,「通路側の席」を aisle seat,「窓側の席」は window seat と言う。

I've bought a new four-**wheel**-drive car.	私は新しく四輪駆動車を買いました。
I sat in an **aisle** seat.	私は通路側の席に座った。
We go through a lot of **tunnels** on this freeway.	ここの高速道路ではたくさんトンネルを通るよ。
The family next door has made a **voyage** around the world.	隣に住む家族は世界1周の航海に出かけた。
I shot this photo against a black **background**.	黒い背景でこの写真を撮った。
The drunk was trying to **grab** at any passer-by.	その酔っ払いは誰でも通りすがりの人をひっつかまえようとしていた。
The robber **seized** her purse and ran away.	そのひったくりは彼女の財布をつかんで逃走した。
The noise outside **prevented** me **from** sleeping.	外の騒音のために私は眠ることができなかった。
Walt Disney World **attracts** a large number of tourists every year.	ディズニーワールドは毎年多数の観光客を引きつける。
Compare your painting **with** mine.	あなたの絵を私の絵と比べてみなさい。

GRADE 3 §18

計測・量に関する語(名詞)

0896 ★★
graph
[grǽf / グラフ]
グラフ
a bar graph
棒グラフ

0897 ★
measure
[méʒər / メジャ]
①計量 ②対策
動(大きさ, 長さなど)を測る
take a measure
寸法などを測る

0898 ★
capacity
[kəpǽsəti / カパスィティ]
①能力 ②収容能力
capacity of a battery
電池の容量

接近・関連に関する語(動詞)

0899
proceed
[prəsíːd / プロスィード]
続ける, 進む
名 prócess 過程
proceed to ~
~へ進む

0900 ★★
contain
[kəntéin / コンテイン]
~を含む
名 container 入れ物
contain alcohol
アルコールを含む

0901
guard
[gáːrd / ガード]
~を守る, 見張る
名 警備員, ガードマン
guard against ~
~に備える

0902
feed
[fíːd / フィード]
~に食べ物を与える
⟨feed-fed-fed⟩
feed the dog
イヌにえさをやる

0903 ★
hire
[háiər / ハイア]
①(人)を雇う
②(部屋, 車など)を借りる《英》
hire a lawyer
弁護士を雇う

0904 ★★
found
[fáund / ファウンド]
(会社, 学校など)を設立する
名 foundátion 設立, 土台
found a company
会社を設立する

0905
reserve
[rizə́ːrv / リザーヴ]
~を予約する
同 book 名 reservátion 予約
reserve a room
部屋を予約する

メモ　employは「人を従業員, 社員として雇う」, hireは「人を一時的に雇う, 借りる」の意味。

This **graph** shows the number of cars sold each month.	この<u>グラフ</u>は車の月間販売数を示している。
The government took **measures** to reduce crime.	政府は犯罪を減少させるための<u>対策</u>を取った。
This hall has a seating **capacity** of 1,000.	このホールは1,000人の<u>収容能力</u>がある。
Passengers on Flight 123, please **proceed** to Gate 9.	123便にご搭乗のお客様は9番ゲートへ<u>お進みください</u>。
This drink **contains** a small amount of alcohol.	この飲み物は少量のアルコールを<u>含んでいる</u>。
The police **guarded** the prisoner closely.	警察はその囚人を厳重に<u>監視した</u>。
I **feed** my dog at seven every morning.	私は毎朝7時にイヌに<u>えさをやる</u>。
We must **hire** part-time workers.	我々はアルバイトを<u>雇わ</u>なければならない。
This university **was founded** in the nineteenth century.	この大学は19世紀に<u>創立された</u>。
Have you **reserved** a room at the hotel?	ホテルに部屋を<u>予約しました</u>か。

GRADE 3

GRADE 3 §19

犯罪・事件に関する語（名詞）

0906 evidence
[évidəns / エヴィデンス]
証拠
形 evident 明らかな
evidence against him
彼に不利な証拠

0907 prison
[prízn / プリズン]
① 刑務所
② 投獄, 服役
⇒ prisoner 囚人
be in prison
刑務所に入っている

0908 ★ apology
[əpálədʒi / アパロヂ]
謝罪
動 apologize 謝る
make an apology
謝罪する

提案・要請に関する語（動詞）

0909 ★ request
[rikwést / リクウェスト]
① ～を要請する
② (request ～ to ... で) ～に…するように頼む
request permission to ～
～する許可を求める

0910 ★ suggest
[sədʒést / サヂェスト]
① ～を提案する　同 propose
② ～をほのめかす
名 suggestion 提案, 暗示
suggest a plan to ～
～に計画を提案する

0911 beg
[bég / ベグ]
(食べ物などを) ほしいと言う
beg ～ to ...
～に…するよう懇願する

0912 pray
[préi / プレイ]
祈る
名 prayer [préər / プレア] 発 祈り
pray for a miracle
奇跡を求めて祈る

0913 ★ pretend
[priténd / プリテンド]
～のふりをする
pretend to be strong
強いふりをする

0914 ★ display
[displéi / ディスプレイ]
～を展示する
名 展示, 陳列
display ～ in the window
～をウィンドーに展示する

メモ　request, experiment などは動詞でも用いられるが, make a request, make an

There was no **evidence** of his guilt.	彼が有罪であるという証拠はなかった。
He was in **prison** for ten years.	彼は10年間刑務所に入っていた。
I **made** **an** **apology** to her for breaking my promise.	私は彼女に約束を破ったことを謝罪した。
Visitors are **requested** not **to** feed the animals.	入場者は動物にえさをやらないようにお願いします。
I **suggested** that we should go by boat.	私は船で行こうと提案した。
I **begged** him **to** forgive me.	私は彼に許してほしいと懇願した。
He **prayed** to God for help.	彼は助けを求めて神に祈った。
I **pretended** not to be at home.	私は家にいないふりをした。
The company will **display** their products at a trade show.	その会社は貿易見本市で自社の製品を展示するだろう。

experimentのように名詞で同じ意味が表せる。

GRADE 3 §20

物質を表す語②(名詞)

0915 ★★
energy
[énərdʒi / エナヂ] ア
① 精力　② エネルギー
形 energétic ア 精力的な
nuclear energy
核エネルギー

0916
electricity
[ilèktrísəti / イレクトリスィティ] ア
電気
形 eléctric 電気の
a waste of electricity
電気の無駄遣い

0917
fuel
[fjúːəl / フューアル]
燃料
fossil fuel
化石燃料

0918 ★★
feather
[féðər / フェザ] 発
羽
a feather pillow
羽根枕

日常の動作を表す語③(動詞)

0919 ★
arrange
[əréindʒ / アレインヂ]
〜を取り決める, 整える
名 arrangement 取り決め
arrange for 〜 to ...
〜が…するよう手配する

0920 ★
classify
[klǽsəfài / クラスィファイ]
〜を分類する, 区別する
名 classificátion 分類
classify 〜 into ...
〜を…に分類する

0921 ★
adapt
[ədǽpt / アダプト]
〜を合わせる, 適応させる
名 adaptátion 適応
形 adáptable 融通のきく
adapt oneself to 〜
〜に順応する

0922 ★
rob
[ráb / ラブ]
〜から…を奪う　⇒robber 強盗
類 steal 〜を(こっそり)盗む
rob 〜 of ...
〜から…を奪う

0923 ★
decorate
[dékərèit / デコレイト]
〜を飾る
名 decorátion 飾り
decorate 〜 with ...
〜を…で飾る

0924
bury
[béri / ベリ] 発
① 〜を埋める
② (人)を埋葬する
名 burial 埋葬
bury 〜 in the earth
〜を地中に埋める

メモ　adaptは「〜を適応させる」, adoptは「〜を採用する」。

He devoted all his **energy** to studying cancer.	彼はがんの研究に全精力を集中した。
Smartphones use a lot of **electricity**.	スマートフォンは電気を大量に使う。
Coal and oil are fossil **fuels**.	石炭や石油は化石燃料だ。
This suitcase is as light as a **feather**.	このスーツケースは羽のように軽い。
I **arranged for** my secretary **to** buy a plane ticket for the business trip.	秘書が私の出張の航空券を買っておくよう手配した。
The pupils **classified** animals **into** groups.	児童は動物をグループに分類した。
Adapt yourself to the new environment.	新たな環境に順応しなさい。
The man **robbed** her **of** her purse.	その男は彼女から財布を奪った。
We **decorated** the room **with** flowers.	私たちは部屋を花で飾った。
The dog **buried** a bone here.	イヌはここに骨を埋めた。

GRADE 3 §21

社会・職業に関する語（名詞）

0925 ★
career
[kəríər / カリア]
① 職業　② 職歴, キャリア
give up one's career
仕事をやめる

0926
labor
[léibər / レイバ]
労働
⇒ laborer 労働者
use cheap labor
安い労働力を使う

0927 ★
license
[láisəns / ライセンス]
免許
a driver's license
運転免許

0928 ★
frame
[fréim / フレイム]
① 枠　② 骨組み, 構造
a frame of the window
窓枠

0929 ★★
influence
[ínfluəns / インフルエンス]
影響　[動]〜に影響を与える
[形] influéntial 有力な
have an influence on 〜
〜に影響を与える

0930
comedy
[kámədi / カメディ]
喜劇　[反] tragedy 悲劇
[形] comic 喜劇の, 漫画の
a romantic comedy
ロマンチックな喜劇

日常の行為を表す語③（動詞）

0931
breathe
[bríːð / ブリーズ] 発
① 呼吸する　② 〜を吸う
[名] breath [bréθ / ブレス] 発 呼吸
breathe fresh air
新鮮な空気を吸う

0932
greet
[gríːt / グリート]
① 〜にあいさつする　② 〜を迎える
[名] greeting あいさつ（の言葉）
greet with a smile
笑顔であいさつする

0933 ★★
respond
[rispánd / リスパンド]
答える　[類] answer
[名] respónse 応答
respond to a letter
手紙に返事する

0934
cure
[kjúər / キュア]
〜を治す
[名] 治療, 治療法
cure 〜 of ...
〜の…を治す

0935
dig
[díg / ディッグ]
〜を掘る
〈dig-dug-dug〉
dig out
掘り出す

メモ　greeting card は誕生日などに送る「あいさつ状」。

He began his **career** as a journalist.	彼はジャーナリストとして仕事を始めた。
Farming requires a lot of hard physical **labor**.	農場経営は多くの激しい肉体労働を必要とする。
My brother got **a driver's license** three years ago.	兄［弟］は自動車の運転免許を3年前に取った。
I painted the **frame** of the window last week.	私は先週窓枠をペンキで塗った。
Climate change **has a** big **influence on** agriculture.	気候の変化は農業に大きな影響を与える。
Shakespeare wrote many plays, some of which were **comedies**.	シェークスピアは多くの芝居を書いたが、その中のいくつかは喜劇だった。
It's nice to **breathe** fresh air in the mountains.	山で新鮮な空気を吸うことはすばらしい。
She **greeted** every guest with a smile.	彼女は笑顔ですべてのお客さんにあいさつした。
He **responded** to my email with a phone call.	彼は私のEメールに電話で返事してきた。
The doctor **cured** the child **of** the disease.	医者はその子の病気を治した。
We are going to **dig** a new tunnel through this mountain.	私たちはこの山に新しくトンネルを掘るつもりです。

GRADE 3 §22

発展・変化を表す語（動詞）

0936 ★★
improve
[imprúːv / インプルーヴ]
① ～を上達させる
② 向上する
名 improvement 改善, 上達
improve one's skill
技能を向上させる

0937 ★★
increase
[inkríːs / インクリース, ínkriːs / インクリース]
① 増える　② ～を増やす
反 decrease
increase the price
値段を上げる

0938 ★★
decrease
[dìːkríːs / ディークリース, díːkriːs / ディクリース]
① 減る　② ～を減らす
反 increase
decrease the number of ~
～の数を減らす

0939 ★
exchange
[ikstʃéindʒ / イクスチェインヂ]
～を交換する
形 exchangeable 交換できる
exchange ideas
意見を交換する

0940
disappear
[dìsəpíər / ディサピア]
① 見えなくなる
② 絶滅する
反 appear　名 disappearance 見えなくなること, 絶滅
disappear from view
視界から見えなくなる

0941 ★★
dye
[dái / ダイ]
～を染める, 染まる
名 dye 染料, dyeing 染色（法）
dye one's hair
髪を染める

人や動物の性質を表す語（形容詞）

0942
ambitious
[æmbíʃəs / アンビシャス]
大望を抱いた
名 ambition 野心
ambitious for the future
将来に野望を持って

0943
innocent
[ínəsənt / イノセント]
① 無罪の　反 guilty
② 無邪気な　名 innocence 無実
innocent of the crime
無実である

0944
tender
[téndər / テンダ]
① 柔らかい　② 優しい
副 tenderly 優しく
tender words
優しい言葉

0945
royal
[rɔ́iəl / ロイアル]
① 王の　② すばらしい
名 royalty 王族, 気高さ
the royal family
王家, 皇室

メモ　royalは「王の」。loyal（忠実な）とつづり, 意味ともに混同しないこと。

This class is for students who want to **improve** their English.	この授業は英語を<u>上達させ</u>たい生徒たちのためのものだ。
The number of traffic accidents has **increased** recently.	最近，交通事故の件数が<u>増加した</u>。
The police are trying to **decrease** the number of crimes.	警察は犯罪件数を<u>減ら</u>そうと努力している。
He **exchanged** seats with her.	彼は彼女と席を<u>交換した</u>。
The ship **disappeared** into the distance.	船は遠方に<u>見えなくなった</u>。
She has **dyed** her hair recently.	彼女は最近髪を<u>染めた</u>。
Boys, be **ambitious**!	少年よ，<u>大志を抱け</u>！
He was found **innocent of the crime**.	彼は<u>無実である</u>と判明した。
This meat is **tender** and delicious.	この肉は<u>柔らかく</u>ておいしい。
I didn't know she was a member of the **royal** family.	私は彼女が<u>王</u>家の一員だとは知らなかった。

GRADE 3 §23

社会問題に関する語(名詞)

0946 ★★
population
[pάpjəléiʃən / パピュレイション]
① 人口
② (ある地域の) 全住民

population of Japan
日本の人口

0947 ★★
schedule
[skédʒuːl / スケデュール]
① 計画, 予定(表)
② 時刻表《米》

on schedule
予定通りに

0948 ★★
result
[rizʌ́lt / リザルト]
結果

as a result
結果的に

0949
weapon
[wépn / ウェプン]
武器
類 arms

chemical weapons
化学兵器

否定的な行動を表す語①(動詞)

0950 ★
disagree
[dìsəgríː / ディサグリー]
意見が合わない
名 disagreement 意見の相違

disagree with ～
～と意見が一致しない

0951 ★
oppose
[əpóuz / オポウズ]
～に反対する
名 opposition 反対

be opposed to ～
～に反対している

0952
blame
[bléim / ブレイム]
～を非難する, ～のせいにする
名 責任, 非難

blame ～ for ...
...のことで～を責める

0953
forbid
[fərbíd / フォビッド]
～を禁じる
〈forbid-forbade-forbidden〉

be forbidden to ～
～することを禁じられる

0954 ★
suffer
[sʌ́fər / サファ]
① (損害など)を受ける
② 苦しむ

suffer from ～
～で苦しむ

0955 ★
permit
[pərmít / パミット]
～を許可する
名 permission 許可

permit ～ to ...
～が...するのを許可する

218　メモ　人口が「多い」「少ない」は, large, small で表す。many, few ではないことに注意。

What is the total **population** of the whole world?	世界の総<u>人口</u>はいくらですか。
The plane arrived **on schedule**.	飛行機は<u>予定通り</u>到着した。
His success is the **result** of many years' hard work.	彼の成功は長年の熱心な研究の<u>結果</u>だ。
The police suspected the man was carrying a **weapon**.	警察はその男が<u>武器</u>を持っているのではと思った。
I completely **disagree with** you on education.	私は教育に関してあなたとは完全に<u>意見が合わない</u>。
The governor **opposed** the new bill.	知事は新しい法案に<u>反対した</u>。
He **blamed** them **for** the failure.	彼は失敗を彼らの<u>せいにした</u>。
Smoking **is** strictly **forbidden** in the hospital.	喫煙は病院では固く<u>禁じられている</u>。
They are still **suffering from** hunger.	彼らは今も飢えに<u>苦しんでいる</u>。
Alcohol is not **permitted** in the stadium.	競技場では飲酒は<u>許可</u>されていない。

GRADE 3 §24

概念を表す語③(名詞)

0956 ★
concept
[kánsept / カンセプト]
概念
類 idea 考え, 思いつき
a general concept
一般的な概念

0957 ★
aspect
[ǽspekt / アスペクト]
局面, 外観
from every aspect
あらゆる局面から

0958 ★
symbol
[símbəl / スィンボル]
象徴, シンボル
形 symbólic 象徴的な
a symbol of peace
平和の象徴

0959 ★
legend
[lédʒənd / レヂェンド]
伝説, 言い伝え
形 legendary 伝説上の
the legend of Robin Hood
ロビン・フッドの伝説

0960 ★
misunderstanding
[mìsʌndərstǽndiŋ / ミスアンダスタンディング]
誤解
動 misunderstand ～を誤解する
反 understanding 理解
misunderstanding about ～
～についての誤解

強調を表す語(副詞)

0961 ★★
especially
[ispéʃəli / イスペシャリ]
特に, とりわけ
not especially
特に～だというわけではない

0962 ★
indeed
[indíːd / インディード]
① 本当に
② (文修飾) 実のところ
indeed ... but ～
なるほど…だが～

0963 ★
simply
[símpli / スィンプリ]
単に～だけ, 全く
simply not ...
どうしても…ない

0964 ★★
exactly
[igzǽktli / イグザクトリ]
ちょうど
形 exact 正確な, 厳密な
exactly at nine
9時ちょうどに

0965 ★★
truly
[trúːli / トルーリ]
真実に, 誠実に
Yours truly.
敬具

メモ exactlyは質問の返答として「その通りです」の意味で用いられることがある。

It is very difficult to define the **concept** of beauty.	美の**概念**を定義することは非常に難しい。
Let's look at the problem from every **aspect**.	その問題をあらゆる**局面**から検討しましょう。
The **symbol** of the Olympic Games is five rings.	オリンピック競技の**シンボル**は五輪です。
According to the **legend**, the king lived to be 200.	**伝説**によると，その王様は200歳まで生きたらしい。
The problem was caused by a **misunderstanding**.	その問題は**誤解**によって生じた。
I love fruit, **especially** strawberries.	私は果物，**特に**イチゴが大好きだ。
The child **indeed** doesn't learn fast, **but** he doesn't forget easily.	その子は**なるほど**飲み込みは悪い**が**，容易に忘れない。
I **simply cannot** solve the problem.	その問題だけは**どうしても**解け**ない**。
She arrived **exactly** at nine.	彼女は9時**ちょうど**に到着した。
I'm **truly** sorry for you.	あなたに**心から**申し訳なく思います。

GRADE 3 §25

概念を表す語④(名詞)

0966 ★★
value
[vǽlju: / ヴァリュー]
価値, 価格
形 valuable 貴重な
discover the value of ～
～の価値を発見する

0967 ★
viewpoint
[vjúːpɔ̀int / ヴューポイント]
観点, 見地
(＝ point of view)
from the viewpoint of ～
～の見地から

0968 ★
trend
[trénd / トレンド]
傾向, 動向, 流行
形 trendy 最新流行の
the latest trend
最新の流行

経済活動に関する語①(名詞)

0969 ★★
benefit
[bénəfit / ベネフィット]
利益, 利点
形 beneficial 有益な
for the benefit of ～
～の利益のために

0970 ★★
product
[prάdəkt / プロダクト]
①製品 ②成果
動 prodúce ～を生産する
名 prodúction 生産, 生産高
meat product
肉製品

0971 ★★
account
[əkáunt / アカウント]
①説明 ②口座
give a full account of ～
～についてくわしく述べる

0972 ★★
effect
[ifékt / イフェクト]
①効果 ②結果
反 cause 原因
形 effective 効果的な
a deep effect
深刻な影響

0973
fund
[fΛ́nd / ファンド]
資金
raise funds
資金を集める

0974 ★
fee
[fíː / フィー]
①(入会, 入場) 料金
②(専門職に払う) 報酬
an entrance fee
入場料

0975 ★
agency
[éidʒənsi / エイヂェンスィ]
①機関 ②代理店
⇒ agent 代理人
an advertising agency
広告代理店

メモ　feeは授業料, 入場料などを表すが,「(電車・バスの) 運賃」にはfare,「(ホテルなどの)

What is the **value** of this watch?	この時計の値段はいくらですか。
Let's look at the problem from a different **viewpoint**.	別の観点から問題を検討しよう。
What are the latest **trends** in clothing?	衣料の最新の流行は何ですか。
Public servants must work **for the benefit of** the public.	公務員は公共の利益のために働かなければならない。
This smartphone is a **product** of Sweden.	このスマートフォンはスウェーデンの製品だ。
My salary is paid into my bank **account**.	私の給料は銀行口座に振り込まれる。
A cup of tea has a refreshing **effect**.	1杯の紅茶は元気を回復させる効果がある。
They raised **funds** for a political campaign.	彼らは政治活動の資金を集めた。
His parents paid his school **fee**.	彼の両親が授業料を払った。
He got a job at an advertising **agency**.	彼は広告代理店に就職した。

「サービス料」にはchargeを用いる。

GRADE 3 §26

精神・心境に関する語（名詞）

0976 ★
pleasure
[pléʒər / プレジャ]

① 喜び　同 delight
② 娯楽
動 please ～を喜ばせる
形 pleasant 愉快な

with pleasure
喜んで，もちろん

0977
delight
[diláit / ディライト]

大喜び
形 delightful 楽しい，愉快な

take (a) delight in ～
～を喜ぶ，楽しむ

0978 ★
doubt
[dáut / ダウト]

疑い，不信
形 doubtful 疑わしい

without (a) doubt
疑いなく，必ず

0979
soul
[sóul / ソウル]

魂
反 body 体, flesh 肉体

sell one's soul to the devil
悪魔に魂を売る

程度・条件を表す語（副詞）

0980 ★★
actually
[ǽktʃuəli / アクチュアリ]

実際に（は）
形 actual 実際の

actually quite easy
実際とても簡単で

0981 ★
fortunately
[fɔ́ːrtʃənətli / フォーチュネットリ]

幸運にも
形 fortunate 幸運な
名 fortune 運，財産

fortunately for us all
私たちにとって幸運なことに

0982 ★
unfortunately
[ʌnfɔ́ːrtʃənətli / アンフォーチュネットリ]

不運にも
形 unfortunate 不運な

be unfortunately absent
残念ながら休んでいる

0983 ★
suddenly
[sʌ́dnli / サドンリ]

突然に
形 sudden 突然の

suddenly become quiet
突然静かになる

0984 ★★
instead
[instéd / インステッド]

代わりに，そうではなく

instead of ～
～の代わりに

メモ　doubtは「～でない（～が本当でない）と疑う」の意味。一方 suspectは「～だろうと疑う」

☑ My mother takes **pleasure** in visiting nursing homes.	私の母は老人ホームを<u>楽しんで</u>訪れている。
☑ His face was shining with **delight**.	彼の顔は<u>喜び</u>で輝いていた。
☑ I have no **doubt** about his honesty.	私は彼の正直さをまったく<u>疑って</u>いない。
☑ Do you think animals have **souls**?	動物に<u>魂</u>があると思いますか。
☑ I know of her but I've never **actually** met her.	彼女のことは耳にしているが、<u>実際に</u>会ったことはない。
☑ **Fortunately**, I've completely recovered.	<u>幸運にも</u>, 私は完全に回復しました。
☑ **Unfortunately**, we've lost our way.	<u>不運なことに</u>, 私たちは道に迷った。
☑ **Suddenly** a strong wind began to blow from the west.	<u>突然</u>西から強い風が吹き始めた。
☑ I'll have herbal tea **instead of** coffee today.	今日はコーヒーの<u>代わりに</u>ハーブティーをいただくわ。

の意味。

GRADE 3 §27

心境に関する語(名詞)

0985 ★
stress
[strés / ストレス]

① ストレス　② 強調
動 ～を強調する

suffer from stress
ストレスで苦しむ

0986
thrill
[θríl / スリル]

ぞくぞくする感じ
形 thrilling ぞくぞくする，スリリングな

give ～ a thrill
～をぞくぞくさせる

0987 ★
source
[sɔ́ːrs / ソース]

① 源，原因　② 情報源

source of information
情報源

日常生活に関する語①(名詞)

0988
diet
[dáiət / ダイエット]

① 日常の食事
② ダイエット
③ 国会

go on a diet
ダイエットをする

0989 ★
password
[pǽswə̀ːrd / パスワード]

パスワード，合言葉

a user name and password
ユーザー名とパスワード

0990
treasure
[tréʒər / トレジャ] 発

① 宝物
② (treasures で) 貴重品

a treasure box
宝箱

0991 ★
instrument
[ínstrəmənt / インストルメント] ア

① 器具
② 楽器
形 instrumental 楽器の

learn an instrument
楽器(の演奏)を習う

0992 ★★
scene
[síːn / スィーン] 発

① (劇の) 場，場面
② 景色，眺め
形 scenic 景色の(よい)

the scene of the crime
犯行現場

0993
string
[stríŋ / ストリング]

① ひも　② (楽器の) 弦

a piece of string
ひも1本

0994
thread
[θréd / スレッド]

糸

a needle and thread
針と糸

メモ　string は thread より太く，cord (ひも，縄) より細いものを言う。

Exercise is great for getting rid of **stress**.	運動は<u>ストレス</u>解消にはとてもよい。
The roller coaster always <u>gives</u> me <u>a thrill</u>.	ジェットコースターはいつも私を<u>ぞくぞくさせる</u>。
Oranges are a good <u>source</u> of vitamin C.	オレンジはビタミンCの豊富な<u>供給源</u>だ。
What's a vegetarian <u>diet</u> like?	菜食主義者の<u>食事</u>とはどのようなものですか。
Will you tell me your **password**?	あなたの<u>パスワード</u>を教えてください。
The museum has a lot of priceless art **treasures**.	その美術館には非常に貴重な美術<u>品</u>が多くある。
What **instrument** do you play? —— I play the guitar.	あなたは何の<u>楽器</u>を演奏しますか。—ギターを演奏します。
This is the <u>scene</u> of the crime.	ここが犯行<u>現場</u>です。
He tied the books together with a piece of <u>string</u>.	彼は本を1本の<u>ひも</u>で縛った。
I have a handkerchief stitched with yellow **thread**.	私は黄色の<u>糸</u>で刺しゅうしたハンカチを持っている。

GRADE 3 §28

激励する・祝うなど(動詞)

0995 ★★
encourage [enkə́ːridʒ/エンカレッヂ]
〜を励ます
encourage 〜 to ...
〜に…するよう勧める

0996 ★
celebrate [séləbrèit/セレブレイト]
〜を祝う
名 celebrátion 祝賀(会)
celebrate one's birthday
〜の誕生日を祝う

0997 ★
praise [préiz/プレイズ]
〜をほめる
反 blame 〜を非難する
praise 〜 for ...
〜の…をほめる

0998 ★
forgive [fərgív/ファギヴ]
〜を許す
⟨forgive-forgave-forgiven⟩
forgive 〜 for ...
〜の…を許す

0999 ★
chase [tʃéis/チェイス]
〜を追いかける
名 追跡
chase each other
追いかけっこをする

1000 ★★
delay [diléi/ディレイ]
〜を延期する, 遅らせる
delay one's decision
決断を遅らせる

肯定的な意味を表す語①(形容詞)

1001 ★
efficient [ifíʃənt/イフィシェント] ア
有能な, 効率のよい
名 efficiency 効率
an efficient teacher
有能な先生

1002 ★
intelligent [intélidʒənt/インテリヂェント]
知能の高い
名 intelligence 知能
an intelligent child
知能の高い子供

1003 ★
sincere [sinsíər/スィンスィア]
偽りのない, 誠実な
名 sincerity 率直さ
a sincere apology
誠実な謝罪

1004 ★
handsome [hǽnsəm/ハンサム]
① (男性が) ハンサムな
② (物が) 見事な
a handsome man
ハンサムな男性

1005 ★
vital [váitl/ヴァイトル]
① きわめて重要な ② 活気のある
名 vitality 生命力, 活力
some vital information
重要な情報

メモ en-は名詞や形容詞の前につけて,「〜にする」の意味の動詞を作る。(例) encourage (〜

☑ The teacher **encouraged** his students **to** ask questions.	先生は生徒たちに質問をするよう勧めた。
☑ He **celebrated** her 21st birthday with a big party.	彼は彼女の21回目の誕生日を盛大なパーティーを開いて祝った。
☑ My teacher **praised** me **for** my research.	先生は私の研究をほめてくださった。
☑ In the end, we **forgave** him **for** what he had done.	結局私たちは彼のしたことを許してやった。
☑ The cat **chased** the mouse.	そのネコはネズミを追いかけた。
☑ The train **was delayed** three hours by the heavy rain.	その電車は豪雨のために3時間遅れた。

☑ Tell me a more **efficient** way to deal with the issue.	その問題を処理するもっと効率的な方法を教えてください。
☑ Our school has a special class for very **intelligent** children.	私たちの学校には非常に知能の高い子供のための特別クラスがある。
☑ The company made a **sincere** apology.	その会社は誠実な謝罪を行った。
☑ The actor always plays the part of a **handsome** young journalist.	その俳優はいつもハンサムな青年記者の役をする。
☑ He gave the police some **vital** information.	彼は警察に重要な情報を提供した。

を励ます), enable (〜を可能にする)

GRADE 3 §29

物質を表す語③（名詞）

1006 ★★
material
[mətíəriəl / マティアリアル]
① 材料　② 資料
形 物質の，物質的な
collect materials
材料を集める

1007 ★★
perfume
[pə́ːrfjuːm / パーフューム]
香水
put on perfume
香水をつける

1008 ★
vapor
[véipər / ヴェイパ]
蒸気
water vapor
水蒸気

1009 ★
vitamin
[váitəmin / ヴァイタミン]
ビタミン
vitamin C
ビタミンC

1010 ★
steel
[stíːl / スティール]
鋼鉄
a steel industry
鉄鋼業

1011
fur
[fə́ːr / ファー]
毛，毛皮
a fur coat
毛皮のコート

発信・管理に関する語（動詞）

1012 ★★
express
[iksprés / イクスプレス]
～を表現する　名 expression 表現
形 急行の　名 急行列車
express interest
興味を示す

1013 ★
manage
[mǽnidʒ / マニッヂ]
① ～を管理する，経営する
② どうにか[何とか]～する
名 management 経営
manage to get there
何とかそこにたどり着く

1014
govern
[gʌ́vərn / ガヴァン]
～を治める
名 government 政治，政府
govern oneself
自制する

1015 ★★
continue
[kəntínjuː / コンティニュー]
① ～を続ける
② （切れ目なく）続く
to be continued
（次回に）続く

1016 ★★
mention
[ménʃən / メンション]
～を話に出す
Don't mention it.
どういたしまして。

メモ　steel（鋼鉄）は steal（盗む）の同音異義語。

What **material** is this jacket made of?	このジャケットはどんな材料で作られていますか。
What is your favorite **perfume**?	あなたのお気に入りの香水は何ですか。
Water changes into **vapor** when it is heated.	水は熱せられると蒸気になる。
Fruit and vegetables are rich in **vitamins**.	果物や野菜はビタミンが豊富だ。
Steel is used for making knives, tools, machines, and so on.	鋼鉄はナイフ，道具，機械などの製造に使われる。
Do you know the woman wearing a **fur** coat?	毛皮のコートを着ているその女性を知っていますか。
The picture **expresses** the painter's hatred of war.	その絵は画家の戦争に対する憎しみを表現している。
We **managed to** catch the last train.	私たちは何とか最終列車に間に合った。
He has four years' experience **governing** this country.	彼にはこの国を治めた4年間の経験がある。
We should **continue** to learn new things throughout our lives.	私たちは生きている限り新しいことを学び続けるべきだ。
He didn't **mention** anything about money.	彼はお金のことは何も言わなかった。

熟語のまとめ 3

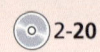

副詞的役割をする熟語(1)

1017 above all	特に, 何よりも
1018 after all	結局　同 in the end
1019 all at once	突然　同 suddenly
1020 all of a sudden	突然　同 suddenly
1021 all the way	途中ずっと, はるばる
1022 as a result	その結果
1023 as a whole	全体として　同 on the whole
1024 at (the) best	せいぜい　反 at (the) worst
1025 at (the) least	少なくとも　反 at (the) most
1026 at a loss	当惑して, 途方に暮れて

I love cats **above all**. **Above all**, take care not to catch a cold.	私は<u>特に</u>ネコが大好きです。 <u>何よりも</u>風邪をひかないように気をつけなさい。
After all, nothing has changed at all.	<u>結局</u>, 何も全く変わらなかった。
All at once we felt a big earthquake.	<u>突然</u>大きな地震を感じた。
All of a sudden it began to rain.	<u>突然</u>雨が降り出した。
Thank you for coming **all the way** from Hokkaido.	<u>はるばる</u>北海道から来てくれてありがとうございます。
It snowed hard yesterday. **As a result**, the final game was postponed.	昨日は雪が激しく降った。<u>その結果</u>決勝戦は延期された。
Your homework **as a whole** is well done.	君の宿題は<u>全体として</u>よくできている。
He will only win the second prize **at best**.	彼は<u>せいぜい</u>2位にしかなれないだろう。
We need **at least** three people to move this rock.	この岩を動かすには<u>少なくとも</u>3人必要だ。
I was **at a loss** for words to hear the news. I was **at a loss** what to do.	私はその知らせを聞いて言葉に<u>詰まった</u>。 私は何をすればよいのかわからず<u>途方に暮れた</u>。

副詞的役割をする熟語 (2)

1027 at any cost	どんな代価を払っても, どうしても 同 at all costs
1028 at first	最初は　比 for the first time
1029 at random	手当たり次第に
1030 at times	ときどき 比 from time to time
1031 at work	仕事中で
1032 for one's sake	〜のために 同 for the sake of 〜
1033 for instance	例えば 同 for example
1034 for the first time	初めて
1035 for the moment	さしあたり
1036 for the time being	今のところ
1037 in brief	要するに 同 in short
1038 in short	要するに ＊通例, 文頭か文中で用いられる。
1039 on (the) air	放送中で 比 in the air

We must not use the method of war **at any cost**.	私たちは<u>どんな代価を払っても</u>戦争という手段を使ってはならない。
I must do it **at any cost**.	私は<u>どうしても</u>それをやらなければならない。
I didn't believe him **at first**.	私は<u>最初</u>彼を信じなかった。
They selected players **at random**.	彼らは<u>手当たり次第に</u>選手を選んだ。
At times my son comes home early.	息子は<u>ときどき</u>早く帰宅する。
My husband is **at work** right now.	夫は今<u>仕事中</u>です。
I'm saying this **for your sake**.	君の<u>ために</u>こう言っているんだ。
I have several hobbies. **For instance**, I like playing golf.	私はいくつか趣味があります。<u>例えば</u>ゴルフをするのが好きです。
I tried *natto* beans **for the first time** in my life.	私は生まれて<u>初めて</u>納豆を食べてみた。
You don't have to hurry **for the moment**.	<u>さしあたって</u>あなたは急ぐ必要はないよ。
This amount of money will do **for the time being**.	これだけのお金があれば<u>当分の間は</u>間に合うだろう。
In brief, she was cheated.	<u>要するに</u>彼女はだまされた。
You mean, **in short**, you won't do it.	<u>要するに</u>あなたはそれをやるつもりはないのですね。
The program will be **on the air** tomorrow evening.	その番組は明日の晩に<u>放送</u>されるでしょう。

副詞的役割をする熟語 (3)

1040 on business	仕事で 反 for pleasure	
1041 on foot	歩いて	
1042 on the contrary	逆に ＊前言とは全く逆の事実を述べる場合に使う。	
1043 on time	時間通りに　比 in time	
1044 once in a while	ときどき　同 sometimes	
1045 out of control	手に負えなくて	
1046 out of season	季節はずれで, シーズンオフの [で] 反 in season	
1047 out of sight	見えないところに 反 in [within] sight	
1048 right away	すぐに 同 at once, right now, immediately	

He went to Singapore **on business**.	彼は仕事でシンガポールに行った。
Let's go **on foot**.	歩いて行こう。
On the contrary, it was a terrible result.	反対にそれはひどい結果に終わった。
The bus arrived **on time**.	そのバスは定刻に着いた。
Once in a while he called me.	彼はときどき私に電話をかけてきた。
Children will get **out of control**.	子供は手に負えなくなるものだ。
Crabs are **out of season** now.	カニはもう季節はずれです。
The plane soon flew **out of sight**.	飛行機はまもなく見えないところに飛んで行った。
Why not start it **right away**?	それをすぐに始めたらどうですか。

ボキャブラリーの枝葉を広げる
接頭辞で覚える英単語 3

「数」を表すもの

uni-
(単一の / 1つの)
- → **uniform**（制服）
  形
- → **unity**（統一，統合）
  性質
- → **unique**（唯一の，たぐいまれな）
  ～の

mono-
(単独の / 1つの)
- → **monorail**（モノレール）
  レール
- → **monotone**（単調，一本調子）
  調子
- → **monopoly**（独占）
  売ること

bi-
(2つの)
- → **bicycle**（自転車）
  輪
- → **bilingual**（2か国語の）
  言語の
- → **binocular**（双眼鏡）
  接眼レンズ

tri-
(3つの)
- → **triangle**（三角形）
  角
- → **triple**（3倍）
  ～倍の
- → **trilingual**（3か国語の）
  言語の

＊muli- は「多数の，複…」の意味。multimedia, multilingual など。

「変化」などを表すもの

en-
(〜する)
- ➡ **en<u>large</u>** (〜を拡大する)
  大きい
- ➡ **en<u>able</u>** (〜を可能にする)
  可能な
- ➡ **en<u>rich</u>** (〜を豊かにする)
  豊かな
- ➡ **en<u>courage</u>** (〜を激励する, 励ます)
  勇気

*en-はこのように名詞や形容詞を動詞化する接頭辞。

mis-
(誤った)
- ➡ **mis<u>take</u>** (間違いをする)
  とる
- ➡ **mis<u>lead</u>** (〜をあざむく)
  導き
- ➡ **mis<u>understand</u>** (〜を誤解する)
  理解する
- ➡ **mis<u>fortune</u>** (不運, 不幸)
  運命

trans-
(越えて / 向こうへ)
- ➡ **trans<u>form</u>** (〜を変貌させる, 一変させる)
  形
- ➡ **trans<u>late</u>** (〜を翻訳する)
  運ぶ
- ➡ **trans<u>port</u>** (〜を輸送する)
  運ぶ
- ➡ **trans<u>fer</u>** (〜を移転する, 転勤させる)
  運ぶ

センター必出
発音に注意すべき語

母音の発音

1 -a- の発音　[ei / ɔː]

- d**a**nger　[déindʒər / デインヂャ]
  名 危険

- **a**ncient　[éinʃənt / エインシェント]
  形 古代の

- p**a**tient　[péiʃənt / ペイシェント]
  形 忍耐強い　名 患者

- s**a**cred　[séikrid / セイクリッド]
  形 神聖な

- str**a**nge　[stréindʒ / ストレインヂ]
  形 奇妙な

- s**a**lt　[sɔ́ːlt / ソールト]　名 塩

- **a**lter　[ɔ́ːltər / オールタ]
  動 ～を変える

2 -e- の発音　[iː / e]

- f**e**male　[fíːmeil / フィーメイル]
  名 女性

- g**e**nius　[dʒíːnjəs / ヂーニャス]
  名 天才

- **e**vil　[íːvl / イーヴル]
  形 悪い

- v**e**hicle　[víːikl / ヴィークル]
  名 乗り物

- pr**e**vious　[príːviəs / プリーヴィアス]
  形 以前の

- pr**e**cious　[préʃəs / プレシャス]
  形 貴重な

3 -o- の発音　[ʌ / ou / i / uː]

- w**o**n　[wʌ́n / ワン]
  動 win（勝つ）の過去形・過去分詞形

- ab**o**ve　[əbʌ́v / アバヴ]
  前 ～の上に

- st**o**mach　[stʌ́mək / スタマック]
  名 胃，腹

- **o**nly　[óunli / オウンリ]
  形 唯一の

- w**o**men　[wímin / ウィミン]
  名 woman（女性）の複数形

- pr**o**ve　[prúːv / プルーヴ]
  動 ～を証明する

- appr**o**ve　[əprúːv / アプルーヴ]
  動 ～に賛成する

4 -ea- の発音　[e / iː]

- w**ea**pon　[wépən / ウェポン]
  名 武器

- thr**ea**t　[θrét / スレット]　名 脅威

- m**ea**nt　[mént / メント]
  動 mean（～を意味する）の過去形・過去分詞形

- pl**ea**sure　[pléʒər / プレヂャ]
  名 楽しみ

- cr**ea**ture　[kríːtʃər / クリーチャ]
  名 生物

- f**ea**ture　[fíːtʃər / フィーチャ]
  名 特徴

5 -oa- の発音 [ɔː / ou]

- **broad** [brɔ́ːd / ブロード]
  形 広い

- **abroad** [əbrɔ́ːd / アブロード]
  副 海外へ

- **coast** [kóust / コウスト]
  名 海岸

- **throat** [θróut / スロウト]
  名 のど

6 -ow- の発音 [au / ou / ɑ]

- **allow** [əláu / アラウ]
  動 ～を許可する

- **drown** [dráun / ドラウン]
  動 溺れる

- **owl** [ául / アウル]
  名 フクロウ

- **own** [óun / オウン]
  形 自身の

- **bowl** [bóul / ボウル]
  名 鉢

- **knowledge** [nɑ́lidʒ / ナリッヂ]
  名 知識

7 -our- の発音 [auər / uər]

- **sour** [sáuər / サウア]
  形 すっぱい

- **flour** [fláuər / フラウア]
  名 小麦粉
  ＊flowerと同音

- **tour** [túər / トゥア]
  名 旅行

8 -ou- の発音 [ʌ / au / ou / əː]

- **cousin** [kʌ́zn / カズン]
  名 いとこ

- **couple** [kʌ́pl / カプル]
  名 夫婦

- **double** [dʌ́bl / ダブル]
  形 2倍の

- **doubt** [dáut / ダウト]
  名 疑い　動 疑う

- **drought** [dráut / ドラウト]
  名 干ばつ

- **soul** [sóul / ソウル]
  名 魂

- **courage** [kə́ːridʒ / カリッヂ]
  名 勇気

9 -aw- の発音 [ɔː]

- **dawn** [dɔ́ːn / ドーン]
  名 夜明け

- **lawn** [lɔ́ːn / ローン]
  名 芝生

- **awful** [ɔ́ːfl / オーフル]
  形 ひどい，恐ろしい

10 -au- の発音 [ɔː]

- **audience** [ɔ́ːdiəns / オーディアンス]
  名 聴衆

- **fault** [fɔ́ːlt / フォールト]
  名 失敗

- **pause** [pɔ́ːz / ポーズ]
  動 休止する

類似したつづりの単語の発音

- heart [háːrt／ハート]
  名 心, 心臓
- heard [hə́ːrd／ハード]
  動 hearの過去形・過去分詞形

- wood [wúd／ウッド] 名 木材
- wool [wúl／ウル] 名 羊毛
- food [fúːd／フード]
  名 食べ物

- warm [wɔ́ːrm／ウォーム]
  形 暖かい
- worm [wə́ːm／ワーム] 名 虫

- soup [súːp／スープ]
  名 スープ
- soap [sóup／ソウプ]
  名 石けん

- breath [bréθ／ブレス]
  名 呼吸, 息
- breathe [bríːð／ブリーズ]
  動 呼吸する

- comb [kóum／コウム] 名 くし
- tomb [túːm／トゥーム] 名 墓

- globe [glóub／グロウブ]
  名 地球
- glove [gláv／グラヴ]
  名 手袋

- cough [kɔ́(ː)f／コ(ー)フ] 名 せき
- rough [ráf／ラフ] 形 荒い
- bough [báu／バウ] 名 大枝

- bear [béər／ベア] 名 熊
- fear [fíər／フィア]
  名 恐怖

- low [lóu／ロウ]
  形 低い
- law [lɔ́ː／ロー]
  名 法律

- south [sáuθ／サウス]
  名 南
- southern [sʌ́ðərn／サザン]
  形 南の

- advice [ədváis／アドヴァイス]
  名 忠告, 助言
- advise [ədváiz／アドヴァイズ]
  動 忠告する

- worth [wə́ːrθ／ワース]
  形 価値がある
- worthy [wə́ːrði／ワーズィ]
  形 価値がある

- later [léitər／レイタ]
  形 後で
- latter [lǽtər／ラタ]
  名 後者, 後半

GRADE 4

いよいよ正念場。トレーニングフィルターを活用して用法を確認しよう。

GRADE 4 §1

プラスイメージの語④(名詞)

1049 ★
award
[əwɔ́ːrd / アウォード]
賞
win the award
賞を受賞する

1050
merit
[mérit / メリット]
長所
反 demerit 短所, 欠点
merits and demerits
長所と短所

1051 ★
development
[divéləpmənt / ディヴェロップメント]
発達, 進展
動 develop 発達する
economic development
経済発展

1052 ★
passion
[pǽʃən / パション]
情熱
形 passionate 情熱的な
passion for baseball
野球への情熱

1053 ★
desire
[dizáiər / ディザイア]
願望
形 desirable 望ましい
a strong desire
強い願望

1054 ★
reward
[riwɔ́ːrd / リウォード]
報酬, ほうび
a reward for success
成功報酬

マイナスイメージの語④(形容詞)

1055
idle
[áidl / アイドル]
① 仕事をしていない
② 無駄な
③ 怠惰な
lead an idle life
怠惰な生活を送る

1056
selfish
[sélfiʃ / セルフィッシュ]
わがままな, 利己的な
selfish behavior
わがままなふるまい

1057 ★
unpleasant
[ʌnpléznt / アンプレザント]
不快な
反 pleasant 愉快な, 楽しい
an unpleasant experience
不快な経験

1058
cruel
[krúːəl / クルーエル]
① 残酷な
② 悲惨な
名 cruelty 残酷さ
cruel behavior
残虐なふるまい

メモ idle は idol(偶像, アイドル)と同音異義語。混同しないこと。

She won the **award** for best actress.	彼女は主演女優賞をとった。
Everybody has his or her **merits** and demerits.	誰にでも長所と短所がある。
The company has achieved remarkable **development**.	その会社は目覚ましい発展をとげた。
Her eyes were burning with **passion**.	彼女の眼は情熱で燃えていた。
I have a strong **desire** to visit Rome.	私にはローマに行きたいという強い願望がある。
As a **reward** for passing the exam, he was given a suit.	試験に合格したほうびとして、彼はスーツをもらった。
They have been **idle** for three days because a machine broke down.	彼らは機械が壊れたので、3日間仕事をしていない。
It's **selfish** of her to do that.	そんなことをするなんて彼女はわがままだ。
He was very **unpleasant** to my friends.	彼は私の友人にとても不快な思いをさせた。
Don't be **cruel** to animals.	動物に残酷なことをしてはいけません。

GRADE 4 §2

学問・研究に関する語（名詞）

1059 ★★
research
[ríːsəːrtʃ / リサーチ]
研究, 調査
⇒ reséarcher 研究者
scientific research
科学的研究

1060
lecture
[léktʃər / レクチャ]
講義
give a lecture
講義をする

1061 ★
chemistry
[kémistri / ケミストリ]
化学
形 chemical 化学の
physics and chemistry
物理と化学

1062 ★
experiment
[ikspérəmənt / イクスペリメント]
実験
形 experiméntal 実験の
do an experiment
実験する

1063 ★
review
[rivjúː / リヴュー]
① 再検討　② 批評
③ 復習
under review
再検討中

行動する・指示するなど（動詞）

1064 ★
conduct
[kəndʌ́kt / コンダクト] ア
〜を行う
名 [kʌ́ndʌkt / カンダクト] 行為
conduct a survey
調査する

1065
instruct
[instrʌ́kt / インストラクト]
① 〜を指示する　類 order
② 〜に教える　類 teach
名 instruction 指示, 取扱説明書
as instructed
指示されたように

1066 ★
pursue
[pərsúː / パスー]
① 〜を追求する　②（活動など）を続ける　名 pursuit 追跡
pursue pleasure
快楽を追い求める

1067 ★
consult
[kənsʌ́lt / コンサルト]
① 〜に相談する, 意見を聞く
② 〜を参照する
consult a dictionary
辞書を参照する

1068 ★
command
[kəmǽnd / コマンド]
命令する
名 命令, 自由に使える力
command silence
黙れと命ずる

1069 ★
indicate
[índikèit / インディケイト]
〜を示す
名 indicátion 兆候, 指示
indicate a false answer
誤答を指摘する

メモ　re- は「再び」の意味の接頭辞。review は「再び見る」→「復習する」。

I have come to Japan to do some **research** on Japanese literature.	私は日本文学の研究をしに日本に来ました。
He often gives **lectures** on chemistry.	彼はしばしば化学に関する講義をする。
I enjoyed physics and **chemistry** in high school.	高校のとき，私は物理と化学が好きだった。
He did some **experiments** with mice.	彼はマウスを使っていくつか実験をした。
The budget is now **under review**.	予算案は今再検討中です。
She **conducted** the survey last year.	彼女は昨年その調査を行った。
He **instructed** me what to do next.	彼は次にやることを私に指示した。
She **pursued** her career as a writer.	彼女は作家の仕事を続けた。
I **consulted** three different doctors.	私は3人の別の医者に診てもらった。
The captain **commanded** his crew to work harder.	船長は乗組員にもっとしっかり働けと命令した。
The arrow **indicates** the way to the park.	その矢印は公園へ行く道を示している。

GRADE 4 §3

感情に関する語①（名詞）

1070 ★
emotion [imóuʃən / イモウション]
感情
形 emotional 感情的な
strong emotions
強い感情

1071 ★
sorrow [sárou / サロウ]
①悲しみ　②遺憾
類 grief
deep sorrow
深い悲しみ

1072
grief [gríːf / グリーフ]
悲しみ
動 grieve （〜を）嘆き悲しむ
with grief
悲しんで

1073
shame [ʃéim / シェイム]
恥
形 shameful 恥ずべき
with shame
恥じて

1074
impression [impréʃən / インプレション]
印象
動 impréss 〜に印象を与える
a bad impression
悪い印象

1075 ★
pressure [préʃər / プレッシャ]
①圧力　②重圧, プレッシャー
動 press 〜に圧力をかける
put pressure on him
彼に圧力をかける

心の動きを表す語②（動詞）

1076 ★
assume [əsúːm / アスーム]
〜だと推定する
名 assumption 想定, 推定
assume the worst
最悪を想定する

1077
suspect [səspékt / サスペクト]
〜ではないかと思う, 〜を疑う
名 suspícion 疑い
a suspected criminal
犯罪容疑者

1078 ★
determine [ditə́ːrmin / ディターミン]
〜を決定する　同 decide
名 determinátion 決心, 決定
determine a goal
目標を決める

1079
hesitate [hézitèit / ヘズィテイト]
ためらう
名 hesitátion ためらい
hesitate for a moment
一瞬ためらう

1080 ★
boast [bóust / ボウスト]
（〜を）自慢する
boast about one's success
〜の成功を自慢する

メモ　impressionism は美術の「印象主義, 印象派」で, impressionist は「印象派画家」（モネ・

You must learn to control your **emotions**.	君は自分の感情を制御できるようにならないといけない。
Jim's friend expressed **sorrow** at his death.	ジムの友人は彼の死に遺憾の意を表した。
He was in deep **grief** over the death of his son.	彼は息子の死でとても悲嘆に暮れていた。
It's a **shame** he can't be here with us today.	彼が今日私たちと一緒でないのは残念だ。
I got the **impression** that they were very friendly.	彼らはとても友好的だという印象を受けた。
The **pressure** of the water caused the dam to crack.	水圧でダムが決壊した。
The distance is **assumed** to be about 50 miles.	その距離は約50マイルと推定されている。
I **suspect** he is lying.	私は彼がうそをついているのではないかと思っている。
He is **determined** to become Prime Minister.	彼は総理大臣になると決心している。
Please **don't hesitate to** contact me.	ご遠慮なくご連絡ください。
He's **boasting** about how much money he has made.	彼はどれだけお金を稼いだかを自慢している。

GRADE 4 §4

経済・財産に関する語（名詞）

1081 ★
profit [práfət / プラフィット]
利益
形 profitable 利益をもたらす
make a profit
利益を得る

1082
fortune [fɔ́ːrtʃən / フォーチュン]
富, 財産　反 misfortune 不運
形 fortunate 幸運な
make a fortune
財を成す

1083 ★
brand [brǽnd / ブランド]
銘柄, ブランド
brand goods
ブランド品

1084 ★★
discount [dískaunt / ディスカウント]
割引, 値引き
ask for a discount
値切る

1085
wage [wéidʒ / ウェイヂ]
（通例 wages で）賃金
minimum wages
最低賃金

獲得・達成を表す語②（動詞）

1086
possess [pəzés / ポゼス]
～を所有する　類 have
名 possession 所有物
possess a sense of humor
ユーモアのセンスがある

1087 ★
occupy [ákjəpài / アキュパイ]
～を占める
名 occupátion 占有, 職業
occupy a high position
高い地位を占める

1088 ★
owe [óu / オウ]
①～は…のおかげだ
②～に（お金の）借りがある
owe A to B
AはBのおかげだ

1089
overcome [òuvərkʌ́m / オウヴァカム]
～に打ち勝つ
〈overcome-overcame-overcome〉
overcome fear
恐怖を克服する

1090 ★
qualify [kwáləfài / クワリファイ]
資格を得る
名 qualificátion 資格
qualify as a doctor
医者の資格を取る

メモ　wage は主に肉体労働に対する賃金を言う。頭脳労働や専門的な職業についての給料には

They **made a profit** of $10,000 on the deal.	彼らはその取引で1万ドルの利益を得た。
He **made a fortune** by buying and selling houses.	彼は家を売買して財産を作った。
What **brand** of shampoo do you use?	どの銘柄のシャンプーを使っていますか。
You get a 10% **discount** today.	今日は10パーセント割引です。
His **wages** are $500 a week.	彼の賃金は週給500ドルだ。
He **possesses** a large fortune.	彼は莫大な財産を所有している。
The computer **occupies** a lot of space on my desk.	コンピューターは私の机のスペースの多くを占めている。
We **owe** our success **to** you.	私たちの成功はあなたのおかげです。
She **overcame** a lot of difficulties.	彼女は多くの困難に打ち勝った。
She **qualified** as a doctor last year.	彼女は昨年医者の資格を取った。

salaryを使う。

GRADE 4 §5

自然に関する語②（名詞）

1091 ★ harvest [háːrvəst / ハーヴェスト]
収穫
類 crop 作物
a good harvest
豊作

1092 soil [sɔ́il / ソイル]
土
poor soil
痩せた土壌

1093 ★ surface [sə́ːrfəs / サーフェス] 発
表面
反 bottom 底
on the surface
外見は

1094 layer [léiər / レイア]
層
a thick layer of dust
厚いほこりの層

対比語（形容詞）

1095 ★ positive [pázətiv / パズィティブ]
① 積極的な
② 肯定的な
反 negative
a positive attitude
積極的な姿勢

1096 ★ negative [négətiv / ネガティヴ]
① 悪い, 消極的な
② 否定の
receive a negative reply
否定的な返事を受け取る

1097 ★ rural [rúərl / ルアラル]
田舎の
live in a rural area
田舎に住む

1098 ★ urban [ə́ːrbn / アーバン]
都会の
live in an urban area
都会に住む

1099 ★ passive [pǽsiv / パスィヴ]
受動的な
反 active 積極的な
passive smoking
受動喫煙

1100 ★ realistic [rìːəlístik / リーアリスティック]
現実的な
反 unrealistic 非現実的な
a realistic approach
現実的な対応

メモ　negative が「否定の」の意味の場合, 反意語は affirmative（肯定的な）。

We had a **good** rice **harvest** this year.	今年は米が豊作だった。
This **soil** is good for potatoes.	この土はジャガイモに適している。
The **surface** of the earth is 70% water.	地球の表面は70%が水である。
There was a thick **layer** of dust on the desk.	机の上に厚いほこりの層ができていた。
I admire his **positive** attitude.	彼の積極的な姿勢はすばらしいと思う。
These movies have a **negative** effect on children.	これらの映画は子供たちに悪影響を与える。
I want to live in a **rural** area.	私は田舎に住みたい。
More people now live in **urban** areas.	より多くの人が今都会に住んでいる。
He took a **passive** role.	彼は受け身の役割を演じた。
You should be **realistic** about the problem.	その問題に対して現実的であるべきだ。

GRADE 4 §6

自然・環境に関する語②（名詞）

1101 ★★
desert
[dézərt / デザト]

砂漠
動 [dizə́ːrt / ディザート]
（人）を見捨てる

the Sahara Desert
サハラ砂漠

1102 ★★
rainforest
[réinfɔ(ː)rəst / レインフォ(ー)レスト]

（熱帯）雨林

the Amazon rainforest
アマゾンの熱帯雨林

1103 ★
humidity
[hjumídəti / ヒューミディティ]

湿度
形 húmid 湿気のある

high humidity
高い湿度

1104 ★★
moisture
[mɔ́istʃər / モイスチャ]

湿気, 水分

absorb moisture
湿気を吸収する

1105 ★
landscape
[lǽndskèip / ランドスケイプ]

風景

the landscape of the island
島の風景

1106 ★
universe
[júːnivə̀ːrs / ユーニヴァース]

宇宙, 全世界
形 univérsal 全世界の, 普遍的な

the entire universe
宇宙全体

社会生活に関する語②（形容詞）

1107
commercial
[kəmə́ːrʃəl / コマーシャル]

商業（上）の
名 (テレビなどの) コマーシャル

a commercial vehicle
商用車

1108 ★
legal
[líːgl / リーガル]

法律の, 合法の
名 law 法律

take legal action
訴訟を起こす

1109 ★
illegal
[ilíːgl / イリーガル]

違法の

an illegal drug
違法薬物

1110 ★
political
[pəlítikl / ポリティカル]

政治の　⇒ 形 polític 思慮深い, 分別のある

a political party
政党

1111 ★
independent
[ìndipéndənt / インディペンデント]

独立した
反 dependent 依存した

an independent nation
独立国家

メモ rainforest は rain forest と2語で書くこともある。正式名称は tropical rainforest。

He drove across the Sahara **Desert**.	彼はサハラ砂漠を車で横断した。
We should preserve the Amazon **rainforest**.	私たちはアマゾンの熱帯雨林を保護すべきだ。
I can't stand high **humidity**.	私は湿度が高いのは我慢できない。
Paper towels were used to absorb **moisture**.	ペーパータオルが水分を吸収するのに使用された。
I like the beautiful **landscape** of the island.	私はその島の美しい風景が好きだ。
The sun and moon are part of the **universe**.	太陽と月は宇宙の一部です。
The musical was not a **commercial** success.	そのミュージカルは商業上は失敗だった。
They will **take legal action** against the company.	彼らはその会社に対して訴訟を起こすだろう。
It is **illegal** to buy alcohol if you are under 20.	もしあなたが20歳未満なら，お酒を買うのは違法です。
They formed a new **political party**.	彼らは新しい政党を結成した。
He became **independent** of his parents at the age of 18.	彼は18歳で親から自立した。

GRADE 4 §7　2-29

自然現象を表す語（名詞）

1112
ray
[réi / レイ]
光線
sun's rays
太陽光線

1113 ★
shade
[ʃéid / シェイド]
日陰
sit in the shade
日陰に座る

1114
thunder
[θʌ́ndər / サンダア]
雷
thunder and lightning
雷と稲妻

1115
frost
[frɔ́(ː)st / フロ(ー)スト]
霜
the first frost
初霜

変化・変更に関する語（動詞）

1116 ★★
expand
[ikspǽnd / イクスパンド]
ふくらむ, 拡大する
名 expansion 拡大
expand a business
事業を拡大する

1117 ★
decline
[dikláin / ディクライン]
減少する, 低下する
decline an offer
申し出を断る

1118 ★★
reduce
[rid(j)úːs / リデュース]
〜を減らす
名 reduction 削減, 縮小
reduce speed
減速する

1119 ★
remove
[rimúːv / リムーヴ]
〜を取り除く
名 removal 除去, 移動
remove a landmine
地雷を除去する

1120 ★
absorb
[əbsɔ́ːrb / アブソーブ]
〜を吸収する
absorb water
水を吸収する

1121 ★
decay
[dikéi / ディケイ]
腐敗する
start to decay
腐り始める

1122 ★
replace
[ripléis / リプレイス]
①〜に取って代わる
②〜と取りかえる
replace the car
車をかえる

メモ　re- は「再び」「元へ」の意味の接頭辞。remove は「再び動かす」→「取り除く」, replace は

☑ The sun's **rays** can damage your skin.	太陽光線は肌にダメージを与えることがある。
☑ There is very little **shade** on this beach.	このビーチには日陰がほとんどない。
☑ We are going to have **thunder**.	雷が鳴りそうだ。
☑ We will have **frost** tomorrow morning.	明朝は霜が降りるだろう。
☑ The population **expanded** rapidly in the 1960s.	人口は1960年代に急に増加した。
☑ The number of students has **declined** rapidly.	生徒数は激的に減少した。
☑ She **reduced** her weight from 60 kilograms to 55 kilograms.	彼女は体重を60キロから55キロに減らした。
☑ Can you **remove** your books from this desk, please?	この机からあなたの本をどけてくれませんか。
☑ I used paper to **absorb** water.	私は水を吸うのに紙を使った。
☑ Sugar **decays** your teeth.	砂糖で歯が腐敗する[虫歯になる]。
☑ Who will **replace** him as captain of our team?	誰が彼に代わって私たちのチームのキャプテンになるのですか。

「元のように置く」→「取って代わる」。

GRADE 4 §8

社会生活に関する語③(名詞)

1123 ★★
community
[kəmjúːnəti / コミューニティ]
① 地域社会　② 地域住民
③ 一般社会, 世間
the local community
地域社会

1124 ★★
organization
[ɔ̀ːrɡənəzéiʃən / オーガニゼイション]
組織, 団体
動 órganize 〜を組織する
a non-profit organization
非営利組織

1125 ★★
relationship
[riléiʃənʃip / リレイションシップ]
関係
⇒ relation 関係
a close relationship
親しい間柄

1126 ★
priority
[praiɔ́(ː)rəti / プライオラティ]
優先事項
the top priority
最優先事項

1127 ★
privacy
[práivəsi / プライヴァスィ]
プライバシー
形 private 個人の, プライベートの
protect privacy
プライバシーを守る

明確さを表す語(形容詞)

1128 ★
apparent
[əpǽrənt / アパレント]
明らかな
副 apparently 外見的には
an apparent reason
明確な理由

1129 ★
obvious
[ábviəs / アブヴィアス]
明らかな
副 obviously 明らかに
an obvious mistake
明らかなミス

1130 ★
complex
[kɑmpléks / コンプレックス]
複雑な
名 complexity 複雑さ
highly complex
非常に複雑な

1131 ★
plain
[pléin / プレイン]
① 明白な, わかりやすい
② 質素な
副 plainly 明白に
in plain English
わかりやすい英語で

1132 ★
extinct
[ikstíŋkt / イクスティンクト]
絶滅した
名 extinction 絶滅
become extinct
絶滅する

メモ　plain は名詞で「平原」の意味を表す。plane は発音が同じで「飛行機」「平らな」などの意

☑ This city has many different ethnic **communities**.	この都市にはさまざまな民族<u>社会</u>がある。
☑ The association is a non-profit **organization**.	その組織は非営利<u>組織</u>だ。
☑ I have a good **relationship** with my neighbors.	私は隣人とよい<u>関係</u>である。
☑ What is your top **priority** in life?	あなたの人生において最<u>優先事項</u>は何ですか。
☑ You must protect the **privacy** of the customers.	顧客の<u>プライバシー</u>を保護しなければならない。
☑ It was **apparent** that she was sick.	彼女が病気であるのは<u>明らか</u>だった。
☑ It is **obvious** to everybody that he is right.	彼が正しいことは誰の目にも<u>明らか</u>です。
☑ It is one of the most **complex** issues.	それは最も<u>複雑な</u>問題の1つだ。
☑ This book is written in **plain** English.	この本は<u>わかりやすい</u>英語で書かれている。
☑ Lions could become **extinct** in the wild.	ライオンは野生で<u>絶滅の</u>可能性がある。

味を表す。

GRADE 4 §9

余暇に関する語（名詞）

1133 ★
resort
[rizɔ́ːrt / リゾート]
① 行楽地
② 頼り, 手段
a resort area
リゾート地

1134 ★
facility
[fəsíləti / ファスィリティ]
施設, 設備
medical facilities
医療設備

1135 ★
security
[sikjúərəti / スィキュアリティ]
安全, セキュリティー
[形] secure 安全な, 危険のない
national security
国家の安全

1136
rival
[ráivəl / ライヴァル]
競争相手, ライバル
without (a) rival
無敵の

1137
shelf
[ʃélf / シェルフ]
棚
[複] shelves
on the shelf
棚上げされて

設置・建設に関する語（動詞）

1138 ★
install
[instɔ́ːl / インストール]
～を取りつける, インストールする
install a camera
カメラを設置する

1139
construct
[kənstrʌ́kt / コンストラクト]
～を建設する
[名] construction 建設, 構成
construct a building
ビルを建設する

1140
establish
[istǽbliʃ / イスタブリッシュ]
①（会社, 組織など）を設立する
②（名声など）を確立する
[名] establishment 設立, 施設
establish a school
学校を設立する

1141
settle
[sétl / セトル]
① 定住する
②（問題などを）解決する
[名] settlement 入植地, 解決
settle in London
ロンドンに定住する

メモ　rivalは「同じ川 (river) を利用する人」→「川をめぐる争いの相手」が語源となっている。

☑ That is one of the best **resort** hotels.	あれは最高の<u>リゾート</u>ホテルの1つだ。
☑ The school has very good sports **facilities**.	その学校にはすばらしいスポーツの<u>設備</u>がある。
☑ The man was caught on a **security** camera.	その男は<u>セキュリティー</u>カメラに映った。
☑ Who is his **rival** in the election?	選挙では誰が彼の<u>ライバル</u>ですか。
☑ Please put this dictionary back on the top **shelf**.	この辞典をいちばん上の<u>棚</u>に戻してください。
☑ I have **installed** new software.	私は新しいソフトウェアを<u>インストールした</u>。
☑ They are planning to **construct** a new runway at the airport.	彼らはその空港に新しい滑走路を<u>建設する</u>ことを計画している。
☑ This company was **established** only three years ago.	この会社は3年前に<u>設立</u>されたばかりだ。
☑ He finally **settled** in London.	彼は最後にはロンドンに<u>定住した</u>。

GRADE 4 §10

枠組を表す語（名詞）

1142 ★
extent
[ikstént / イクステント]

程度, 範囲
動 extend 〜を拡大する

to some extent
ある程度

1143 ★
range
[réindʒ / レインヂ]

①範囲
②列, 並び

price range
価格帯

1144 ★★
section
[sékʃən / セクション]

①部分
②課
形 sectional 部分の, 組み立て式の

a smoking section
喫煙コーナー

1145
mass
[mǽs / マス]

①かたまり　②多量, 多数

a mass of 〜
大量の〜

1146 ★
restriction
[ristríkʃən / リストリクション]

規制
動 restrict 〜を規制する

ease restrictions
規制を緩和する

程度・レベルを表す語（形容詞）

1147 ★
supreme
[suprí:m / スプリーム]

最高の

the supreme leader
最高指導者

1148 ★
primary
[práimèri / プライメリ]

第一の, 主要な
⇒ sécondary 第二の

primary school《英》
小学校

1149 ★
significant
[signífikənt / スィグニフィカント]

①重要な
②意義のある
名 significance 重要性

a significant change
大きな変化

1150 ★
precise
[prisáis / プリサイス]

正確な
副 precisely 正確に, ちょうど

precise information
正確な情報

メモ　range は料理用の「ガスレンジ」なども指すが,「電子レンジ」は microwave oven と言う

☑ **To some extent**, you are right.	ある程度，君は正しい。
☑ He has a wide **range** of interests.	彼は広い範囲の趣味を持っている。
☑ She is the chief of this **section**.	彼女はこの課の課長だ。
☑ They have collected **a mass of** data for the research.	彼らは研究のために大量のデータを集めた。
☑ There are **restrictions** on travel to the country.	その国への旅行には規制がある。
☑ The **Supreme** Court said that it was illegal.	最高裁はそれが違法だと言った。
☑ Smoking is one of the **primary** causes of lung cancer.	喫煙は肺がんの主要な原因の1つである。
☑ At the Olympics, participation is more **significant** than winning.	オリンピックでは，勝つことより参加することに意義がある。
☑ It was difficult to get **precise** information.	正確な情報を手に入れるのは困難だった。

ことが多い。

GRADE 4 §11

宗教・信仰に関する語（名詞）

1151 ★
faith
[féiθ／フェイス]
① 信頼　② 信仰
形 faithful 誠実な
have faith
信頼する

1152
mercy
[mə́ːrsi／マースィ]
慈悲，情け
形 merciful 慈悲深い
beg for mercy
慈悲を請う

1153
sin
[sín／スィン]
①（道徳・宗教上の）罪
② よくないこと　類 crime 犯罪
original sin
原罪

1154
virtue
[və́ːrtʃuː／ヴァーチュー]
① 善，美徳
② 長所
by virtue of ~
〜の理由で，おかげで

1155
grave
[gréiv／グレイヴ]
墓　類 tomb
形 重大な，深刻な
visit a grave
墓参りをする

1156
mystery
[místəri／ミスタリ]
① 謎　② 不思議　③ 推理小説
形 mystérious ア 神秘的な
an unsolved mystery
未解決の謎

神聖さ・邪悪さを表す語（形容詞）

1157 ★
sacred
[séikrid／セイクレッド]
神聖な
同 holy
a sacred place
神聖な場所

1158
holy
[hóuli／ホウリ]
神聖な
Holy Land
聖地

1159
evil
[íːvl／イーヴル]
悪い，邪悪な
類 bad
an evil man
悪人

1160
moral
[mɔ́(ː)rəl／モ(ー)ラル]
道徳(上)の，倫理上の
反 immoral 不道徳な
a moral issue
倫理上の問題

メモ　grave は一般的な墓。tomb はより大きく，装飾の施された墓。

☑ I **have** great **faith** in her.	私は彼女に絶大な信頼を寄せている。
☑ He got on his knees and **begged** **for** **mercy**.	彼はひざまずいて、慈悲を請うた。
☑ It's a **sin** to tell a lie.	うそをつくのはよくないことだ。
☑ Patience is not one of my **virtues**.	辛抱することは私の美点の1つではない。
☑ They visited their parents' **graves**.	彼らは両親の墓参りをした。
☑ It's a **mystery** to me why she isn't here.	なぜ彼女がここにいないのか私には謎だ。
☑ A church is a **sacred** place.	教会は神聖な場所です。
☑ This building is **holy** for Muslims.	この建物はイスラム教徒にとって神聖です。
☑ He felt he was in the grip of some **evil** power.	彼は何か邪悪な力に支配されていると感じた。
☑ She talked about a **moral** issue.	彼女は倫理上の問題について話した。

GRADE 4 §12

職業・地位を表す語(名詞)

1161 ★
professor [prəfésər / プロフェサ]
教授
a professor of law
法律学の教授

1162
editor [édətər / エディタ]
編集者　動 edit (書物・映画などを)編集する
a magazine editor
雑誌編集者

1163
minister [mínəstər / ミニスタ]
① 大臣
② 牧師, 聖職者
the prime minister
総理大臣

1164
crew [krúː / クルー]
① (乗客に対して) 乗組員
② (ともに働く人の) 一団
a crew on a ship
船の乗組員

1165 ★
expert [ékspəːrt / エクスパート]
専門家
形 熟練した
an expert in history
歴史の専門家

1166
pioneer [pàiəníər / パイオニア] ア
先駆者
the pioneer spirit
開拓者精神

1167 ★
client [kláiənt / クライアント]
依頼人
client information
顧客情報

1168 ★
status [stéitəs / ステイタス]
① 地位　② 状態
the status quo
現状(維持)

発信・伝達に関する語(動詞)

1169 ★★
communicate [kəmjúːnəkèit / コミューニケイト]
(情報・意見など)を伝える
名 communicátion 伝達
communicate with ～
～と通信する, 伝え合う

1170 ★★
describe [diskráib / ディスクライブ]
～を述べる
名 description 記述
hard to describe
言葉で説明しにくい

1171
refer [rifə́ːr / リファー] ア
① (refer to ～で) ～のことを言う　② ～を参照する
名 réference 言及, 参照
refer to the matter
その件に触れる

メモ 「～の説明をする」は一般的にはexplainを用いるが, 特徴を述べたり, 状況を説明する

He works as a **professor** of economics at the university.	彼はその大学で経済学の<u>教授</u>として働く。
My son is now working very hard as an **editor**.	私の息子は今，<u>編集者</u>として一生懸命働いている。
He was once the **prime minister** of Britain.	彼はかつて英国の<u>首相</u>だった。
All the **crew** were saved.	<u>乗組員</u>は全員救出された。
They are **experts** in teaching English.	彼らは英語教育の<u>専門家</u>だ。
They were the **pioneers** of space flight.	彼らは宇宙飛行の<u>先駆者</u>だった。
I had a meeting with an important **client**.	私は大切な<u>依頼人</u>との打ち合わせがあった。
They have a high social **status**.	彼らは社会的<u>地位</u>が高い。
Dolphins use sound to **communicate with** each other.	イルカは音を使ってお互いに情報を<u>伝え合っている</u>。
I can't **describe** how beautiful it is.	それがどんなに美しいかは言葉では<u>言い表せない</u>。
In his speech he **referred to** his experiences in Europe.	彼のスピーチでは，ヨーロッパでの体験に<u>言及した</u>。

場合などはdescribeを用いる。

GRADE 4 §13

食物に関する語（名詞）

1172 ★
flour
[fláuər / フラウア]
小麦粉
soft flour
薄力粉

1173 ★
grain
[gréin / グレイン]
①穀物
②少量
＊a grain of ~で「少量の~」。
import grain
穀物を輸入する

1174 ★
grocery
[gróusəri / グロウサリ]
食料雑貨類
⇒ grocer 食料雑貨店（主）
a grocery store
食料雑貨店

1175 ★★
recipe
[résəpi / レスィピ]
調理法, レシピ
a recipe book
料理の本

1176 ★
refrigerator
[rifrídʒərèitər / リフリヂェレイタ]
冷蔵庫
⇒ fridge
open the refrigerator
冷蔵庫を開ける

日常生活に関する語②（形容詞）

1177
neat
[níːt / ニート]
①きちんとした
②適切な
neat and clean
こぎれいな

1178
tasty
[téisti / テイスティ]
おいしい
名 taste 味, 味覚
tasty food
おいしい食べ物

1179 ★★
medical
[médikl / メディカル]
医療の
名 medicine 医学, 医療
a medical student
医学生

1180
nuclear
[n(j)úːkliər / ニュークリア]
核（兵器）の
a nuclear power plant
原子力発電所

1181
solar
[sóulər / ソウラ]
太陽の, 太陽熱を利用した
⇒ lunar 月の
solar energy
太陽エネルギー

メモ　flour（小麦粉）は flower（花）と発音が同じ。

☑ **Flour** is used for making bread, cakes, etc.	小麦粉はパンやケーキなどを作るのに使われる。
☑ We import **grain** from Canada.	私たちはカナダから穀物を輸入している。
☑ I went to the **grocery** store yesterday.	昨日その食料雑貨店に行った。
☑ Could you give me the **recipe** for the soup?	そのスープの作り方を教えていただけませんか。
☑ Put the bread in the **refrigerator**.	パンを冷蔵庫に入れておいてください。
☑ My mother keeps her kitchen **neat** and clean.	私の母は台所をきちんとしていて清潔です。
☑ Indian food is very **tasty**.	インド料理はとてもおいしい。
☑ He became a **medical student**.	彼は医学生になった。
☑ No more **nuclear** tests!	核実験はもうごめんだ！
☑ **Solar** energy is unlimited.	太陽エネルギーは無限です。

GRADE 4 §14

身体に関する語①(名詞)

1182 ★
skin
[skín / スキン]
① 皮膚, 肌
② 皮
dry skin
乾燥肌

1183
throat
[θróut / スロウト]
のど
clear one's throat
せき払いをする

1184 ★
fatigue
[fətíːg / ファティーグ] 発
疲労
mental fatigue
精神的な疲れ

1185
nerve
[nə́ːrv / ナーヴ]
神経
形 nervous 神経質な, いらいらした
have the nerve to ~
~する勇気がある

日常の行為を表す語④(動詞)

1186 ★
calculate
[kǽlkjəlèit / キャルクレイト]
(~を) 計算する
calculate a sum
合計を計算する

1187 ★
excuse
[ikskjúːz / イクスキューズ]
~を許す 名 [ikskjúːs / イクスキュース] 言い訳, 口実 発
Excuse me, but ~
すみませんが~

1188 ★
amuse
[əmjúːz / アミューズ]
~をおもしろがらせる
名 amusement 楽しみ, 娯楽
amuse the children
子供たちをおもしろがらせる

1189 ★★
maintain
[meintéin / メインテイン]
~を保つ
名 máintenance 維持, 管理
maintain a balance
バランスを保つ

1190 ★
preserve
[prizə́ːrv / プリザーヴ]
~を保存する
名 preservátion 保存
preserve a building
建物を保存する

1191 ★
omit
[oumít / オミット]
~を除外する, 省く
名 omission 脱落, 省略
omit details
詳細を省く

1192 ★
rescue
[réskjuː / レスキュー]
~を救う
rescue a child
子供を助ける

メモ 生の皮はskinだが, 手袋やバッグなどに使う「なめし革」はleatherと言う。

☑ She has fair **skin**.	彼女は<u>肌</u>（の色）が白い。
☑ I caught a cold and had a sore **throat**.	風邪をひいて，<u>のど</u>が痛かった。
☑ **Fatigue** forced her to go to bed early.	<u>疲れて</u>いたので，彼女は早く寝た。
☑ Breathing deeply should help to calm your **nerves**.	深呼吸は<u>神経</u>を静めるのに役立つだろう。
☑ Please **calculate** how much money you have to pay.	いくら払わなければいけないのか<u>計算</u>してください。
☑ Could you **excuse** me for a moment?	ちょっと<u>失礼</u>します。
☑ He **amused** the children by making funny faces.	彼はおもしろい顔をして子供たちを<u>楽しませた</u>。
☑ I tried to **maintain** a good relationship with them.	私は彼らとよい関係を<u>保</u>とうとした。
☑ We must **preserve** these old buildings.	我々はこれらの古い建物を<u>保存</u>しなければならない。
☑ They **omitted** a few important points.	彼らはいくつか重要な点を<u>省いた</u>。
☑ He **rescued** a child from the fire.	彼はその火事で子供を<u>救った</u>。

GRADE 4 §15

生物に関する語(名詞)

1193 ★★
species
[spíːʃi(ː)z / スピーシーズ]
(生物分類上の)種, 種類
複 species
extinct species
絶滅種

1194 ★
tribe
[tráib / トライブ]
部族
native tribes
先住民

1195 ★
insect
[ínsekt / インセクト]
① 昆虫 同 bug《米》
② (機械などの)故障
an insect bite
虫さされ

1196 ★
squirrel
[skwə́ːrəl / スクワーレル]
リス
keep a squirrel
リスを飼う

1197
bough
[báu / バウ] 発
大枝
boughs of trees
木の大枝

位置・移動を表す語(動詞)

1198
spare
[spéər / スペア]
① (時間など)を割く
② ～を分け与える
形 予備の
spare a minute
少しの時間を割く

1199
vanish
[vǽniʃ / ヴァニッシュ]
(突然)消える
類 disappear 姿を消す
vanish into the crowd
人混みの中に消える

1200 ★
postpone
[poustpóun / ポウス(ト)ポウン]
～を延期する
postpone the meeting
会議を延期する

1201 ★
promote
[prəmóut / プロモウト]
① ～を促進する
② ～を昇進させる
名 promotion 促進, 販売促進活動
promote growth
成長を促進する

メモ 木の「幹」は trunk, 「(花や実のついた)大枝」は bough, 「小枝」は twig と言う。

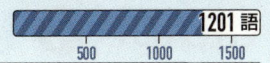

Scientists have discovered a new **species** of fish.	科学者は魚の新種を発見した。
I read a book on the **native tribes** of Australia.	私はオーストラリアの先住民に関する本を読んだ。
Ants, bees, beetles, butterflies, and mosquitoes are all **insects**.	アリ，ハチ，カブト虫，チョウ，蚊はすべて昆虫です。
A **squirrel** is a small gray or red-brown animal with a long tail.	リスは長いしっぽのある灰色か赤褐色の小さい動物だ。
The moon was hidden by the **boughs** of the tree.	月はその木の大枝に隠れていた。
Can you **spare** a minute?	少し時間を割いてくれませんか。
She **vanished** into the crowd.	彼女は人混みの中に消えた。
They **postponed** the meeting to Tuesday.	彼らは会議を火曜日に延期した。
The prime minister wants to **promote** good relations between the two countries.	首相は2国間の良好な関係を促進したいと思っている。

GRADE 4 §16

精神・頭脳に関する語（名詞）

1202 ★
genius
[dʒíːnjəs / ヂーニャス]
天賦の才, 天才
genius for music
音楽の才能

1203 ★
identity
[aidéntəti / アイデンティティ]
身元, 独自性　動 identify（身元など）を確認する　⇒ identification 身元証明, 身分証明書
double identity
二重人格

1204 ★
judgment
[dʒʌ́dʒmənt / ヂャッヂメント]
判断
動 judge 〜を判断する
make a judgment
判断を下す

1205 ★
perception
[pərsépʃən / パーセプション]
理解, 認識
動 perceive 〜を認識する
perception of history
歴史認識

1206 ★★
agreement
[əgríːmənt / アグリーメント]
協定, 同意
動 agree 同意する
reach an agreement
合意に達する

1207 ★
reaction
[ri(ː)ǽkʃən / リアクション]
反応
動 react 〜に反応する
a positive reaction
肯定的な反応

1208 ★
favor
[féivər / フェイヴァ]
親切な行為
do me a favor
私に親切な行いをする

1209 ★
personality
[pə̀ːrsənǽləti / パーソナリティ]
人柄, 個性
形 personal 個人的な
cheerful personality
陽気な性格

意識・感情を表す語③（形容詞）

1210 ★
conscious
[kánʃəs / カンシャス]
〜を意識している
反 unconscious 意識を失った
名 consciousness 意識
become conscious
意識を回復する

1211 ★★
content
[kəntént / コンテント]
満足して
反 discontent 不満な
feel content
満足する

1212
scared
[skéərd / スケアド]
怖い, おびえた
動 scare 〜を怖がらせる
be scared of [at] 〜
〜を怖がる

274　メモ　reaction は行動（action）に応えて（re-）「反応すること」。

She has a **genius** for music.	彼女は生まれつき音楽の才能がある。
I haven't got an **identity card**.	私は身分証明書を受け取っていない。
The judge **made a judgment** at last.	裁判官はついに判断を下した。
She had to change her **perception** of the world.	彼女は世界観を変えざるを得なかった。
They **reached an agreement** on the issue.	その問題に関して合意に達した。
Can you tell me your first **reaction** to his call?	彼の電話への最初の反応を教えてもらえますか。
Could you **do me a favor**?	お願いがあるのですが。
Is there any link between blood type and **personality**?	血液型と性格には何か関係がありますか。
He was **conscious** of a strange smell.	彼は変な臭いに気づいていた。
She seemed quite **content** with the idea.	彼女はその考えにとても満足しているようだった。
I'm **scared of** heights.	私は高いところが怖い。

GRADE ④ §17 2-39

戦闘・紛争に関する語（名詞）

1213 ★★
issue
[íʃuː / イシュー]
① 問題（点）　② 発行（物），発刊
動 ～を発行する
an environmental issue
環境問題

1214
incident
[ínsidənt / インスィデント]
出来事, 事件
類 event
a shooting incident
発砲事件

1215 ★
sword
[sɔ́ːrd / ソード] 発
剣, 武力
a double-edged sword
もろ刃の剣

1216
victim
[víktim / ヴィクティム]
① 犠牲者　② いけにえ
a victim of war
戦争の犠牲者

人間関係に関する語（動詞）

1217 ★
appreciate
[əpríːʃièit / アプリーシエイト]
① ～を正しく認識する
② ～に感謝する
名 appreciátion 認識, 感謝
appreciate the value
価値を理解する

1218 ★
accuse
[əkjúːz / アキューズ]
～を訴える
名 accusátion 告訴, 告発
accuse A of B
AをBのことで訴える

1219 ★
quarrel
[kwɔ́(ː)rəl / クウォ(ー)レル]
口論する, 口げんかする
名 口げんか
quarrel with ～
～と口論する

1220
punish
[pʌ́niʃ / パニッシュ]
～を罰する
名 punishment 罰すること
punish A for B
AをBで罰する

1221 ★
defeat
[difíːt / ディフィート]
～を負かす
名 敗北
defeat the enemy
敵を打ち負かす

1222
amaze
[əméiz / アメイズ]
～をびっくりさせる, 驚かす
類 surprise　形 amazing 驚くべき
be amazed at ～
～に驚く

1223
frighten
[fráitn / フライトン]
～を怖がらせる　名 fright 恐怖
形 frightened 怖がった,
frightening 恐ろしい
frighten ～ to death
～を死ぬほど怖がらせる

メモ　event は重要な出来事に，incident は比較的軽い出来事に用いられることが多い。

I think everyone should be interested in **environmental issues**.	すべての人が環境問題に興味を持つべきだと思う。
There was a shooting **incident** near here.	この近くで発砲事件があった。
The pen is mightier than the **sword**.	文は武よりも強し〔ことわざ〕。
Many **victims** of the war fled to other countries.	戦争の多くの犠牲者が他国へ逃げた。
I really **appreciate** your support.	あなたのご援助に深く感謝します。
He was **accused of** murder.	彼は殺人の罪で訴えられた。
I often **quarrel with** my brother.	私はよく兄［弟］と口げんかする。
She **punished** the boy **for** telling lies.	彼女はその少年をうそをついたので罰した。
His team **was defeated** by 3 goals to 1.	彼のチームは3対1で負けた。
I **was amazed at** his rapid progress in English.	彼の英語が急速に上達したのには驚いた。
The sound of a gun **frightened** me.	私は銃声におびえた。

GRADE 4 §18

日常生活に関する語③（名詞）

1224 ★
invitation
[ìnvitéiʃən / インヴィテイション]
招待
[動] invite ～を招待する
decline an invitation
招待を断る

1225 ★
journal
[dʒə́ːrnl / ヂャーヌル]
専門誌, 日誌
[類] diary 日記
keep a journal
日誌をつける

1226 ★★
package
[pǽkidʒ / パッキヂ]
パッケージ, 包装
package design
包装デザイン

1227
trash
[trǽʃ / トラッシュ]
ごみ, がらくた
[類] garbage 生ごみ
collect the trash
ごみを集める

1228 ★
reality
[ri(ː)ǽləti / リアリティ]
現実（のもの）
[形] real 現実の
escape from reality
現実から逃避する

日常の動作を表す語④（動詞）

1229 ★
seek
[síːk / スィーク]
～を探し求める
〈seek-sought-sought〉
seek a challenge
挑戦を求める

1230 ★
slide
[sláid / スライド]
①すべる ②～をすべらせる
〈slide-slid-slid〉
slide down a slope
坂をすべり下りる

1231 ★
wander
[wándər / ワンダ]
①歩き回る
②道に迷う
wander around
さまよい歩く

1232
swallow
[swálou / スワロウ]
～を飲み込む
[名] ツバメ
swallow a pill
錠剤を飲み込む

1233
rub
[rʌ́b / ラブ]
～をこする
rub your eyes
目をこする

1234
retire
[ritáiər / リタイア]
退職する, 引退する
[名] retirement 退職, 引退
retire early
早期退職する

メモ　journalは多少公的な記録（航海日誌, 議事録など）を表すが, diaryは個人的な日記を言

He accepted an **invitation** to the party.	彼はパーティーの招待を受け入れた。
She has kept a **journal** for over five years.	彼女は日誌を5年以上つけている。
The instructions are on the **package**.	説明書きはパッケージにあります。
Put the paper in the **trash** can [bin].	その紙をごみ箱に捨てなさい。
He wanted to escape from **reality**.	彼は現実から逃避したかった。
He decided to **seek** work as a waiter.	彼はウェイターの仕事を探そうと決めた。
I fell over and **slid** down the icy slope.	私は転んで凍った坂道をすべり下りた。
We **wandered** through the woods.	私たちは森の中をさまよい歩いた。
He **swallowed** the pills with water.	彼は水で錠剤を飲み込んだ。
Don't **rub** your eyes with your hand.	手で目をこすってはいけません。
My father **retired** at the age of sixty.	私の父は60歳で退職した。

GRADE 4 §19

表現に関する語①(名詞)

1235 ★★
definition
[dèfəníʃən / デフィニション]
定義
[動] define ～を定義する
[形] définite 明確な
a definition of a word
語の定義

1236 ★
detail
[ditéil / ディテイル]
細部
in detail
詳細に

1237 ★★
addition
[ədíʃən / アディション]
追加
[動] ádd ～を加える
in addition
さらに、その上

1238 ★
contrast
[kántræst / カントラスト]
対照、違い
in contrast
対照的に

1239
dot
[dát / ダット]
1点
on the dot
時間きっかりに

1240 ★
option
[ápʃən / アプション]
選択(権)
[形] optional 選択の
have no option
選択権がない

1241
proverb
[právəːrb / プラヴァーブ]
ことわざ
[同] saying
a well-known proverb
よく知られたことわざ

結合・分離を表す語(動詞)

1242 ★
combine
[kəmbáin / コンバイン]
①～を結合させる
②～と…を同時に行う
[名] combinátion 結合
combine blue and red
青と赤を混ぜ合わせる

1243 ★★
divide
[diváid / ディヴァイド]
①～を分ける ②～を割る
[名] division 分割、割り算
divide a cake into six
ケーキを6つに分ける

1244
depart
[dipáːrt / ディパート]
出発する、離れる
[名] departure 出発
depart from the city
その市を出発する

1245 ★
unite
[juːnáit / ユーナイト]
～を…と結合する、結合する
[形] united 団結した [名] únion 連合
unite as one people
1つの国民として融和する

メモ uni- は「単一の、1つの」の意味の接頭辞で、unite は「1つに結合する」の意味。

There is no clear **definition** of the word.	その語に対する明確な定義はない。
Tom told me every **detail** of the meeting.	トムは会議の細部に至るまで私に話してくれた。
The garage is a late **addition**.	車庫は後で追加して建てた部分だ。
There is a clear **contrast** between the two things.	その2つのことには明確な違いがある。
The **dots** on this map stand for towns.	この地図では点は町を表す。
There is no **option**, is there?	他に選択肢はないのですね。
There's a **proverb** which says that time is money.	時は金なりということわざがある。
It is hard to **combine** working fulltime with being a mother.	フルタイムの仕事と母親業を同時に行うのは難しい。
The money was **divided** among the three.	その金は3人で分けられた。
The train **departs** at 9 a.m.	その列車は午前9時に出発する。
England, Wales, and Scotland **united** to make one nation.	イングランドとウェールズとスコットランドは1つの国を作るために統合した。

GRADE 4 §20

物質・資源を表す語（名詞）

1246 ★
mineral [mínərəl／ミネラル]
鉱物, ミネラル
rich in minerals
ミネラル豊富な

1247 ★
resource [ríːsɔːrs, rìːsɔ́ːrs／リソース, リソース]
資源
natural resources
天然資源

1248 ★
element [éləmənt／エレメント]
要素
a key element
主要素

1249 ★
stuff [stʌ́f／スタッフ]
① 物質
② （新聞などの）記事
sweet stuff
甘いもの

判断・評価を表す語⑤（形容詞）

1250 ★★
reasonable [ríːznəbl／リーズナブル]
① 筋が通った
② （値段などが）あまり高くない
a reasonable request
妥当な要求

1251 ★
splendid [spléndid／スプレンデッド]
すばらしい
a splendid job
すばらしい仕事

1252 ★
absurd [əbsɔ́ːrd／アブサード]
ばかげた
類 ridiculous
quite absurd
全くばかげた

1253 ★
responsible [rispánsəbl／リスパンスィブル]
責任がある
名 responsibility 責任
be responsible for ～
～に責任がある

1254 ★
specific [spəsífik／スペスィフィック] ⓐ
特定の
動 specify ～を具体的に述べる
名 specification 仕様書, 設計明細書
specific instructions
詳細な指示

1255 ★★
extra [ékstrə／エクストラ]
余分の
a lot of extra work
多くの時間外労働

282　**メモ**　鉱物は mineral, 動物は animal, 植物は plant。

Iron, tin, and gold are **minerals**.	鉄，スズ，金は鉱物です。
Japan has few mineral **resources**.	日本は鉱物資源がほとんどない。
One important **element** in business is creativity.	仕事の1つの重要な要素は想像力だ。
What's that round **stuff** on the table?	テーブルの上のあの丸いものは何ですか。
It's a **reasonable** question.	それは筋の通った質問だ。
Meg did a **splendid** job.	メグはすばらしい仕事をした。
It's quite **absurd** to say such a thing.	そんなことを言うとは全くばかげている。
Who **is responsible for** the accident?	誰がその事件の責任があるというのか。
Could you be more **specific** about it?	それについてもっと具体的に説明してもらえませんか。
Please stay overnight. We have an **extra** bed.	どうぞ一晩泊まってください。余分のベッドがあります。

GRADE 4 §21

文書・通信に関する語（名詞）

1256 ★★
manual [mǽnjuəl／マニュアル]
説明書, マニュアル
a computer manual
コンピューター説明書

1257 ★★
statement [stéitmənt／ステイトメント]
①声明, 発言
②供述
動 state 〜を述べる
issue a statement
声明を発表する

1258 ★
media [míːdiə／ミーディア]
媒体, マスコミ
the news media
ニュース媒体

1259 ★★
paragraph [pǽrəgræf／パラグラフ]
段落
in the last paragraph
最後の段落で

1260 ★
signature [sígnətʃər／スィグナチャ]
署名
動 sign （〜に）署名する
collect signatures
署名を集める

程度・度合いを表す語①（形容詞）

1261
faint [féint／フェイント]
かすかな
動 気を失う
a faint smile
かすかなほほ笑み

1262
mere [míər／ミア]
ほんの
副 merely ただ, 単に
a mere child
ほんの子供

1263 ★
slight [sláit／スライト]
わずかな
副 slightly わずかに
not 〜 in the slightest
少しも〜でない

1264 ★
subtle [sʌ́tl／サトル] 発
微妙な
a subtle flavor
ほのかな香り

1265 ★
vague [véig／ヴェイグ] 発
漠然とした
副 vaguely 漠然と, 何となく
a vague memory
かすかな記憶

メモ 「署名, サイン」は signature だが, 有名人などの「サイン」は autograph と言う。

☑ You can consult the computer **manual**.	コンピューターの説明書を見てもいいよ。
☑ He **issued a statement** that he would resign.	彼は辞任するという声明を発表した。
☑ I want to work in the **media** in the future.	私は将来はマスコミで働きたい。
☑ The opening **paragraphs** of the book were good.	本の導入部はよかった。
☑ Will you put your **signature** here?	ここに署名してもらえますか。

☑ She said "yes" with a **faint** smile.	彼女はかすかなほほ笑みを浮かべて「はい」と言った。
☑ They lost the game by a **mere** two points.	彼らはほんの2点差で試合に負けた。
☑ He isn't satisfied **in the slightest** with the examination results.	彼は試験の結果に少しも満足していない。
☑ There are **subtle** differences between the two opinions.	2つの意見には微妙な違いがある。
☑ She had a **vague** memory of her parents.	彼女は両親のことをかすかに覚えていた。

GRADE 4 §22

文明・文化に関する語（名詞）

1266 ★★
entertainment
[èntərtéinmənt / エンタテイメント]
娯楽　⇒ entertainer 芸能人
動 entertain 〜を楽しませる
live entertainment
ライブショー

1267
literature
[lítərətʃər / リテラチャ]
文学
形 literary 文学の
Japanese literature
日本文学

1268
tragedy
[trǽdʒədi / トラヂェディ]
悲劇　形 tragic 悲劇的な
反 comedy 喜劇
a terrible tragedy
大変な惨劇

1269 ★★
website
[wébsàit / ウェブサイト]
ウェブサイト, ホームページ
a website address
ホームページのアドレス

日常の動作を表す語⑤（動詞）

1270
fold
[fóuld / フォウルド]
① 〜を折りたたむ
② （腕・脚）を組む
with one's arms folded
腕を組んで

1271
grasp
[grǽsp / グラスプ]
① 〜をしっかりつかむ
② 〜を理解する
grasp his hand
彼の手をつかむ

1272
lean
[líːn / リーン]
もたれる
lean back
後ろにもたれる

1273 ★★
participate
[pɑːrtísəpèit / パーティスィペイト] ア
〜に参加する
participate in a game
試合に加わる

1274 ★
polish
[pálish / パリッシュ]
〜を磨く
polish shoes
靴を磨く

1275 ★
quit
[kwít / クウィト]
（学校・仕事）をやめる
〈quit-quit / quitted-quit / quitted〉
quit smoking
たばこをやめる

1276 ★
refresh
[rifréʃ / リフレッシュ]
〜を爽快な気分にする
refresh oneself
気分をリフレッシュする

メモ　fold（折る）と hold（つかむ）, lean（もたれる）と learn（学ぶ）はつづりが似ているので

☑ There will be live **entertainment** next Sunday.	次の日曜日にライブ<u>ショー</u>があります。
☑ She is currently studying Japanese **literature** at university.	彼女は現在, 大学で日本<u>文学</u>を学んでいる。
☑ *Macbeth* is one of Shakespeare's most famous **tragedies**.	『マクベス』はシェイクスピアの最も有名な<u>悲劇</u>の1つだ。
☑ They have their own **website** in English.	彼らは英語で書いた自分たちの<u>ホームページ</u>がある。
☑ She **folded** the letter and put it in an envelope.	彼女は手紙を<u>折って</u>封筒に入れた。
☑ She **grasped** her daughter by the arm.	彼女は娘の腕を<u>つかんだ</u>。
☑ He **leaned** against a tree and began to read his book.	彼は木に<u>もたれて</u>本を読み始めた。
☑ He didn't **participate in** the meeting.	彼は会議に<u>参加し</u>なかった。
☑ Tom always **polishes** his father's shoes for him.	トムはいつも父親の靴を<u>磨いて</u>あげている。
☑ She **quit** her job last week.	彼女は先週仕事を<u>やめた</u>。
☑ She **refreshed** herself with a cup of coffee.	彼女は1杯のコーヒーで気分を<u>リフレッシュした</u>。

注意しよう。

GRADE 4 §23

2-45

輸送・移動を表す語(名詞)

1277 ★
automobile
[ɔ́:təmoubì:l / オートモビール] 発
自動車
an automobile tax
自動車税

1278 ★★
passage
[pǽsidʒ / パスィヂ]
① (建物の) 通路, 廊下
② 通行
③ (文などの) 一節
a narrow passage
狭い通路

1279
trail
[tréil / トレイル]
(人, 動物が通ってできた) 小道
a mountain trail
山道

1280 ★
entry
[éntri / エントリ]
入場
gain entry
入る

頻度・程度・様態を表す語(副詞)

1281 ★
approximately
[əprá:ksəmətli / アプラクスィマトリ]
おおよそ, 約
approximately 10 kg
約10キロ

1282 ★
automatically
[ɔ̀:təmǽtikəli / オートマティカリ]
自動的に
automatically open
自動で開く

1283 ★
furthermore
[fə́:rðərmò:r / ファーザモア]
なおその上に
同 besides, moreover
and furthermore
そしてその上

1284
nearly
[níərli / ニアリ]
ほとんど
nearly two hours
ほぼ2時間

1285 ★
partially
[pá:rʃəli / パーシアリ]
部分的に
形 partial 部分的に
partially true
部分的に正しい

1286 ★★
together
[təgéðər / トゥゲザ]
一緒に
together with ～
～と一緒に

メモ automobile は主に《米》で「自動車」のことだが, 日常的には主にcarを用いる。

☑ Every car owner has to pay an **automobile** tax.	車の所有者はみな<u>自動車</u>税を支払わなければならない。
☑ The teachers' room is at the end of this **passage**.	職員室はこの<u>廊下</u>の突き当たりにあります。
☑ We followed the **trail** until we came to a small pond.	私たちはその<u>小道</u>をたどって、ついに小さな池に出た。
☑ How did the thieves **gain entry**?	どのようにして泥棒が<u>入った</u>のですか。
☑ The trip took **approximately** two hours.	その旅行は<u>約</u>2時間かかった。
☑ The light **automatically** switches off.	ライトは<u>自動的に</u>消える。
☑ The job is hard and unpleasant, and **furthermore**, the pay is bad.	仕事は厳しくて嫌で、そして<u>その上</u>給料が悪い。
☑ He was **nearly** hit by a car.	彼は<u>もう少しで</u>車にはねられるところだった。
☑ It's **partially** true.	それは<u>部分的に</u>正しい。
☑ Jim and my son went downtown **together**.	ジムと私の息子は<u>一緒に</u>街へ出かけた。

GRADE 4 §24

調査に関する語（動詞）

1287 ★
☐ **survey**
[sərvéi/サーヴェイ, sə́ːrvei/サーヴェイ]
〜を調査する
名 調査
survey the damage
被害を調べる

1288 ★★
☐ **surround**
[səráund/サラウンド]
〜を囲む
名 surroundings 環境
sit surrounded by 〜
〜に囲まれて座る

状態を表す語⑥（形容詞）

1289
☐ **odd**
[ád/アッド]
① 奇妙な　② 奇数の
something odd
奇妙なこと

1290 ★
☐ **separate**
[sépərət/セパレット]
離れた, 別々の
動 [sépəreit/セパレイト] 〜を分ける
separate rooms
離れた部屋

1291 ★
☐ **stable**
[stéibl/ステイブル]
安定性のある
反 unstable 不安定な
in a stable condition
安定した状態で

1292 ★
☐ **steady**
[stédi/ステディ]
① 固定された
② 一定の, 着実な
副 steadily しっかりと, 着実に
steady progress
確実な前進

1293
☐ **ripe**
[ráip/ライプ]
熟した
動 ripen （果物などが）熟する
get ripe
食べ頃になる

1294
☐ **vivid**
[vívid/ヴィヴィッド]
鮮明な
a vivid memory
鮮やかな記憶

1295 ★
☐ **elegant**
[élǝgǝnt/エリガント]
優雅な
名 elegance 優雅
look elegant
優雅に見える

1296 ★
☐ **imaginary**
[imǽdʒǝnèri/イマヂネリ]
想像上の
動 imagine 〜を想像する
an imaginary enemy
仮想敵

メモ　imaginary は「想像上の, 実在しない」だが, imaginable は「想像できる, 考えられる限

☐ He <u>surveyed</u> the opinions of high school students.	彼は高校生の意見を<u>調査した</u>。
☐ The old man sat <u>surrounded</u> by many children.	その老人は多くの子供たちに<u>囲まれて</u>座っていた。
☐ Something <u>odd</u> happened to me yesterday.	昨日私に<u>奇妙な</u>ことが起こった。
☐ We stayed in <u>separate</u> rooms in the same hotel.	私たちは同じホテルの<u>別々の</u>部屋に宿泊した。
☐ He seems to be in a <u>stable</u> condition in the hospital.	彼は入院して<u>安定した</u>状態のようだ。
☐ Slow and <u>steady</u> wins the race.	ゆっくり<u>着実な</u>のが競走に勝つ〔急がば回れ〕〔ことわざ〕。
☐ The strawberries are <u>ripe</u> enough to be picked.	イチゴがもう十分に<u>熟れて</u>取り入れ時だ。
☐ I have a <u>vivid</u> memory of the first time I went abroad.	私は初めて海外に行ったときのことを<u>鮮明に</u>覚えている。
☐ She looked very <u>elegant</u> in her new dress.	彼女は新しいドレスを着て、とても<u>優雅に</u>見えた。
☐ Do you know that the unicorn is an <u>imaginary</u> beast?	あなたは一角獣が<u>想像上の</u>獣だということを知っていますか。

りの」の意味。(例) every means imaginable (考えられる限りの方法)

GRADE 4 §25

日常の行為を表す語⑤（動詞）

1297 ★
cough
[kɔ́(ː)f / コ（ー）フ]
せきをする
名 せき
cough a lot
せきがひどく出る

1298
crawl
[krɔ́ːl / クロール]
①這う　②のろのろと進む
crawl into bed
這ってベッドにもぐりこむ

1299 ★
exhibit
[igzíbit / イグズィビット] 発
〜を展示する
名 exhibítion 展覧会
exhibit a painting
絵を展示する

1300 ★
accustom
[əkʌ́stəm / アカスタム]
〜に慣れる
be accustomed to 〜
〜に慣れている

1301 ★
adjust
[ədʒʌ́st / アヂャスト]
①〜を調整する
②〜に順応する
adjust the volume
音量を調節する

1302 ★★
adopt
[ədɑ́pt / アダプト]
①〜を採用する　②養子にする
名 adóption 採用, 養子縁組
adopt a new plan
新計画を取り入れる

特性・性質を表す語③（形容詞）

1303 ★
intellectual
[ìntəléktʃuəl / インテレクチュアル]
知的な
名 íntellect 知性
intellectual curiosity
知的好奇心

1304 ★
mature
[mətúər / マチュア]
成熟した
名 matúrity 成熟（期）
a mature attitude
成熟した態度

1305 ★★
original
[ərídʒənl / オリヂヌル]
①最初の, 本来の
②独創的な　名 órigin 起源
動 oríginate （〜から）起こる
an original idea
独創的な考え

1306
frequent
[fríːkwənt / フリークウェント]
たびたびの, 頻繁な
副 fréquently たびたび, 頻繁に
a frequent visitor
常客

1307 ★
tragic
[trǽdʒik / トラヂック]
悲惨な
a tragic accident
悲惨な事故

> **メモ** coughの語尾のghは [f / フ] と発音する。enough（十分な）, tough（丈夫な）と同じ。

He is <u>coughing</u> badly.	彼はひどく<u>せきをして</u>いる。
I <u>crawled</u> into bed when I got home.	私は家に帰ると，<u>這って</u>ベッドにもぐり込んだ。
My brother <u>exhibited</u> his paintings in an art gallery.	兄［弟］は画廊に絵を<u>展示した</u>。
I'm not <u>accustomed to</u> wearing neckties.	私はネクタイをするのに<u>慣れていな</u>い。
My eyes slowly <u>adjusted</u> to the darkness.	私の眼はゆっくりと暗闇に<u>慣れた</u>。
They <u>adopted</u> a new approach to the problem.	彼らはその問題に対して新しい方法を<u>取り入れた</u>。
You should have more <u>intellectual</u> curiosity.	君はもっと<u>知的</u>好奇心を持つべきだ。
My daughter is <u>mature</u> for her age.	私の娘は年の割には<u>大人びて</u>いる。
She has an <u>original</u> idea.	彼女には<u>独創的な</u>考えがある。
In Japan typhoons are <u>frequent</u> in September and October.	日本では9月と10月に台風が<u>頻繁に</u>来る。
Five people were killed in the <u>tragic</u> accident.	その<u>悲惨な</u>事故で5人が亡くなった。

GRADE 4 §26

否定的な行動を表す語②(動詞)

1308 ★★
confuse
[kənfjúːz / コンフューズ]
① ～を困惑させる
② ～を混同する
名 confusion 混乱, 当惑
be confused by ～
～に混乱する

1309 ★
ignore
[ignɔ́ːr / イグノー]
～を無視する
名 ignorance 無知, 無学
形 ignorant 無知の
ignore warnings
警告を無視する

1310 ★
neglect
[niglékt / ニグレクト]
～を軽視する, ～を怠る
名 軽視, 怠慢
neglect one's child
子供をほったらかす

1311 ★
puzzle
[pʌ́zl / パズル]
～を困らせる
look puzzled
戸惑いを見せる

プラスイメージの語⑤(形容詞)

1312 ★
excellent
[éksələnt / エクセレント]ア
優れた, 優秀な
名 excellence 優秀さ
an excellent paper
優れた論文

1313 ★★
fantastic
[fæntǽstik / ファンタスティック]
① すばらしい
② 空想的な
a fantastic idea
すばらしい考え

1314 ★
favorable
[féivərəbl / フェイヴァブル]
① 好意的な
② (～に) 都合のよい
名 favor 好意
a favorable response
好意的な反応

1315
superior
[supíəriər / スピアリア]
～より優れた
反 inferior ～より劣った
be superior to ～
～より優れている

1316 ★★
professional
[prəféʃənl / プロフェショヌル]
職業の, プロの
名 専門家
名 profession 職業
professional people
専門家

1317 ★★
available
[əvéiləbl / アヴェイラブル]
① 利用[使用]可能な
② 入手できる
readily available
すぐに利用できる

メモ　アメリカの成績評価で最上がExcellent(優)。下にGood(良), Fair(可)と続く。

☑ Sometimes we <u>are</u> <u>confused</u> <u>by</u> a lot of information.	情報が多すぎて，時には<u>混乱してしまう</u>こともある。
☑ She <u>ignored</u> all my warnings.	彼女は私の警告をすべて<u>無視した</u>。
☑ He <u>neglected</u> his duty.	彼は義務を<u>怠った</u>。
☑ She was deeply <u>puzzled</u> by the story.	彼女はその話を聞いてひどく<u>困惑</u>した。
☑ His English is <u>excellent</u>.	彼の英語は<u>優れて</u>いる。
☑ That's <u>fantastic</u>!	それは<u>すばらしい</u>！
☑ The response was very <u>favorable</u>.	反応はとても<u>好意的</u>だった。
☑ She thinks she <u>is</u> <u>superior</u> <u>to</u> others.	彼女は他人よりも自分が<u>優れている</u>と思っている。
☑ I got good <u>professional</u> advice.	私は<u>専門家の</u>よい助言をもらった。
☑ I'm sorry, sir, there are no flights <u>available</u> on that day.	申し訳ありません，お客様。その日は<u>ご利用できる</u>便がございません。

GRADE 4 §27

現象・動作を表す語（動詞）

1318
burst [báːrst / バースト]
破裂する, 爆発する
〈burst-burst-burst〉
burst into ~
急に～し始める

1319 ★
float [flóut / フロウト]
①浮く　②ただよう
float on water
水に浮かぶ

1320 ★
manufacture [mæ̀njəfǽktʃər / マニュファクチャ]
～を製造する
名 製造, 製品
manufactured goods
工業製品

1321 ★
relieve [rilíːv / リリーヴ]
～を取り除く, 和らげる
名 relief（苦痛などの）除去
relieve headaches
頭痛を和らげる

1322 ★
predict [pridíkt / プリディクト]
～を予言する, 予測する
名 prediction 予言, 予報
predict the future
未来を予測する

1323 ★
reveal [rivíːl / リヴィール]
～を明らかにする
名 暴露
reveal the truth
真実を明らかにする

時の経過に関する語（形容詞）

1324 ★
permanent [pɔ́ːrmənənt / パーマネント] ア
永久の
反 temporary 一時的な
permanent peace
永遠の平和

1325 ★
urgent [ɔ́ːrdʒənt / アーヂャント]
緊急の
動 urge ～を強く促す
an urgent call
緊急の電話

1326 ★
previous [príːviəs / プリーヴィアス]
（時間・順序が）前の
反 following 後に続く
previous experience
以前の経験

メモ　manufacture は元々 manu（手で）+ fact（作る）から来ているが, 今は主に「機械などで

The little girl **burst into** tears.	その少女は急にわっと泣き出した。
Ice **floats** on water.	氷は水に浮かぶ。
They **manufacture** various kinds of bags in this factory.	この工場ではさまざまなかばんを製造している。
Medicine helps to **relieve** pain.	薬は痛みを和らげるのに役立つ。
It is difficult to **predict** the future.	未来を予測するのは難しい。
The report **revealed** that he had hidden the fact.	レポートが明らかにしたところによると，彼はその事実を隠していた。
I hope it will bring **permanent** peace between the two countries.	それによって2か国間に永遠の平和がもたらされることを望む。
He says it's **urgent**.	彼がそれは緊急だと言っている。
Do you have any **previous** experience with this type of work?	この種の仕事を前にやった経験がありますか。

大量に製造，生産すること」を指す。

GRADE 4 §28

否定的な行動を表す語③(動詞)

1327 ★
ruin
[rú(:)in / ルーイン]
～を破滅させる, 台なしにする
名 荒廃, 廃墟
ruin a crop
穀物を台なしにする

1328 ★
disappoint
[dìsəpɔ́int / ディサポイント]
～をがっかりさせる
名 disappointment 失望, 落胆
形 disappointed がっかりしている
disappoint people
人々をがっかりさせる

1329 ★
reject
[ridʒékt / リヂェクト]
～を断る
反 accept ～を受け入れる
reject an offer
申し出を断る

1330 ★
spill
[spíl / スピル]
～をこぼす
〈spill-spilled / spilt-spilled / spilt〉
spill coffee
コーヒーをこぼす

1331 ★
submit
[səbmít / サブミット]
～を提出する
submit a plan
案を提出する

状況を表す語②(形容詞)

1332 ★
remote
[rimóut / リモウト]
遠い, へんぴな
a remote village
遠く離れた村

1333
vacant
[véikənt / ヴェイカント]
空いている
名 vacancy 空き室, 空席
a vacant seat
空席

1334 ★★
universal
[jù:nəvə́:rsl / ユーニヴァーサル]
①全世界の ②普遍的な
a universal language
世界共通語

1335 ★
ethnic
[éθnik / エスニック]
民族の
名 ethnicity 民族性
ethnic background
民族的背景

1336 ★
ideal
[aidí:əl / アイディーアル] ア
理想的な, 申し分のない
an ideal opportunity
申し分のない機会

メモ vacantはemptyと違い, ある空間が一時的に空いている状態を表す。

He **ruined** my career.	彼は私のキャリアを<u>台なしにした</u>。
I **was disappointed** to hear her answer.	彼女の返事を聞いて私は<u>がっかりした</u>。
Tim **rejected** his brother's offer of help.	ティムは兄[弟]の援助の申し出を<u>断った</u>。
He **spilled** coffee on his shirt.	彼はコーヒーをシャツに<u>こぼした</u>。
Applications must be **submitted** by Monday.	申し込みは月曜日までに<u>提出し</u>なければならない。
They live in a **remote** village.	彼らは<u>遠く離れた</u>村に住んでいる。
The house next door is **vacant**.	隣の家は<u>空き</u>家です。
English is a **universal** language.	英語は<u>世界共通</u>語です。
We need to resolve the **ethnic** conflict.	私たちは<u>民族</u>紛争を解決する必要がある。
He missed an **ideal** opportunity.	彼は<u>申し分のない</u>機会を逃した。

熟語のまとめ 4

副詞的役割をする熟語 (4)

1337 against one's will	意に反して
1338 all the time	常に, ずっと, いつも
1339 as usual	いつものように　比 as is usual with ~
1340 at heart	心の底では
1341 at present	現在は
1342 before long	まもなく　同 soon
1343 behind one's back	陰で　反 to one's face
1344 behind the times	時代[流行]に遅れて
1345 by accident	偶然に　同 by chance
1346 by all means	ぜひどうぞ, もちろんです 同 surely, certainly

He was forced to quit his job **against his will**.	彼は意に反して仕事を辞めさせられた。
He was looking at the girl **all the time**. The dog is scared **all the time**.	彼はずっとその少女を見ていた。そのイヌはいつもおびえてばかりいる。
She got up late **as usual**.	彼女はいつものように遅く起きた。
They are all passionate **at heart**.	彼らはみな心の中では情熱的だ。
We have no serious problem **at present**.	現在のところ深刻な問題はない。
The sun will rise **before long**.	まもなく太陽が昇るだろう。
Don't speak ill of others **behind their backs**.	陰で他人の悪口を言ってはいけない。
His political ideas were **behind the times**. This type of cell phone is a little **behind the times**.	彼の政治に関する意見は時代に遅れていた。このタイプの携帯電話は少し流行に遅れている。
By accident he found a solution to the problem.	彼は偶然その問題の解決策を見つけた。
May I use the bathroom? —— **By all means**.	トイレをお借りしてもいいですか。—— もちろんです。

副詞的役割をする熟語 (5)

1347 **by and large**	概して 同 on the whole, as a whole
1348 **by degrees**	徐々に, 次第に　同 gradually
1349 **by far**	はるかに, 飛び抜けて
1350 **by mistake**	誤って
1351 **for good**	永遠に, 永久に 同 forever
1352 **in a sense**	ある意味では 同 in a way
1353 **in advance**	前もって, あらかじめ 比 in advance of ～
1354 **in any case**	とにかく 同 at any rate
1355 **in general**	一般に 同 generally speaking
1356 **in particular**	特に 同 particularly
1357 **in turn**	順番に, 今度は 類 by turns
1358 **in vain**	無駄に

By **and** **large** I agree with you.	全般的に私はあなたに賛成だ。
The population of this town has increased **by degrees**. He is getting better **by degrees**.	この町の人口は徐々に増えてきた。 彼は次第に快方に向かっている。
Mary is **by far** the best student in this class.	メアリーはこのクラスで飛び抜けて優秀な生徒だ。
He must have taken my umbrella **by mistake**.	彼は誤って私のかさを持って行ったにちがいない。
My first taste of sushi cured my fear of eating raw fish **for good**.	私が初めて食べた寿司の味で、生魚を食べる恐怖が永遠になくなった。
He is, **in a sense**, like my father.	彼はある意味で私の父に似ている。
I had sent my baggage a week **in advance**.	手荷物は1週間前にあらかじめ送っておいた。
We must hurry up **in any case**.	とにかく、急がなければならない。
In general, women like to shop for new clothes.	一般的に女性は新しい服を買いに行くのが好きだ。
I have nothing **in particular** to say.	私は特に言うことは何もない。
They gave their opinions **in turn**. You aren't kind to her, and she isn't kind to you **in turn**.	彼らは順番に意見を述べた。 彼女に不親切にすると、今度は彼女があなたに不親切になる。
I tried **in vain** to fix the flat tire.	パンクしたタイヤを修理しようとしたが、無駄だった。

副詞的役割をする熟語(6)

1359	**no longer**	もう〜ではない 同 not 〜 any longer
1360	**now and then [again]**	ときどき　同 from time to time ＊通例, 文頭か文末に用いられる。
1361	**on earth**	いったい 同 in the world
1362	**on purpose**	わざと 反 by accident, by chance
1363	**on the spot**	即座に
1364	**over and over (again)**	何度も何度も 同 again and again
1365	**sooner or later**	遅かれ早かれ, いずれは
1366	**with ease**	容易に, 楽々と 同 easily, without difficulty
1367	**without fail**	必ず

He is **no longer** what he used to be.	彼は<u>もう</u>以前の彼<u>ではない</u>。
We visit our grandmother **now and then**.	私たちは<u>ときどき</u>祖母を訪ねる。
What **on earth** did you say to her?	<u>いったい</u>彼女に何を言ったのですか。
He broke the window **on purpose**.	彼は<u>わざと</u>その窓を割った。
We had to make a decision **on the spot**.	私たちは<u>即座に</u>決断しなければならなかった。
I've told you **over and over** not to do such a thing.	そんなことをするなと<u>何度も何度も</u>言っただろう。
We have to get this work done **sooner or later**. The truth will appear **sooner or later**.	私たちは<u>遅かれ早かれ</u>この仕事をやらなければならない。 <u>いずれ</u>真実は明らかになる。
She passed the exam **with ease**.	彼女は試験に<u>楽々と</u>合格した。
Send me an email **without fail**.	<u>必ず</u>私にEメールを送ってください。

センター必出
アクセントに注意すべき語

1 アクセントに注意すべき語

☐ advantage	[ədvǽntidʒ / アドヴァンティッヂ]	名 利点, 長所
☐ agriculture	[ǽgrikʌ̀ltʃər / アグリカルチャ]	名 農業
☐ ancestor	[ǽnsestər / アンセスタ]	名 祖先
☐ apparent	[əpǽrənt / アパレント]	形 明らかな
☐ appetite	[ǽpətait / アピタイト]	名 食欲
☐ applicant	[ǽplikənt / アプリカント]	名 志願者, 応募者
☐ artificial	[ɑ̀ːrtəfíʃəl / アーティフィシャル]	形 人工的な
☐ atmosphere	[ǽtməsfìər / アトモスフィア]	名 雰囲気, 大気
☐ beneficial	[bènəfíʃəl / ベネフィシャル]	形 有益な, 役に立つ
☐ citizen	[sítəzən / スィティズン]	名 市民
☐ comfortable	[kʌ́mftəbl / カンフタブル]	形 快適な
☐ commerce	[kámərs / カマース]	名 商業
☐ consequence	[kánsikwəns / カンスィクウェンス]	名 結果, 影響
☐ contribute	[kəntríbjət / コントリビュート]	動 貢献する
☐ democracy	[dimákrəsi / ディマクラスィ]	名 民主主義
☐ deposit	[dipáːzət / ディパズィット]	動 預ける, 預金する
☐ document	[dákjəmənt / ダキュメント]	名 文書
☐ energy	[énərdʒi / エナヂ]	名 エネルギー, 精力
☐ engineer	[èndʒəníər / エンヂニア]	名 技師, エンジニア
☐ enterprise	[éntərpràiz / エンタプライズ]	名 企業
☐ enthusiasm	[enθúːziæ̀zm / エンスーズィアズム]	名 熱中, 熱狂
☐ fatigue	[fətíːg / ファティーグ]	名 疲労
☐ geography	[dʒiágrəfi / ヂアグラフィ]	名 地理
☐ individual	[ìndəvídʒuəl / インディヴィデュアル]	名 個人 形 個人の
☐ initial	[iníʃəl / イニシャル]	名 頭文字, イニシャル
☐ interfere	[ìntərfíər / インタフィア]	動 干渉する, 邪魔をする
☐ interpret	[intə́ːrprət / インタープリト]	動 解釈する, 通訳する

☐ interval	[íntərvl / インターヴァル]	名	間隔
☐ magnificent	[mægnífəsnt / マグニフィスント]	形	壮大な
☐ necessity	[nəsésəti / ネセスィティ]	名	必要性, 必要品
☐ occur	[əkə́ːr / オカー]	動	起こる, 発生する
☐ orchestra	[ɔ́ːrkəstrə / オーケストラ]	名	オーケストラ
☐ prefer	[prifə́ːr / プリファ]	動	好む
☐ pioneer	[pàiəníər / パイオニア]	名	開拓者, 先駆者
☐ recommend	[rèkəménd / レコメンド]	動	勧める, 推薦する
☐ relative	[rélətiv / レラティヴ]	名 親戚 形	相対的な
☐ represent	[rèprizént / レプリゼント]	動	代表する, 表す
☐ significant	[signífikənt / スィグニフィカント]	形	重要な
☐ specific	[spisífik / スピスィフィク]	形	明確な, 特定の
☐ substitute	[sʌ́bstətjùːt / サブスティテュート]	名	代理, 代用品

2 品詞によってアクセントの位置が異なる語 （名前動後，など）

ábsent	[ǽbsənt / アブセント]	形	不在の
absént	[æbsént / アブセント]	動	欠席する
cónduct	[kándʌkt / カンダクト]	名	行為
condúct	[kəndʌ́kt / コンダクト]	動	行う
cónflict	[kánflikt / カンフリクト]	名	衝突, 紛争
conflíct	[kənflíkt / カンフリクト]	動	衝突する, 対立する
cóntact	[kántækt / カンタクト]	名	接触, 連絡
contáct	[kəntǽkt / コンタクト]	動	接触する, 連絡を取る
cóntent	[kántent / カンテント]	名	内容, 中身
contént	[kəntént / コンテント]	形	満足した
cóntrast	[kántræst / カントラスト]	名	対比, 対照
contrást	[kəntrǽst / コントラスト]	動	対照させる, 対比する

désert	[dézərt / デザート]	名 砂漠
desért	[dizə́ːrt / ディザート]	動 見捨てる
ímpact	[ímpækt / インパクト]	名 衝撃, 影響
impáct	[impǽkt / インパクト]	動 影響を与える
ínsult	[ínsʌlt / インサルト]	名 侮辱
insúlt	[insʌ́lt / インサルト]	動 侮辱する
pérfect	[pə́ːrfikt / パーフィクト]	形 完全な
perféct	[pərfékt / パーフェクト]	動 完全にする, 完成させる
prógress	[prágrès / プラグレス]	名 進歩
progréss	[prəgrés / プログレス]	動 進歩する
récord	[rékərd / レカード]	名 記録
recórd	[rikɔ́ːrd / リコード]	動 記録する
súspect	[sʌ́spèkt / サスペクト]	名 容疑者
suspéct	[səspékt / サスペクト]	動 疑う

3 アクセントのルール

① 次の語尾で終わる語は,直前の母音にアクセントがある。

-tion, -sion, -cion, -gion

  condítion, decísion, discússion, explósion, région, relígion など

-ious, -sive

  ambítious, cónscious, delícious, expénsive, impréssive など

-age dámage, ímage, mánage, percéntage など ＊例外 áverage

② -al で終わる語は,直前の2文字を除いて最も近い母音にアクセントがある。

 abnórmal, económical, eléctrical, fundaméntal, indústrial, oríginal など

③ -ate で終わる語は,2つ前の音節にアクセントがある。

 ádequate, éducate, commúnicate, cóncentrate, immédiate, séparate など

④ -able, -ible で終わる語は原則的に元の動詞と同じ位置にアクセントがある。

 regrét – regréttable, comprehénd – comprehénsible など

 ＊例外 admíre – ádmirable, compáre – cómparable, prefér – préferable

GRADE 5

ここまでやればセンター試験も完璧。ゴールは目前だ！

GRADE 5 §1

変化・進展に関する語（名詞）

1368 ★
conclusion
[kənklúːʒən／コンクルージョン]
結論, 結末
動 conclude ～と結論を下す
come to a conclusion
結論に達する

1369
diversity
[dəvə́ːrsəti／ディヴァーサティ]
多様性, 相違
形 diverse 多様な
a diversity of views
多様な見解

1370 ★
maximum
[mǽksəməm／マクスィマム]
最大限
反 minimum 最小限
the maximum speed
最高速度

1371
obstacle
[ábstəkl／アブスタクル]
障害（物）, 妨害
get over an obstacle
障害を克服する

意見・主張に関する語（動詞）

1372 ★
exaggerate
[iɡzǽdʒərèit／イグザチャレイト]
～を誇張する, おおげさに言う
名 exaggerátion 誇張
exaggerate pain
痛みをおおげさに言う

1373 ★
assert
[əsə́ːrt／アサート]
～を断言する, 主張する
同 insist
assert one's right
権利を主張する

1374
criticize
[krítəsàiz／クリティサイズ]
～を批評する, 批判する
名 criticism 批評, 批判
⇒ critic 評論家
criticize the policy
政策を批判する

1375
remark
[rimɑ́ːrk／リマーク]
言う, 述べる　名 発言, 意見
形 remarkable 注目すべき
remark on the movie
映画について意見を述べる

1376
protest
[prətést／プロテスト]
抗議する, 異議を申し立てる
名 [próutest／プロウテスト] ⑦ 抗議
protest against a boss
上司に抗議する

1377 ★
proclaim
[proukléim／プロクレイム]
～を宣言する
proclaim one's independence
独立を宣言する

1378 ★
demonstrate
[démənstrèit／デモンストレイト] ⑦
① 実演する　② 実証する, 示す
名 demonstrátion 実演
demonstrate leadership
指導力を発揮する

メモ　insist は「言い張って譲らない」という意味で, assert は「根拠はないが自信を持って主張

We came to the **conclusion** that we should give up the plan.	私たちはその計画を断念すべきだという<u>結論</u>に達した。
We discussed cultural **diversity** in Asia.	私たちはアジアの文化の<u>多様性</u>について話し合った。
He turned up the volume on the stereo to the **maximum**.	彼はステレオの音量を<u>最大</u>に上げた。
What is the biggest **obstacle** to development in these countries?	これらの国々での開発上の最大の<u>障害</u>は何ですか。
Some people think that the media **exaggerate** global warming.	マスメディアが地球温暖化を<u>誇張している</u>と考える人もいる。
He **asserts** that what he said is right.	彼は自分の言ったことは正しいと<u>主張している</u>。
He was **criticized** for being careless.	彼は軽率であることを<u>批判</u>された。
The teacher **remarked** that we had done well on the test.	先生は私たちはテストをよくがんばったと<u>言った</u>。
He strongly **protested** against the president's remark.	彼は大統領の発言に強く<u>抗議した</u>。
The president **proclaimed** a state of emergency.	大統領は非常事態を<u>宣言した</u>。
The man **demonstrated** how the machine works.	その人は機械がどう作動するかを<u>実演した</u>。

する」という意味。

GRADE 5 §2

感情・精神に関する語①(名詞)

1379 sympathy [símpəθi / スィンパスィ]
同情, 共感
形 sympathétic 思いやりのある
動 sýmpathize 同情する, 共感する
show sympathy
共感を示す

1380 generosity [dʒènərɑ́:səti / ヂェネラスティ]
寛大さ, 気前のよさ
形 génerous 寛大な, 気前のよい
show generosity to ～
～に寛大さを示す

1381 temptation [temptéiʃən / テンプテイション]
誘惑, 衝動
resist temptation
誘惑に堪える

1382 tolerance [tálərəns / トレランス]
①我慢, 忍耐　②許容, 寛容
動 tolerate ～を我慢する
tolerance for mistakes
誤りに対する許容度

変化を表す語(動詞)

1383 extend [iksténd / イクステンド]
①～を広げる, 拡大する
②延長する　名 extension 延長
extend a tourist visa
観光ビザを延長する

1384 ★ stretch [strétʃ / ストレッチ]
①(もの)を伸ばす, 広げる
②伸びる, 広がる
stretch a hand
手を伸ばす

1385 ★ evolve [iválv / イヴァルブ]
発達する, 進化する
名 evolútion 進化
evolve from apes
サルから進化する

1386 ★ exceed [iksí:d / イクシード]
～を超える, 上回る
名 excess 超過
exceed the limit
限界を超える

1387 ★ expire [ikspáiər / イクスパイア]
期限が切れる, 満了する
名 expirátion 終了, 満期
expire in a month
後1か月で期限が切れる

1388 ★ shrink [ʃríŋk / シュリンク]
①縮む, 縮小する
②減少する
shrink rapidly
急激に縮小する

1389 ★ transform [trænsfɔ́:rm / トランスフォーム]
～を変形する, 変える
transform A into B
AをBに変形する

メモ　形容詞の generous のアクセントは第1音節にあるが, 名詞形の generosity は第3音節に

☑ I have no **sympathy** for Bill.	ビルには全く同情できない。
☑ Thank you for your **generosity** and support.	あなた方の寛大さとご支援に感謝いたします。
☑ This world is full of **temptations**.	この世は誘惑に満ちている。
☑ He has no **tolerance** for mistakes.	彼は誤りを全く許容しない。
☑ The freeway will be **extended** to our town next year.	幹線道路は来年私たちの町まで伸ばされる予定です。
☑ My father **stretched** the rope tight.	父はロープを伸ばしてピンと張った。
☑ The animal **evolved** into different species.	その動物は進化して別の種になった。
☑ The cost of the project **exceeded** the budget.	その事業の費用は予算を上回った。
☑ Your service contract is about to **expire**.	サービス契約がまもなく終了いたします。
☑ This type of clothes **shrinks** in the wash.	この種の服は洗濯すると縮む。
☑ He **transformed** the old building **into** a shopping center.	彼は古い建物をショッピングセンターに変えた。

アクセントがある。

GRADE 5 §3

現象・状態を表す語(名詞)

1390 phenomenon
[fináːmənɑːn / フェナメノン]
現象, 出来事
複 phenomena
a strange phenomenon
奇妙な現象

1391 reunion
[rijúːnjən / リユーニオン]
① 再結合, 再会　② 同窓会
my reunion with Mike
私のマイクとの再会

1392 symptom
[símptəm / スィンプトム]
① 兆候, 前兆　② 症状
symptoms of aging
老化の兆候

1393 ★ civilization
[sìvəlaizéiʃən / スィヴィライゼイション]
文明
動 cívilize ～を文明化する
ancient civilization
古代文明

日常の行為・行動を表す語(動詞)

1394 conceive
[kənsíːv / コンスィーヴ]
①(考えなど)を心に抱く
② 思いつく
conceive a new idea
新しいアイデアを思いつく

1395 ★ comprehend
[kàmprihénd / カンプレヘンド] ア
～を理解する, 把握する
名 comprehension 理解
comprehend his intention
彼の意図を理解する

1396 ★ resolve
[rizálv / リザルヴ]
①～を決意する, 決心する
②～を解消する, 解決する
名 resolútion 決意
resolve a conflict
対立を解消する

1397 ★ distinguish
[distíŋgwiʃ / ディスティングウィッシュ]
～を区別する, 見分ける
distinguish A from B
AとBを区別する

1398 ★ digest
[daidʒést / ダイヂェスト]
(食べ物)を消化する
名 要約, 概略　名 digestion 消化
digest food quickly
食べ物をすばやく消化する

1399 ★ imitate
[ímətèit / イミテイト]
～をまねる
名 imitátion 模倣(品), まね
imitate others
人のまねをする

1400 ★ substitute
[sʌ́bstətjùːt / サブスティテュート]
代わりにする, 代用する
名 代用品
substitute A for B
AをBの代わりにする

メモ　civilization (文明) は文化的・物質的に発達した社会の状態を指し, culture (文化) は思

☑ Lightning is an electrical **phenomenon**.	稲妻は電気による現象である。
☑ I've been to my class **reunion**.	クラスの同窓会に行ってきたところだ。
☑ It is a **symptom** of your illness.	それはあなたの病気の症状の1つだ。
☑ The Incas had a high level of **civilization**.	インカ民族は高度な文明を持っていた。
☑ We cannot **conceive** of life without electricity.	電気のない生活は想像できない。
☑ I cannot **comprehend** the meaning of his behavior.	彼の行動の意図が理解できない。
☑ My brother **resolved** to go to America to study.	兄[弟]はアメリカに留学する決心をした。
☑ Can you **distinguish** fact from opinion?	事実と意見の違いがわかりますか。
☑ This helps your body **digest** fat.	これは脂肪分の消化を助ける。
☑ Helen often **imitates** her sister's speech.	ヘレンはよく姉[妹]の話し方のまねをする。
☑ You can **substitute** honey **for** sugar.	砂糖の代わりにハチミツを使うことができますよ。

想や芸術など社会で受け継がれてきた行動様式を言う。

GRADE 5 §4

時期・時代を表す語（名詞）

1401 ★
adolescence
[ǽdəlésns / アドレスンス]
青年期
形 adolescent 青年期の
age of adolescence
青年期の年代

1402 ★
generation
[dʒènəréiʃən / ヂェネレイション]
①世代　②同世代の人々
the generation gap
世代間のずれ

1403 ★
decade
[dékeid / デケイド]
10年（間）
⇒ century 1世紀, 100年
the past decade
過去10年間

移動・変化を表す語（動詞）

1404 ★
transfer
[trænsfə́ːr / トランスファー]
移動する, 移転する
名 移動
transfer abroad
海外に移転[転勤]する

1405 ★
transport
[trænspɔ́ːrt / トランスポート]
～を輸送する, 運搬する
名 [trænspɔːrt] 輸送, 交通機関
transport by rail
鉄道で輸送する

1406 ★
commute
[kəmjúːt / カミュート]
通勤する, 通学する
commute a long distance
長距離通勤をする

1407 ★
reverse
[rivə́ːrs / リヴァース]
①～を逆転する, 反転する
②～を裏返しにする　名 逆
形 reversible 逆にできる, リバーシブルの
reverse the situation
立場を逆転する

1408 ★
convert
[kənvə́ːrt / コンバート]
～を転換する, 変更する
convert dollars to yen
ドルを円に換える

1409 ★
exclude
[iksklúːd / エクスクルード]
～を除外する, 排除する
反 include　形 exclusive 排他的な
exclude foreigners
外国人を排除する

1410 ★
eliminate
[ilímənèit / イリミネイト]
～を削除する, 取り除く
名 eliminátion 削除, 除去
eliminate a barrier
障壁を取り除く

1411 ★
release
[rilíːs / リリース]
①～を解放する, 自由にする
②～を公表(発表)する
release a new CD
新しいCDを出す

メモ　adolescence（青年期）は通常, 思春期から成人期までの過渡期を指す。

He had a happy childhood and **adolescence**.	彼は子供時代と青年時代を幸せに過ごした。
His family has lived in this city for many **generations**.	彼の一家はこの町に何代にもわたって住んでいる。
Progress has been made during the past **decade**.	過去10年間に進歩が見られた。
The branch office was **transferred** from Nagoya to Osaka.	支社は名古屋から大阪に移った。
Blood **transports** oxygen around the body.	血液は酸素を体中に運搬する。
How do you **commute** to work?	どのようにして通勤しているのですか。
He tried to **reverse** the decision.	彼は決定をくつがえそうとした。
The family was **converted** to Christianity.	その家族はキリスト教に改宗した。
She was **excluded** from the party.	彼女はパーティーから排除された。
The doctor **eliminated** the pain from my body.	医者は私の身体から痛みを取り除いてくれた。
The criminals were forced to **release** the hostages.	犯人は人質を解放することを強いられた。

GRADE 5 §5

言語・言論に関する語（名詞）

1412 ★
conference
[kάnfərəns / カンファレンス]
会議, 協議
同 convention
a conference hall
会議場

1413 ★
forum
[fɔ́:rəm / フォーラム]
公開討論
attend a forum
公開討論に参加する

1414 ★
controversy
[kάntrəvə̀:rsi / カントロバースィ]
論争, 議論　形 controvérsial 議論の余地のある
beyond controversy
議論の余地なく

1415 ★
emphasis
[émfəsis / エンファスィス] ア
強調, 重要視
動 emphasize ～を強調する
put emphasis on ～
～を強調[重視]する

1416
usage
[jú:sidʒ / ユースィッヂ]
使用(法), 用法
動 use ～を使用する
energy usage
エネルギー使用

1417
vocabulary
[voukǽbjəlèri / ヴォキャビラリ] ア
語彙
English vocabulary
英語の語彙

プラスイメージの語⑥（形容詞）

1418
glorious
[glɔ́:riəs / グローリアス]
①栄光ある, 輝かしい
②壮大な　名 glory 栄光, 名誉
a glorious achievement
輝かしい業績

1419
marvelous
[mά:rvələs / マーヴェラス]
驚くべき, すばらしい
動 marvel 驚く
marvelous instinct
驚くべき才能

1420
flexible
[fléksəbl / フレクスィブル]
柔軟な, 柔軟性のある
名 flexibílity 柔軟性
a flexible attitude
柔軟な態度

1421 ★
elaborate
[ilǽbərət / イラボラット]
精巧な, 手の込んだ
elaborate technology
精巧な技術

1422 ★
nutritious
[n(j)u:tríʃəs / ニュートリシャス]
栄養のある, 栄養価の高い
名 nutrition 栄養
nutritious breakfast
栄養のある朝食

318　メモ　vocabulary (語彙)は個々の単語を指すのではなく, ある人が使用する単語や表現, ある

An international **conference** will be held here next month.	来月ここで国際会議が開かれる。
We'd like to attend the upcoming community **forum**.	今度の地域公開討論に参加したいと思います。
A lot of **controversy** has broken out over the issue.	その問題について数多くの議論が起こった。
Japan should **put emphasis on** agriculture.	日本は農業を重視すべきだ。
It is important to reduce paper **usage**.	紙の使用を減らすことが重要だ。
He wants to develop his English **vocabulary**.	彼は英語の語彙を増やしたいと思っている。
It was a **glorious** victory.	それは輝かしい勝利だった。
Mark has done a **marvelous** job.	マークはすばらしい仕事をした。
He has a **flexible** mind.	彼は柔軟な考え方の持ち主だ。
She often cooks **elaborate** meals.	彼女はよく手の込んだ料理を作る。
Eat more **nutritious** food.	もっと栄養のある食べ物を食べなさい。

言語の単語や語句を総称的に指す。

GRADE 5 §6

マイナスの感情を表す語（名詞）

1423
☐ **disgust**
[dɪsgʌ́st／ディスガスト]

嫌悪感, 反感
動 (人) をむかつかせる

feel disgust
嫌悪感を感じる

1424 ★
☐ **frustration**
[frʌstréɪʃən／フラストレイション]

① 欲求不満
② 失望, 挫折
動 frústrate ～を失望させる

feel frustration
いらいらする

1425
☐ **terror**
[térər／テラ]

① 恐怖 (感)
② テロ行為
形 terrible 恐ろしい

scream in terror
恐怖で悲鳴を上げる

1426 ★
☐ **threat**
[θrét／スレト] 発

脅し, 脅威
動 threaten ～を脅す

a threat of attack
攻撃の脅威

1427 ★
☐ **tension**
[ténʃən／テンション]

① 緊張　② 張っている状態
形 tense 緊張した

ease tension
緊張を和らげる

人に関する語（形容詞）

1428 ★
☐ **enthusiastic**
[enθ(j)ùːziǽstɪk／エンスージアスティック]

熱心な, 熱中している
名 enthúsiasm 熱狂

be enthusiastic about ～
～に熱心である

1429 ★
☐ **obstinate**
[ɑ́bstənət／アブスタネット]

頑固な, 強情な

an obstinate boss
頑固な上司

1430
☐ **modest**
[mɑ́ːdəst／マディスト]

謙虚な, 控えめな

a modest attitude
謙虚な態度

1431 ★
☐ **optimistic**
[ɑ̀ptəmístɪk／アプティミスティック]

楽観的な, 楽観主義の
反 pessimistic 厭世的な

be optimistic about ～
～について楽観的である

1432 ★★
☐ **bilingual**
[baɪlíŋgwəl／バイリングワル]

2か国語を話す, 2言語使用の
⇒ trilingual　3か国語を話す

a bilingual child
2か国語を話す子供

メモ　bilingual, bicycle などの bi- は「2, 複」の意味の接頭辞。

She looked at him with **disgust**.	彼女は嫌悪の目で彼を見た。
He kicked a tree in **frustration**.	彼はいらいらして木を蹴った。
He ran away in **terror**.	彼は恐れて逃げ出した。
Nuclear war is a **threat** to the whole world.	核戦争は全世界にとって脅威だ。
The **tension** between the two countries is increasing.	2国間の緊張が高まりつつある。
All the staff **are enthusiastic about** the project.	スタッフ全員がその事業に熱心である。
John is the most **obstinate** man that I've ever seen.	ジョンほど頑固な人は初めてだ。
She is very **modest** about her achievements.	彼女は自分の業績に対してとても謙虚である。
My brother **is** always **optimistic about** his future.	私の兄[弟]は将来についてはいつも楽観的に考えている。
He was brought up in a **bilingual** country.	彼は2言語国家の育ちだ。

GRADE 5 §7

人に関する語(名詞)

1433 ★★
resident
[rézidənt / レズィデント]
(長期間住む) 居住者, 住民
動 reside 居住する
residents of Chicago
シカゴの住民

1434 ★
inhabitant
[inhǽbətənt / インハビタント]
居住者, 住民
local inhabitants
地元民

1435 ★
immigrant
[ímigrənt / イミグラント]
(外国からの) 移民, 移住者
類 emigrant (外国への) 移民
an immigrant child
移民の子供

1436
spectator
[spékteitər / スペクテイタ]
観客, 見物人
動 spectate 〜を傍観する
excited spectators
興奮した観客

1437
companion
[kəmpǽnjən / コンパニョン]
仲間, 友達
fishing companions
釣り仲間

1438 ★
colleague
[káli:g / カリーグ]
同僚, 仲間
同 coworker
an office colleague
職場の同僚

1439
candidate
[kǽndidèit / キャンディデイト]
候補者, 志願者
a presidential candidate
大統領候補者

1440 ★
opponent
[əpóunənt / オポウネント]
(対戦・競争の) 相手, 対抗者
a political opponent
政敵

相互関係を表す語(形容詞)

1441
mutual
[mjú:tʃuəl / ミューチュアル]
相互の, お互いの
mutual assistance
相互支援

1442 ★
alternative
[ɔ:ltə́:rnətiv / オールターナティヴ] ア
代わりの, 別の
名 代わり, 選択肢
動 álternate 交互に起こる
alternative energy
代替エネルギー

1443 ★★
equivalent
[ikwívələnt / イクウィヴァレント]
同等の, 等価の
名 同等のもの
名 equivalence 等価
be equivalent to 〜
〜と同等である, 〜に匹敵する

メモ　スポーツなどの「観客」は spectator, コンサートなどの「聴衆」は audience。

Many **residents** of this village were saved from the fire.	この村の多くの住民が火事から助け出された。
Nagoya is a city of two million **inhabitants**.	名古屋は200万人の住民がいる都市だ。
A lot of **immigrants** from the Middle East live here.	ここには中東からの移民が多く住んでいる。
The soccer game drew over 30,000 **spectators**.	サッカーの試合に3万人以上の観客が集まった。
They are drinking **companions**.	彼らは飲み友達だ。
My **colleague** did not contribute to the project.	私の同僚はその事業には貢献しなかった。
Four **candidates** are running for governor of Tokyo.	4人の候補者が東京都知事選に立候補している。
He beat his **opponent** (by) 3 to 1.	彼は相手に3対1で勝った。
Our relationship is based on **mutual** respect.	私たちの関係はお互いの敬意に基づいている。
Do you have any **alternative** suggestions?	別の提案はありますか。
What **is** five dollars **equivalent to** in Japanese yen?	5ドルは日本円にしていくらに相当しますか。

GRADE 5 §8

社会生活に関する語④（名詞）

1444 ★
assembly
[əsémbli / アセンブリ]
①集会, 会合 ②議会
動 assemble 集まる
an assembly hall
集会場

1445
committee
[kəmíti / コミティ]ア
委員会
committee activity
委員会活動

1446 ★
cooperation
[kouàpəréiʃən / コウアパレイション]
協力, 協調
動 coóperate 協力する
in cooperation with ～
～と共同 [協力] して

1447
participation
[pɑːrtìsəpéiʃən / パーティスィペイション]
参加, 関与
動 partícipate 参加する
participation in a study
研究への参加

1448 ★
assignment
[əsáinmənt / アサインメント]
割り当て, 任務
動 assign ～を割り当てる
a homework assignment
宿題

1449
ritual
[rítʃuəl / リチュアル]
儀式, 決まったやり方
annual rituals
毎年恒例の儀式

日常生活に関する語④（動詞）

1450 ★
fry
[frái / フライ]
～をフライにする, 炒める
名 揚げ物
a fried egg
目玉焼き

1451 ★
pour
[pɔ́ːr / ポー]
①～を注ぐ
②（雨が）激しく降る
pour a glass of water
グラスに水を注ぐ

1452 ★
wrap
[rǽp / ラップ]
～を包む
wrap a box in paper
紙で箱を包む

1453 ★
enclose
[enklóuz / エンクロウズ]
①～を囲む
②～を同封する
enclose a photo
写真を同封する

1454
tease
[tíːz / ティーズ]
～をからかう, いじめる
tease a cat
ネコをいじめる

メモ　fryは「油で炒める, 揚げる, 焼く」, roastは「直火やオーブンで焼く」, bakeは「パンな

☑ They will hold a session of the U.N. General **Assembly** soon.	まもなく国連総会が始まる。
☑ He was elected chairperson of the **committee**.	彼は委員会の議長に選ばれた。
☑ We need international **cooperation** in this matter.	この件については国際協力が必要です。
☑ Thank you for your **participation**.	ご参加ありがとうございます。
☑ His first **assignment** was coaching children in a baseball class.	彼の最初の任務は野球教室で子供たちを教えることだった。
☑ All religions have their own **rituals**.	すべての宗教にはそれぞれの儀式がある。

☑ **Fry** both sides until lightly colored.	両面が軽く色づくまで炒めてください。
☑ She **poured** a cup of coffee for him.	彼女は彼にコーヒーをついだ。
☑ Kate **wrapped** up the sandwiches in white paper.	ケイトはサンドイッチを白い紙で包んだ。
☑ We have **enclosed** the catalogue of our products.	当社の商品カタログを同封させていただきました。
☑ She used to **tease** me about my hair.	彼女はよく私の髪の毛のことをからかったものだった。

どをオーブンで焼く」。

GRADE 5 §9

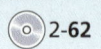

日常生活に関する語⑤（名詞）

1455 ★
anniversary
[ænivə́ːrsəri / アニヴァーサリ]
記念日
a wedding anniversary
結婚記念日

1456 ★
competition
[kɑ̀mpətíʃən / カンペティション]
競争, 競技会
動 compéte 競争する
global competition
国際競争

1457 ★
application
[æ̀plikéiʃən / アプリケイション]
①申し込み, 応募
②適用, 応用
動 applý 申し込む
an application form
申し込み用紙

1458 ★
discipline
[dísəplin / ディスィプリン] ア
①訓練, 鍛錬　②規律
discipline as an artist
芸術家としての修行

1459
flash
[flǽʃ / フラッシュ]
きらめき, 閃光
動 きらっと光る
brilliant flash of light
きらめく閃光

1460 ★
laundry
[lɔ́ːndri / ローンドリ]
洗濯物
類 washing
do the laundry
洗濯をする

様相・発生を表す語（動詞）

1461 ★
emerge
[imə́ːrdʒ / イマーヂ]
現れる, 出現する
emerge as an issue
問題として浮上する

1462 ★
expose
[ikspóuz / イクスポウズ]
〜をさらす, むき出しにする
名 exposure さらすこと
expose A to B
AをBにさらす

1463 ★
generate
[dʒénərèit / ヂェネレイト]
〜を起こす, 発生させる
generate power
発電する

1464 ★
derive
[diráiv / ディライヴ]
①〜を引き出す, 得る
②由来する
derive energy from the sun
太陽からエネルギーを得る

326　メモ　laundryは日本語ではカタカナで「ランドリー」と言われるが、英語の正しい発音は

☑ We celebrated our parents' 30th wedding **anniversary**.	両親の結婚30周年記念日を祝った。
☑ They entered the speed skating **competition** last year.	昨年彼らはスピードスケート競技会に参加した。
☑ Mike's **application** to join the project was rejected.	その事業へのマイクの参加申し込みは拒否された。
☑ **Discipline** is the mother of good luck.	鍛錬は幸運を生み出す。
☑ Suddenly there were **flashes** of lightning overhead.	突然稲妻の閃光が頭上で起こった。
☑ I do the cooking and my husband **does the laundry**.	私は料理をし，夫は洗濯をする。
☑ The sun **emerged** from behind the clouds.	太陽が雲の背後から現れた。
☑ Potatoes turn green when they **are exposed to** sunlight.	ジャガイモは日光にさらされると緑色になる。
☑ Tourism **generates** profits for local communities.	観光は地域社会に利益をもたらす。
☑ This word is **derived from** French.	この単語はフランス語に由来する。

[lɔ́:ndri／ローンドリ]。

GRADE 5 §10

自然に関する語③（名詞）

1465 tide [táid / タイド]
① 潮, 潮流
② 時流, 形勢
形 tidal 潮の
strong tides 強い潮の流れ

1466 disaster [dizǽstər / ディザスタ]
大災害, 惨事
形 disastrous 悲惨な
a fire disaster 火災

1467 track [trǽk / トラック]
① 通った跡
② 小道
③ 軌道, 進路
a steep mountain track 急な山道

1468 ★★ mammal [mǽməl / ママル]
哺乳類, 哺乳動物
marine mammals 海洋哺乳類

1469 trunk [trʌ́ŋk / トランク]
①（木の）幹
②（道路などの）幹線
⇒ branch 大枝
a trunk route 幹線ルート

1470 ★ temperature [témpərtʃər / テンパチャ]
温度, 気温
the sea temperature 海水温

1471 ★ atmosphere [ǽtməsfìər / アトモスフィア]
① 雰囲気　② 大気
the earth's atmosphere 地球の大気

感情に関する語②（動詞）

1472 ★ embarrass [embǽrəs / エンバラス]
～を当惑させる
名 embarrassment 恥ずかしさ, 困惑
feel embarrassed 気まずい思いをする

1473 ★ upset [ʌpsét / アプセット]
～を動揺させる, うろたえさせる
〈upset-upset-upset〉
upset the public 国民を動揺させる

1474 ★ fascinate [fǽsənèit / ファスィネイト]
～を魅惑する, 魅了する
類 attract
fascinate the audience 聴衆を魅了する

メモ　mammal（哺乳類）に対して，「は虫類」は reptile [réptl]。

The <u>tide</u> is coming in.	潮が満ち始めている。
The flood was one of the worst <u>natural disasters</u> ever in the area.	洪水はその地域にとって，今までに起きた最悪の天災の1つであった。
We followed the fox's <u>tracks</u>.	私たちはキツネの足跡を追った。
Tigers, dogs, and humans are all <u>mammals</u>.	トラ，イヌ，人はすべて哺乳類です。
He tied the dog to the <u>trunk</u> of a tree.	彼はイヌを木の幹につないだ。
The <u>temperature</u> in Tokyo dropped to 5°C last night.	昨夜東京の気温は5度まで下がった。
This hotel has a relaxed <u>atmosphere</u>.	このホテルはリラックスした雰囲気だ。
The child's crying <u>embarrassed</u> his parents.	子供が泣いたので，両親は当惑した。
She was terribly <u>upset</u> by her score on the English test.	彼女は英語のテストの点にひどく動揺した。
I was <u>fascinated</u> by the nature of the island.	私はその島の自然に魅了された。

GRADE 5 §11

コミュニケーションに関する語②(名詞)

1475 ★★
comment
[káːment / カメント] ア
論評, 意見　動 論評する
a negative comment
否定的な論評

1476 ★
dialogue
[dáiəlɔ(ː)g / ダイアロ(ー)グ]
対話, 会話
同 conversation
an official dialogue
公式対話

1477 ★
appointment
[əpɔ́intmənt / アポイントメント]
① 約束, 取り決め　② 任命
動 appoint 約束する, 任命する
a previous appointment
先約

1478 ★
guidance
[gáidns / ガイダンス]
① 指導, 助言　② 誘導
動 guide 〜を案内する
career guidance
職業指導, 進路指導

1479 ★
presentation
[prìːzəntéiʃən / プレゼンテイション]
① 提示, 提出　② 発表, 説明
動 present 〜を提出する
presentation of evidence
証拠の提示

肯定的な意味を表す語②(形容詞)

1480 ★
magnificent
[mægnífəsənt / マグニフィスント] ア
① 壮大な, 堂々とした
② すばらしい
a magnificent palace
壮大な宮殿

1481 ★
tidy
[táidi / タイディ]
きちんとした, 整然とした
類 neat
a tidy kitchen
片づいた台所

1482 ★
trustworthy
[trʌ́stwəːrði / トラストワーズィ]
信頼できる, 信用できる
同 reliable
a trustworthy specialist
信頼できる専門家

1483 ★
potential
[pəténʃəl / ポテンシャル]
可能性のある, 潜在的な
名 可能性
potential danger
潜在的な危険性

1484 ★
distinctive
[distíŋktiv / ディスティンクティヴ]
独特の, 特有の, 際立った
類 distinct 別個の, 異なった
名 distinction 区別, 特質
a distinctive feature
際立った特徴

1485 ★
genuine
[dʒénjuin / ヂェニュイン] ア
① 本物の, 真の　類 real
② 心からの
genuine peace
真の平和

メモ　appointmentは「日時, 場所を設定した約束や取り決め」で,「何かをする約束」は

Are there any other **comments**?	他に<u>ご意見</u>はありますか。
There is a need for constructive **dialogue** between the leaders.	首脳間の建設的な<u>対話</u>が必要だ。
I'll make an **appointment** to see a doctor tomorrow.	明日の診察の<u>予約</u>を取るつもりだ。
I'm looking forward to working under his expert **guidance**.	彼の専門的<u>指導</u>の下で働くのが楽しみだ。
I would like each of you to make a short **presentation**.	1人ずつ短時間の<u>発表</u>をしてもらいます。
He looked **magnificent** in his uniform.	彼は制服を着ると<u>堂々として</u>見えた。
Try to keep your room **tidy**.	部屋は<u>きちんと</u>しておくようにしなさい。
Don't trust him until he proves **trustworthy**.	<u>信用できる</u>とわかるまで彼を信用してはいけない。
We have to attract **potential** customers.	顧客になる<u>可能性のある</u>人を引きつけなければならない。
What is **distinctive** about newspapers in Japan?	日本の新聞の<u>特徴的な</u>ことは何ですか。
This watch strap is **genuine** leather.	この時計のバンドは<u>本物の</u>革だ。

promise。

GRADE 5 §12

状況・状態に関する語②(名詞)

1486 ★
circumstance
[sə́ːrkəmstæns / サーカムスタンス]
(通例〜s) 状況, 周囲の事情
形 circumstántial 付随的な, 状況次第の
present circumstances
現状

1487
nuisance
[n(j)úːsəns / ニューセンス] 発
迷惑(な人, 物), 不愉快
nuisance emails
迷惑メール

1488
mess
[més / メス]
乱雑, 散らかった状態
形 messy 散らかった
in a mess
散らかって

1489
reputation
[rèpjətéiʃən / レピュテイション]
評判, 評価
a good reputation
よい評判, 好評

1490 ★
format
[fɔ́ːrmæt / フォーマト]
フォーマット, 形式
the format of the report
報告書の形式

感覚・感情を表す語(形容詞)

1491 ★
envious
[énviəs / エンヴィアス]
ねたんで, 嫉妬して
動 envy 〜をねたむ
be envious of 〜
〜をねたんでいる

1492 ★
furious
[fjúəriəs / フュ(ア)リアス]
激怒した, 憤慨した
名 fury 激しい怒り
get furious
激怒する, 怒り狂う

1493
uneasy
[ʌníːzi / アニーズィ]
不安な, 落ち着かない
同 anxious
feel uneasy
不安に思う

1494
sensitive
[sénsətiv / センスィティヴ]
①敏感な ②傷つきやすい
名 sensitívity 感受性
be sensitive to 〜
〜に敏感である

1495
reluctant
[rilʌ́ktənt / リラクタント]
〜したがらない, しぶしぶの
名 reluctance 同 unwilling
be reluctant to 〜
〜するのが気が進まない

1496 ★
sensible
[sénsəbl / センスィブル]
賢明な, 分別のある
同 wise
a sensible attitude
分別ある態度

メモ　名詞 sense の形容詞形は sensible, sensitive 以外にも sensual (官能的な), sensuous (感

☑ Under no **circumstances** will I accept his offer.	どんな<u>状況</u>でも，私は彼の申し出を受け入れない。
☑ The cat was a **nuisance** to the neighbors.	そのネコは近隣の<u>迷惑</u>になっていた。
☑ The children's room is in a terrible **mess**.	子供たちの部屋はひどく<u>散らかって</u>いる。
☑ His boss has a **reputation** for being strict but fair.	彼の上司は厳しいが公平だという<u>評判</u>だ。
☑ The **format** of the new quiz show has proved popular.	新しいクイズ番組の<u>形式</u>は好評だとわかった。
☑ Jane **was envious of** her sister's good looks.	ジェーンは姉［妹］の美しい容姿を<u>ねたんでいた</u>。
☑ I was **furious** about what the lawyer said.	私は弁護士が言ったことに<u>激怒</u>した。
☑ She **felt uneasy** in the job interview.	彼女は就職の面接で<u>不安に思った</u>。
☑ A dog's nose **is** very **sensitive to** smell.	イヌの鼻はにおいにとても<u>敏感だ</u>。
☑ He **is reluctant to** talk to her.	彼はなかなか彼女と話を<u>したがらない</u>。
☑ I think it would be **sensible** to follow her advice.	彼女の助言に従うのが<u>賢明</u>でしょう。

GRADE 5 §13

紛争・事件に関する語（名詞）

1497 ★
conflict
[kánflikt / カンフリクト]
衝突, 紛争
動 [kənflíkt / コンフリクト] 対立する ア
a conflict of ideas
意見の衝突

1498
crisis
[kráisis / クライスィス]
危機, 難局　複 crises
[kráisi:z / クライスィーズ]
crisis of management
危機管理

1499
court
[kɔ́:rt / コート]
裁判所, 法廷
the Supreme Court
最高裁判所

1500 ★★
witness
[wítnəs / ウィットネス]
目撃者, 証人
動 ～を目撃する
a witness to the accident
事故の目撃者

形態を表す語（形容詞）

1501
parallel
[pǽrəlèl / パラレル]
平行の
名 平行線
parallel to ～
～に平行な

1502 ★
vertical
[vɚ́:rtikl / ヴァーティクル]
垂直の
反 horizontal 水平の
a vertical drop
標高差

1503
stiff
[stíf / スティフ]
① 固い
② 疑った, こわばった
a stiff cover
固い表紙

1504
artificial
[ɑ̀:rtifíʃəl / アーティフィシャル]
人工の, 人造の
反 natural 自然の
an artificial satellite
人工衛星

1505 ★
antique
[æntí:k / アンティーク]
古風な, 旧式の
an antique clock
古時計

1506 ★
cellular
[séljələr / セリュラー]
① 細胞の
② 携帯電話の
名 cell 細胞
a cellular phone
携帯電話

334　メモ　crisis の複数形は crises。他にも複数形が -ses となる名詞に oasis（オアシス）, axis（軸）,

The two countries have a **conflict** over the border.	その2国は境界線をめぐって衝突している。
The country now faces an economic **crisis**.	その国は今，経済危機に直面している。
The **court** decided that he was guilty.	裁判所は彼は有罪だと判断した。
The police had trouble finding **witnesses** to the accident.	警察はその事故の目撃者を見つけるのに苦労した。
The highway runs **parallel to** the railroad.	その幹線道路は鉄道線路と平行して走っている。
That man is trying to climb up a **vertical** cliff.	あの男性が切り立った崖を登ろうとしている。
I feel **stiff** in my shoulders.	私は肩が凝っている。
These roses are not real. They're **artificial**.	これらのバラは本物ではない。造花です。
My sister likes **antique** furniture.	私の姉[妹]は昔風の家具が好きだ。
The **cellular phone** has changed the way we communicate.	携帯電話によってコミュニケーションの方法が変わった。

GRADE 5

thesis（学位論文）などがある。

GRADE 5 §14

社会生活に関する語⑤(動詞)

1507 encounter [inkáuntər/インカウンタ]
(思いがけず)出会う, 遭遇する
图 出会い, 遭遇
encounter a crisis
危機に遭遇する

1508 confirm [kənfə́ːrm/コンファーム]
〜を確認する
图 confirmátion 確認
confirm an order
注文を確認する

1509 ★ ensure [enʃúər/エンシュア]
〜を確実にする, 確保する
ensure a profit
利益を確保する

1510 ★ guarantee [gæ̀rəntíː/ギャランティー]ア
〜を保証する, 請け合う
图 保証
guarantee safety
安全を保証する

1511 ★ accompany [əkʌ́mpəni/アカンパニ]
同伴する, つき添う
accompany a high fever
高熱を伴う

1512 ★ approve [əprúːv/アプルーヴ]
賛成する, 承認する
图 approval 賛成, 承認
approve of 〜
〜に賛成する

1513 infect [infékt/インフェクト]
〜を感染させる, 伝染させる
图 infection 感染
be infected with 〜
〜に感染する

全体・完全を表す語(形容詞)

1514 ★★ complete [kəmplíːt/コンプリート]
①完全な ②完成した
動 〜を完成する
a complete explanation
完ぺきな説明

1515 absolute [ǽbsəlùːt/アブソルート]
絶対の, 絶対的な
反 relative 相対的な
副 absolutely 絶対に
absolute majority
絶対多数

1516 ★★ entire [intáiər/インタイア]
全体の 同 whole
副 entirely すっかり, 完全に
the entire body
全身

1517 ★ gross [gróus/グロウス]
総計の, 総体の
同 total
Gross Domestic Product (GDP)
国民総生産

メモ completeは欠けるところがなくすべて揃っている意味で「完全な」, perfectは欠点がな

He has **encountered** a lot of difficulties.	彼はこれまで数多くの困難に遭遇してきた。
Please **confirm** your hotel reservation by phone.	電話でホテルの予約を確認してください。
The airport is taking steps to **ensure** passenger safety.	空港は乗客の安全を確保するために手段を講じている。
Success is not **guaranteed**.	成功する保証はない。
I'd be delighted to **accompany** you.	喜んでお供いたします。
My parents didn't **approve** **of** my working part-time after school.	両親は私の放課後のアルバイトに賛成しなかった。
He **was** **infected** **with** a virus.	彼はウイルスに感染した。
All the preparations are **complete**.	準備はすべて完了している。
His decision was **absolute**.	彼の決断は絶対的なものだった。
I spent the **entire** morning in the kitchen.	私は午前中ずっと台所で過ごした。
His **gross** income isn't enough to support his family.	彼の総収入は家族を養うには十分ではない。

い意味で「完璧な」。

GRADE 5 §15

プラスイメージの語⑦（動詞）

1518 ★★
□ **contribute**
[kəntríbjuːt / コントリビュート] ア
貢献する, 寄与する
名 contribution 貢献
contribute to ~
~に貢献する

1519 ★★
□ **donate**
[dóuneit / ドウネイト]
~を寄付する, 寄贈する
名 donation 寄付（金）
donate money to ~
~にお金を寄付する

1520 ★
□ **enrich**
[enrítʃ / エンリッチ]
① ~を豊かにする
② ~を高める, 強化する
enrich people's lives
人々の生活を豊かにする

1521 ★
□ **reproduce**
[rìːprəd(j)úːs / リプロデュース]
① ~を再生する, 再現する
② 繁殖する
名 reproduction 再生
ability to reproduce
繁殖能力

重要・必要を表す語（形容詞）

1522 ★★
□ **crucial**
[krúːʃəl / クルーシャル]
極めて重要な, 決定的な
crucial evidence
重大な証拠

1523 ★★
□ **essential**
[isénʃəl / イセンシャル] ア
① 絶対必要な, 不可欠な
② 本質的な　名 essence 本質
essential amino acid
必須アミノ酸

1524 ★
□ **indispensable**
[ìndispénsəbl / インディスペンサブル]
絶対必要な, 必須の
同 essential
be indispensable to ~
~に不可欠だ

1525 ★★
□ **appropriate**
[əpróupriət / アプロウプリアト]
適切な, ふさわしい
appropriate advice
適切な助言

1526 ★★
□ **convenient**
[kənvíːniənt / コンヴィーニエント]
便利な, 都合のよい
名 convenience 便利さ
be convenient for ~
~に都合がよい

1527 ★
□ **fundamental**
[fʌ̀ndəméntl / ファンダメントル]
基本的な, 根本的な
fundamental human rights
基本的人権

338　メモ　convenient（都合のよい）は「人」を主語にできないことに注意。〈be convenient for +

☑ The discovery of electricity **contributed to** the development of civilization.	電気の発見は文明の発展に<u>貢献した</u>。
☑ I will **donate** these books to the library.	これらの本を図書館に<u>寄贈する</u>つもりだ。
☑ Education can greatly **enrich** your life.	教育で人生は大いに<u>豊かになり</u>得る。
☑ This system **reproduces** the images of the sky.	この設備は空の映像を<u>再現する</u>。
☑ These cities played a **crucial** role in the history of Italy.	これらの都市はイタリアの歴史で<u>極めて重要な</u>役割を演じた。
☑ A good diet is **essential** for everyone.	よい食事は誰にも<u>絶対必要な</u>ものだ。
☑ This book **is indispensable to** anyone interested in space science.	この本は宇宙科学に興味のある者にとっては<u>欠かせない</u>。
☑ Her clothes were not **appropriate** for a job interview.	彼女の服装は仕事の面接には<u>ふさわしく</u>なかった。
☑ You can come whenever it **is convenient for** you.	あなたの<u>都合のよい</u>ときにいつでもいらっしゃい。
☑ We have to tackle the **fundamental** cause of the problem.	その問題の<u>根本的</u>原因の解決に取り組まなければならない。

人〉の形で用いる。

GRADE 5 §16

社会生活に関する語⑥(形容詞)

1528 ★
academic [ækədémik / アカデミク]
学問の, 学問的な
名 acádemy 高等教育機関
an academic record
学業成績

1529
elementary [èləméntəri / エリメンタリ]
初歩的な, 基本の
elementary school
《米》小学校

1530 ★
representative [rèprizéntətiv / レプリゼンタティヴ] ア
代表する, 典型的な 名 代表者
動 represent 〜を表す, 代表する
be representative of 〜
〜を代表する

1531 ★
prosperous [prá:spərəs / プラスパラス]
繁栄している, 成功した
動 prosper 栄える
名 prospérity 繁栄
a prosperous city
繁栄した都市

1532 ★
valid [vǽlid / ヴァリッド]
①合法的な, 正当な
②有効な
the valid reason
正当な理由

1533 ★
epidemic [èpidémik / エピデミク]
流行性の, はやりの
名 流行, 伝染病
epidemic of flu
インフルエンザの流行

1534
terminal [tə́:rmənl / ターミヌル]
末期の, 終わりの
名 終着駅
terminal care
末期医療

条件・譲歩・理由などを表す語(副詞)

1535 ★★
therefore [ðéərfɔ̀:r / ゼアフォー]
それゆえに
類 thus

1536
otherwise [ʌ́ðərwàiz / アザワイズ]
①さもないと
②別のやり方で
think otherwise
違う考え方をする

1537
nevertheless [nèvərðəlés / ネヴァザレス] ア
それにもかかわらず

メモ 「小学校」は《米》では elementary school, 《英》では primary school と言う。

The **academic** year of schools in Japan begins in April.	日本の学校の年度は4月に始まる。
He has an **elementary** knowledge of artificial intelligence.	彼は人工知能の初歩的知識は持っている。
Kabuki is a traditional art that **is representative of** Japan.	歌舞伎は日本を代表する伝統芸能だ。
Japan has created a free and **prosperous** society.	日本は自由で繁栄した社会をつくり上げた。
This return ticket is **valid** for three months.	この復路の切符は3か月間有効だ。
The disease is now reaching **epidemic** proportions.	その病気が今流行している。
Don't worry. It's not a **terminal** illness.	心配はいりませんよ。病気は末期ではありません。
He was sick, and **therefore** could not attend the party.	彼は病気だった。それでパーティーに出席できなかった。
Put your coat on, **otherwise** you will get cold.	上着を着なさい，さもないと風邪をひくよ。
It was raining heavily. **Nevertheless**, they went out for dinner.	激しく雨が降っていた。それにもかかわらず，彼らは食事に出かけた。

GRADE 5 §17

経済活動に関する語②（名詞）

1538 ★
budget
[bʌ́dʒət / バヂェット]
①予算（案）
②経費，運営費
budget for next year
来年度の予算

1539
depression
[dipréʃən / ディプレション]
①不況, 不景気
②憂うつ, 絶望
形 depressed 不況の, 元気のない
terrible depression
ひどいふさぎ込み

1540 ★
consumption
[kənsʌ́mpʃən / コンサンプション]
消費（量），消耗
動 consume 〜を消費する
consumption tax
消費税

1541 ★
expense
[ikspéns / イクスペンス]
費用，出費
形 expensive 高価な
at the expense of 〜
〜を犠牲にして

1542
merchandise
[mə́ːrtʃəndaiz / マーチャンダイズ]
商品，品物
類 goods
original merchandise
オリジナル商品

コミュニケーションに関する語③（動詞）

1543 ★
interact
[ìntərǽkt / インタラクト]
①交流する
②相互に作用する
名 interaction 相互作用
interact with 〜
〜と交流する

1544
negotiate
[nəgóuʃièit / ニゴウシエイト]
〜を交渉する，協議する
名 negotiátion 交渉
negotiate with 〜
〜と交渉する

1545 ★
persuade
[pərswéid / パスウェイド]
〜を説得する
名 persuasion 説得
persuade 〜 to ...
〜を説得して…させる

1546 ★
interpret
[intə́ːrprət / インタープリト] ア
①〜を通訳する
②解釈する
名 interpretátion 解釈
interpret the law
法律を解釈する

1547 ★★
imply
[implái / インプライ]
〜を暗示する, ほのめかす
名 implication 暗示
imply the need for 〜
〜の必要を示唆する

メモ　depressionは長期間にわたる不況, 不景気を指し, 一時的な景気の減速, 後退は

☑ The project was completed within **budget**.	その事業は予算の範囲内で完了した。
☑ Do you know about the Great **Depression**, which began in 1929?	あなたは世界大恐慌を知っていますか。それは1929年に始まりましたが。
☑ Do you know the annual **consumption** of rice in Japan?	日本の米の年間消費量を知っていますか。
☑ Travel **expenses** account for half the total bill.	交通費が総費用の半分を占めている。
☑ This store has a large stock of **merchandise**.	この店には商品の在庫がたくさんある。
☑ My father likes to **interact with** a lot of people with different jobs.	私の父は違った職種の多くの人々と交流するのが好きだ。
☑ It was left to me to **negotiate with** him.	彼との交渉は私に任された。
☑ I tried to **persuade** my father **to** stop smoking.	私は父親を説得してたばこをやめさせようとした。
☑ The man will **interpret** your statement into Japanese.	その人があなたの発言を日本語に通訳します。
☑ Are you **implying** that I am wrong?	私が間違っているとほのめかしているのですか。

recessionを用いる。

GRADE 5 §18 ◎ 2-71

構成要素・部分を表す語(名詞)

1548 ★
component
[kəmpóunənt / カンポウナント]
構成要素, 成分, 部品
electronic components
電子部品

1549
proportion
[prəpɔ́ːrʃən / プロポーション]
① 割合, 比率
② 釣合, 均衡
proportion of A to B
Bに対するAの比率

1550 ★
equipment
[ikwípmənt / イクウィプメント]
設備, 備品, 装備
動 equip 〜を備えつける
office equipment
事務用品

1551 ★
ingredient
[ingríːdiənt / イングリーディアント]
材料, 原料, 成分
fresh ingredients
新鮮な素材

1552
portion
[pɔ́ːrʃən / ポーション]
部分, 一部
front portion of the brain
脳の前部

刺激・喚起に関する語(動詞)

1553 ★
stimulate
[stímjəlèit / スティミュレイト]
① 〜を刺激する
② 〜を促す, 励ます
名 stimulátion 刺激
stimulate A to 〜
Aを刺激して〜させる

1554 ★★
recommend
[rèkəménd / レコメンド] ア
〜を推薦する
名 recommendátion 推薦(状)
recommend a rest
休憩を取るよう薦める

1555
convince
[kənvíns / コンヴィンス]
〜を確信させる, 納得させる
名 conviction 確信
convince A of B
AにBを納得させる

1556
inspire
[inspáiər / インスパイア]
〜を奮起させる, 奮い立たせる
名 inspirátion ひらめき
inspire A to 〜
Aに〜するよう奮起させる

1557 ★
prompt
[prάːmpt / プランプト]
① 〜を刺激する
② 〜を促す
prompt A to 〜
Aに〜するよう促す

344　**メモ**　componentは主に物などの構成要素に, ingredientは主として料理の材料に用いる。

Language is an important **component** of a culture.	言語は文化の重要な構成要素だ。
The **proportion** of nuclear families in Japan has increased.	日本では核家族の割合が増加した。
Do you know a shop selling camping **equipment**?	キャンプ用具を売っている店を知っていますか。
Hops are a major **ingredient** in beer.	ホップはビールの主原料だ。
The burn covers a large **portion** of the body.	やけどは身体の大部分に及んでいる。
Teachers should **stimulate** the students **to** think for themselves.	教師は生徒たちを自分たち自身で考えるよう鼓舞すべきだ。
Can you **recommend** a good hotel in Osaka?	大阪でよいホテルを推薦してくれますか。
The government tried to **convince** us **of** the safety of the nuclear power plant.	政府は私たちに原子力発電の安全性を納得させようとした。
His success **inspired** his friends **to** make greater efforts.	彼の成功は彼の友人たちにより努力するよう奮起させた。
Your presentation **prompted** a lively discussion.	あなたの発表は活発な議論を促した。

GRADE 5 §19

身体に関する語②(名詞)

1558 ★
allergy
[ǽlərdʒi / アラディー]
アレルギー, 嫌悪
形 allérgic アレルギー(体質)の
milk allergy
牛乳アレルギー

1559
flesh
[fléʃ / フレッシュ]
(身体の)肉
flesh and bones
骨身

1560 ★
muscle
[mʌ́sl / マスル] 発
筋肉, 腕力
形 muscular 筋骨たくましい
muscle pain
筋肉痛

1561
lung
[lʌ́ŋ / ラング]
肺
lung cancer
肺がん

1562
vein
[véin / ヴェイン]
静脈, 血管
a vein of gold
金の鉱脈

1563 ★
gender
[dʒéndər / ヂェンダー]
性, 性差
gender differences
性差, 男女の差

1564 ★
gene
[dʒíːn / ジーン]
遺伝子
形 genétic 遺伝子の
gene for acting talent
演技の才能の遺伝子

研究・調査に関する語(動詞)

1565 ★
investigate
[invéstəgèit / インヴェスティゲイト] ア
①〜を調査する, 研究する
②〜を捜査する
名 investigátion 調査, 捜査
investigate the cause of 〜
〜の原因を調査する

1566 ★
analyze
[ǽnəlàiz / アナライズ]
〜を分析する
名 análysis 分析
analyze a problem
問題を分析する

1567 ★
subscribe
[səbskráib / サブスクライブ]
①〜を(定期)購読する
②〜を登録する
名 subscription 購読
subscribe to 〜
〜を定期購読する

メモ　genderは社会的, 文化的, 文法的な性を指し, sexは生物学上の性を指す。

Is there anyone with a food **allergy**?	食べ物アレルギーのある人はいますか。
The X-rays can pass through the **flesh** and not through the bone.	X線は肉の部分は通るが，骨は通らない。
I feel **muscle** pain in my right leg.	右脚が筋肉痛だ。
The **lungs** are used for breathing.	肺は呼吸をするのに用いられる。
The **veins** carry blood to the heart.	静脈は心臓に血液を運ぶ。
Gender, nationality, and age do not matter.	性別，国籍，そして年齢も関係ない。
The **genes** of chimpanzees are close to those of humans.	チンパンジーの遺伝子は人間の遺伝子に近い。
The FBI started to **investigate** the murder.	FBI[連邦捜査局]が殺人事件を捜査し始めた。
You have to **analyze** the data by this weekend.	今週末までにデータを分析しなければならないよ。
My family **subscribes to** the New York Times.	私の家では『ニューヨークタイムズ』を定期購読している。

GRADE 5 §20

追求・達成に関する語（動詞）

1568 ★★
struggle
[strʌ́gl／ストラグル]
苦闘する, 奮闘する
名 奮闘
struggle against poverty
貧困と闘う

1569 ★
concentrate
[kɑ́:nsəntrèit／カンセントレイト] ア
集中する
名 concentrátion 集中, 専念
concentrate on ~
~に集中する

1570 ★
devote
[divóut／ディヴォウト]
① （時間など）を充てる, 向ける
② 専念させる　名 devotion 献身
be devoted to ~
~に専念する

1571 ★
accomplish
[əkɑ́mpliʃ／アカンプリッシュ]
~を成し遂げる, 達成する
名 accomplishment 遂行
accomplish a goal
目標を達成する

1572 ★
commit
[kəmít／コミット]
① （罪など）を犯す
② 約束する
commit suicide
自殺する

1573 ★★
specialize
[spéʃəlàiz／スペシャライズ]
~を専門とする, 専攻する
specialize in ~
~を専攻する

程度・度合いを表す語②（形容詞）

1574
moderate
[mɑ́:dərət／マダレット]
適度の, 中くらいの
反 extreme 極度の
moderate amount of sugar
適量の砂糖

1575 ★
extensive
[iksténsiv／イクステンスィヴ]
広範囲の, 多方面の
反 intensive 集中的な
extensive reading
多読

1576
peculiar
[pikjú:ljər／ピキューリァ]
① 奇妙な, 独特の
② 固有の　類 strange, odd
peculiar behavior
奇妙な行動

1577 ★
ultimate
[ʌ́ltəmət／アルタマット]
① 究極の, 最終的な
② 最高の
ultimate goal
究極の目的

1578
random
[rǽndəm／ランダム]
任意の, 無計画な
at random
無作為に, でたらめに

メモ　コンピューター用語のRAMはrandom access memory（読み書き可能な記憶措置）の

☑ The couple are **struggling** to raise five children.	その夫婦は5人の子供たちを育てるのに奮闘している。
☑ They are **concentrating on** finding the solution to the problem.	彼らは問題の解決策を見つけることに集中している。
☑ My brother **is devoted to** soccer.	私の兄[弟]はサッカーに専念している。
☑ We have **accomplished** what we were told to do by the boss.	私たちは上司に命じられたことを成し遂げた。
☑ What makes people **commit** crimes?	なぜ人は犯罪を犯すのだろうか。
☑ He is a professor and **specializes in** European history.	彼は大学教授で，ヨーロッパ史を専門としている。
☑ I take **moderate** exercise every morning.	私は毎朝適度な運動をする。
☑ My uncle has **extensive** business experience in many fields.	私の叔父は多くの分野で幅広い実務経験を持っている。
☑ He speaks a dialect **peculiar** to Kyushu.	彼は九州特有の方言を話す。
☑ We have to make the **ultimate** decision.	私たちは最終決定をしなければならない。
☑ The winning numbers are selected **at random** by computer.	当選番号はコンピューターによって無作為に選ばれる。

略語。

GRADE 5 §21

否定的な行動を表す語④(動詞)

1579 ★
interfere
[ìntərfíər / インタフィア] ア
① 邪魔をする, 妨げる
② 干渉する 名 interference 妨害, 干渉
interfere with ~
~を妨げる

1580 ★
disturb
[distə́ːrb / ディスターブ]
① 邪魔をする ② 動揺させる
名 disturbance 騒ぎ
disturb the neighbors
近所の迷惑になる

1581 ★
insult
[insʌ́lt / インサルト] ア
~を侮辱する
名 ínsult 侮辱
insult the poor
貧しい人を侮辱する

1582 ★
starve
[stáːrv / スターヴ]
飢える, 餓死する
名 starvátion 飢餓
starve to death
餓死する

1583 ★
overestimate
[òuveréstəmeit / オウヴァエスタメイト]
~を過大評価する
cannot be overestimated
計り知れない

1584 ★
discourage
[diskə́ːridʒ / ディスカーリッヂ]
① ~を思いとどまらせる
② 落胆(失望)させる
discourage A from -ing
Aに~するのを思いとどまらせる

1585 ★
withdraw
[wiðdrɔ́ː / ウィズドロー]
① 引き下がる, 撤退する
② ~を引き出す
名 withdrawal 引き下がること, 撤退
withdraw money from the bank
銀行からお金を引き出す

マイナスイメージの語⑤(形容詞)

1586 ★
vain
[véin / ヴェイン]
① 無駄な ② うぬぼれの強い
名 vanity 虚栄心
in vain
無駄に, むなしく

1587 ★
wicked
[wíkid / ウィキッド] 発
① 悪い, 不道徳な
② 意地の悪い
wicked people
悪人

1588 ★
awkward
[ɔ́ːkwərd / オークワド]
① 不器用な, ぎこちない
② ばつが悪い
feel awkward
気まずい, 落ち着かない

1589 ★
fragile
[frǽdʒəl / フラヂャル]
壊れやすい, もろい
fragile item
壊れやすい物

メモ　wicked, nakedなどの語尾の-edの発音は[-id]となる。

☑ The accident **interfered** **with** the good relationship between us.	その出来事は私たちのよい関係を妨げるものだった。
☑ I'm sorry to **disturb** you at a time like this.	こんなときにお邪魔してすみません。
☑ He didn't mean to **insult** you by saying that.	彼はそう言ったことであなたを侮辱するつもりはなかった。
☑ Many animals **starved** during the long drought.	長い干ばつの間に多くの動物が餓死した。
☑ The importance of health **cannot be overestimated**.	健康の大切さは計り知れない。
☑ I tried to **discourage** my son **from** buying the car.	息子にその車を買うのをやめさせようとした。
☑ A knee injury forced him to **withdraw** from the game.	膝のけがのために,彼はやむなく試合から撤退[棄権]した。
☑ I tried to persuade the man, but **in vain**.	私はその人を説得しようとしたが,無駄だった。
☑ It is **wicked** of you to say such a thing.	そんなことを言うなんて君はひどい。
☑ I'm **awkward** with chopsticks.	私は箸を使うのが不器用だ。
☑ Our bones become more and more **fragile** as we grow older.	我々の骨は,年をとるにつれてますますもろくなる。

GRADE 5 §22

概念を表す語⑤(名詞)

1590 ★
injustice [indʒʌ́stis / インヂャスティス]
不公平, 不正
反 justice 正義
economic injustice
経済的不公平

1591
prestige [prestíːʒ / プレスティージ]
名声, 威信, 評判
形 prestigious 名声のある, 一流の
gain prestige
名声を得る

1592
vice [váis / ヴァイス]
悪行, 悪習 形 vicious 不道徳な
反 virtue 美徳
virtue and vice
美徳と悪徳

1593
perspective [pərspéktiv / パースペクティヴ]
①視点, 観点 ②遠近法
類 viewpoint
perspective on life
人生観

1594
vintage [víntidʒ / ヴィンティッジ]
①年代物 ②極上ワイン
vintage jeans
年代物のジーンズ

世界・社会に関する語(形容詞)

1595 ★
contemporary [kəntémpərèri / コンテンポレリ] ア
①現代の
類 modern 現代の, 近頃の
②同時期の
contemporary English
現代英語

1596 ★
medieval [mìːdíːvl / ミーディイーヴル]
中世の
medieval architecture
中世建築

1597
military [mílətèri / ミリテリ]
①軍隊の, 軍事的な
②陸軍の ⇒ naval 海軍の
take military action
軍事行動を取る

1598 ★
federal [fédərəl / フェデラル]
連邦政府の, 連邦制の
名 federátion 連邦(政府)
federal republic
連邦共和国

1599 ★
agricultural [ægrikʌ́ltʃərəl / アグリカルチュラル]
農業の, 農学の
名 ágriculture 農業
agricultural crops
農作物

メモ アメリカ合衆国での federal は state(州の)に対する「連邦政府の, 国家の」の意味で用

☑ It is unfortunate that **injustice** can be seen all over the world.	残念ながら，<u>不正</u>は世界中で見られる。
☑ The statesman lost his **prestige** after the scandal.	その政治家はスキャンダルの後に<u>名声</u>を失った。
☑ Smoking is his only **vice**.	喫煙が彼の唯一の<u>悪習</u>です。
☑ This story is written from a child's **perspective**.	この話は子供の<u>視点</u>から書かれている。
☑ He has a great interest in **vintage** aircraft.	彼は<u>年代物</u>の飛行機に非常に興味がある。
☑ I'm not interested in **contemporary** music.	私は<u>現代の</u>音楽に興味がありません。
☑ I'd like to visit **medieval** walled towns in Europe.	私はヨーロッパの<u>中世</u>城壁都市を訪れたい。
☑ The **military** base is off limits to civilians.	<u>軍事</u>基地は民間人は立ち入り禁止である。
☑ The **federal** government announced a new welfare plan.	<u>連邦</u>政府は新しい福祉計画を発表した。
☑ We don't use **agricultural** chemicals on this farm.	この農場では<u>農薬</u>は使いません。

いられ，国家機関などの名称につけられる。

GRADE 5 §23

学問・研究に関する語（名詞）

1600 ☐ **scholarship** [skάːlərʃip / スカラシップ]
奨学金
win a scholarship
奨学金を受け取る

1601 ★★ ☐ **term** [tə́ːrm / ターム]
① 期間, 任期
② 用語, 言葉
in terms of ～
～の点から, ～に関して

1602 ★ ☐ **theme** [θíːm / スィーム]
主題, テーマ
類 subject
a historical theme
歴史的主題

1603 ☐ **philosophy** [fəlάːsəfi / フィラソフィ] ア
哲学
形 philosóphical 哲学的な
philosophy about life
人生哲学

1604 ★ ☐ **psychologist** [saikάːlədʒist / サイカロヂスト]
心理学者
⇒ psychology 心理学
a child psychologist
児童心理学者

倍数・頻度を表す語（形容詞）

1605 ★ ☐ **triple** [trípl / トリプル]
3つからなる, 3倍の, 3重の
⇒ double 2倍の
triple digits
3桁

1606 ★ ☐ **annual** [ǽnjuəl / アニュアル]
1年の, 毎年の
an annual festival
毎年恒例の祭典

1607 ★ ☐ **multiple** [mʌ́ltəpl / マルティプル]
多数の, 多様な
名 倍数
multiple cultures
多文化

1608 ★ ☐ **numerous** [n(j)úːmərəs / ニューメラス]
多数の
numerous dishes
数多くの料理

1609 ☐ **unusual** [ʌnjúːʒuəl / アニュージュアル]
普通でない, まれな, 異常な
反 usual 普通の, いつもの
unusual behavior
異常な行動

メモ　tripleのtri-(3)のように数を表す接頭辞には, bi-(2), quadri-(4), deca-(10), cent-(100)

The <u>scholarship</u> helped me go to university.	<u>奨学金</u>が大学へ行く助けとなった。
The new school <u>term</u> in the US starts in September.	合衆国では新学<u>期</u>は9月に始まる。
The <u>theme</u> of this exhibition is peace.	この展示の<u>主題</u>は平和だ。
<u>Philosophy</u> is the study of ideas and beliefs about the meaning of life.	<u>哲学</u>は人生の意義についての思想と信念の学問である。
Educational <u>psychologists</u> are now in great demand.	教育<u>心理学者</u>の需要が今高まっている。
The population of Tokyo is more than <u>triple</u> that of Osaka.	東京の人口は大阪の人口の<u>3倍</u>を超えている。
This festival is the biggest <u>annual</u> event in Kyoto.	この祭りは京都で最大の<u>年中</u>行事である。
This morning we saw <u>multiple</u> collisions on the freeway.	今朝，私たちは高速道路で<u>多重</u>衝突を見た。
<u>Numerous</u> earthquakes are recorded in Japan.	日本では<u>多数の</u>地震が記録される。
It is <u>unusual</u> for Bob to be late.	ボブが遅れるなんて<u>珍しい</u>。

などがある。

GRADE 5 §24

感情・精神に関する語②(名詞)

1610 ★★
confidence [ká:nfədəns / カンフィデンス]
① 信頼, 信用
② 自信
形 confident 確信した
have confidence in ～
～に自信を持つ

1611 ★
endurance [end(j)úərəns / インデュアランス]
忍耐(力), 我慢
動 endure ～に耐える
同 patience 忍耐(力)
beyond endurance
我慢できないほど

1612 ★
expectation [èkspektéiʃən / エクスペクテイション]
期待, 予想
動 expect 期待する, 予想する
against expectations
予想に反して

1613
gratitude [grǽtətju:d / グラティテュード]
感謝(の気持ち)
同 thanks
gratitude to others
他人への感謝

1614
resolution [rèzəlú:ʃən / レゾルーション]
① 決意, 決心
② 解決(策)
動 resólve 決意する
make a resolution
決意する

判断・評価を表す語⑥(形容詞)

1615 ★
accurate [ǽkjərət / アキュレット]
正確な, 精密な
名 accuracy 正確さ
an accurate watch
正確な腕時計

1616 ★
beneficial [bènəfíʃəl / ベネフィシャル]
有益な, 役に立つ
名 bénefit 利点
a beneficial result
有益な結果

1617 ★
practical [prǽktikəl / プラクティクル]
実際の, 実用的な
動 名 practice ～を実施する, 実施
practical English
実用英語

1618 ★
virtual [və́:rtʃuəl / ヴァーチャル]
① 実質の, 事実上の
② 仮想の
virtual reality
仮想現実

1619 ★
incredible [inkrédəbl / インクレディブル]
① 信じられない, 信じ難い
② 最高の 同 unbelievable
incredible experience
実にすばらしい体験

> **メモ** 名詞のbenefitのアクセントは第1音節だが, 形容詞beneficialのアクセントは第3音節

We **have** great **confidence in** his judgment.	私たちは彼の判断を大いに信頼している。
The marathon is a test of **endurance**.	マラソンは耐久力のテストだ。
I failed to live up to my parents' **expectations**.	私は両親の期待に応えられなかった。
She expressed her **gratitude** to him by making him a cake.	彼女は彼にケーキをつくって感謝の気持ちを表した。
My uncle **made a resolution** to give up smoking.	叔父はたばこをやめると決意した。
This figure may or may not be **accurate**.	この数字が正確かどうかわからない。
Taking moderate exercise is **beneficial** to your health.	適度な運動は健康によい。
It doesn't sound like a **practical** solution.	それは実際的な解決法には思えない。
Car ownership is a **virtual** necessity when you live in the country.	田舎に住むには，車を持つことは実質上必要なことだ。
It is **incredible** that nobody noticed these errors.	誰もこれらの誤りに気がつかなかったとは信じられない。

にある。品詞によってアクセントの位置が変わるので注意。

GRADE 5 §25

施設・設備を表す語(名詞)

1620 ★★
architecture
[ɑ́ːrkətèktʃər / アーキテクチャ]
建築, 建築様式
名 architect 建築家
ancient architecture
古代建築

1621 ★★
intersection
[ìntərsékʃən / インタセクション]
交差点
類 junction
a busy intersection
交通量の多い交差点

1622 ★
vehicle
[víːəkl / ヴィーイクル] 発
乗り物, 車
a commercial vehicle
営業車

1623
statue
[stǽtʃuː / スタチュー]
像, 彫像
the Statue of Liberty
自由の女神

1624
tomb
[túːm / トゥーム] 発
墓, 墓地
同 grave
an ancient tomb
古墳

発声に関する語(動詞)

1625
pronounce
[prənáuns / プロナウンス]
～を発音する
名 pronunciátion 発音
how to pronounce
発音の仕方

1626
whisper
[hwíspər / ウィスパ]
～をささやく, 小声で話す
名 ささやき
whisper a few words
二言三言ささやく

1627
whistle
[hwísl / (ホ)ウィスル]
口笛を吹く
名 笛, 口笛
whistle a tune
曲を口笛で吹く

1628 ★
yell
[jél / イェル]
大声で叫ぶ, どなる
yell at each other
どなり合う

1629 ★
scream
[skríːm / スクリーム]
悲鳴を上げる, 叫ぶ
名 悲鳴
scream out of fear
恐怖で悲鳴を上げる

メモ　Statue of Liberty (自由の女神) は正式名称を Liberty Enlightening the World (世界を

It is considered one of the greatest works of ancient Roman **architecture**.	それは古代ローマ建築の最高傑作の1つと考えられている。
Go straight through the **intersection**.	交差点をまっすぐに行きなさい。
The development of solar-powered **vehicles** has already begun.	太陽エネルギー式の乗り物の開発はすでに始まった。
There is a big **statue** of the founder at the gate.	門のところに創立者の大きな像がある。
The **tomb** was discovered by a team of archaeologists.	その墓は考古学者のチームによって発見された。
How do you **pronounce** your last name?	あなたの名字はどのように発音するのですか。
He leaned over to **whisper** something to Mike.	彼は身を乗り出して、マイクに何かささやいた。
He has been **whistling** the song all day.	彼はその曲を一日中口笛で吹いている。
His mother **yelled** at him on the phone.	彼の母は電話で彼にどなりつけた。
She **screamed** for help from the window of her room.	彼女は部屋の窓から助けを求めて叫んだ。

照らす自由）と言う。

GRADE 5 §26

2-79

政治・社会に関する語（名詞）

1630
revolution
[rèvəlúːʃən / レヴォルーション]
① 革命, 大変革　② 回転
動 revólve 回転する
形 revolútionary 革命の
the Industrial Revolution
産業革命

1631
republic
[ripʌ́blik / リパブリック]
共和国
⇒ monarchy 君主国
the Republic of Korea
大韓民国

1632
strategy
[strǽtədʒi / ストラテヂ]
戦略, 策略
形 stratégic 戦略の　類 tactics
a strategy for the future
未来に向けての戦略

1633 ★
globalization
[glòubələzéiʃən / グロウバラゼイション]
グローバル化, 世界化
形 glóbal 世界的な
動 glóbalize ～を世界規模にする, 国際化する
the age of globalization
グローバル化の時代

1634 ★
innovation
[ìnəvéiʃən / イナヴェイション]
革新, 刷新
動 ínnovate ～を革新する
technological innovation
技術革新

1635 ★
insurance
[inʃúərəns / インシュ(ア)ランス]
保険
life insurance
生命保険

1636
welfare
[wélfèər / ウェルフェア]
① 福祉　② 幸福
social welfare
社会福祉

社会的活動を表す語（動詞）

1637 ★
recruit
[rikrúːt / リクルート]
～を募集する, 採用する
類 adopt
recruit new staff
新職員を採用する

1638 ★
engage
[ingéidʒ / インゲイヂ]
従事する, 携わっている
be engaged in ～
～に従事する

1639
represent
[rèprizént / レプリゼント]
① ～を表す, 示す
② ～を代表する
名 represéntative 代表
represent a country
国を代表する

メモ　recruit は「人を採用する」, adopt は「方法や考え方を採用する」。

- ☐ The Internet has brought about a **revolution** in our daily lives.

  インターネットは私たちの日常生活に大変革をもたらした。

- ☐ The official name of China is the People's **Republic** of China.

  中国の正式名称は中華人民共和国だ。

- ☐ Here's a **strategy** for success in the exam.

  これが試験に合格するための戦略だ。

- ☐ **Globalization** is threatening the lives of small farmers around the world.

  グローバル化は世界の小規模農家の生活をおびやかしつつある。

- ☐ We need to encourage **innovation** in manufacturing industries.

  私たちは製造業の革新を促進する必要がある。

- ☐ Do you have earthquake **insurance** on your house?

  自宅に地震保険をかけていますか。

- ☐ He is engaged in **welfare** service for disabled people.

  彼は身体障害者のための福祉サービスの仕事をしている。

- ☐ We had difficulty **recruiting** enough new staff.

  十分な数の新職員を採用するのに苦労した。

- ☐ My father **is engaged in** writing a book about Iraq.

  父はイラクについての本を執筆することに携わっている。

- ☐ What does a star **represent** on this map?

  この地図で星印は何を表していますか。

GRADE 5 §27

表現に関する語②(名詞)

1640 triangle [tráiæŋgl / トライアングル]
三角形
the area of a triangle
三角形の面積

1641 ★ illustration [ìləstréiʃən / イラストレイション]
① 実例, 説明
② 挿絵, 図解
動 illustrate 〜を説明する
as an illustration
実例として

1642 ★ consequence [kάːnsəkwèns / カンセクウェンス] ア
① 結果, 影響
② 重要さ, 重大さ
副 cónsequently 結果的に
serious consequences
深刻な結果

1643 ★★ estimate [éstəmət / エスティマット] ア
見積もり, 評価
動 〜を…と見積もる
an estimate of cost
費用の見積もり

1644 portrait [pɔ́ːrtrət / ポートレット]
肖像画
a portrait of my mother
母の肖像画

経済・生産活動を表す語②(動詞)

1645 ★ advertise [ǽdvərtàiz / アドヴァタイズ] ア
〜を宣伝する, 広告する
名 advertísement 広告
advertise a new book
新刊書を宣伝する

1646 distribute [distríbjuːt / ディストリビュート] ア
〜を分配する, 配布する
名 distribútion 分配
distribute test papers
テスト用紙を配る

1647 ★ invest [invést / インヴェスト]
〜を投資する
名 investment 投資
invest a lot of money
高額の投資をする

1648 ★ purchase [pɔ́ːrtʃəs / パーチャス] 発
〜を購入する, 買う
名 購入(品)
purchase a used car
中古車を購入する

1649 deserve [dizɔ́ːrv / ディザーヴ]
〜に値する, ふさわしい
deserve attention
注目に値する

メモ　contribute, distribute, attribute などのアクセントはすべて第2音節の -tri- にある。

Please fold this paper in a way that it creates a **triangle**.	この紙を三角形になるように折り曲げてください。
It is a good **illustration** of the problems we humans face.	それは私たち人類が直面している問題のよい実例だ。
Many people believe that poverty is a **consequence** of overpopulation.	多くの人が貧困は人口過剰の結果だと信じている。
The number of deaths was three thousand, much larger than the original **estimate**.	死者数は3000人で，最初の推定よりはるかに多かった。
His **portrait** hangs on the wall of the living room.	彼の肖像画が居間の壁にかかっている。
They often use a hit song to **advertise** a product.	製品を宣伝するのによくヒットソングを使う。
Clothes and blankets were **distributed** to the refugees.	衣服と毛布が難民に配布された。
He **invested** heavily in the stock market.	彼は株式市場に多額の投資をした。
The concert tickets can be **purchased** at a convenience store.	コンサートのチケットはコンビニで購入することができる。
She feels she **deserves** any punishment.	彼女はどんな罰にも値する[どんな罰を受けても仕方ない]と思っている。

熟語のまとめ 5

動詞的役割をする熟語(1)

1650 be about to 〜	まさに〜するところである
1651 be involved in 〜	〜に参加している, かかわっている
1652 be made up of 〜	〜から成り立っている
1653 be responsible for 〜	〜に責任がある
1654 break down	故障する
1655 break into 〜	〜に押し入る
1656 break out	急に発生する
1657 break up	終わる
1658 bring about 〜	〜を引き起こす 類 come about 〜
1659 care for 〜	〜の世話をする
1660 carry on 〜	〜を続ける ＊ carry on –ing, 〈carry on with ＋名詞〉の形になる。
1661 catch up with 〜	〜に追いつく

I **was** just **about** **to** leave when the doorbell rang.	私がまさに出かけ<u>ようとした</u>とき，玄関のベルが鳴った。
She **was involved in** the traffic accident. I **am involved in** a lot of community activities.	彼女は交通事故に<u>巻き込まれた</u>。私は多くの地域社会活動に<u>かかわっている</u>。
A basketball team **is** **made** **up** **of** five players.	バスケットボールのチームは5人の選手から<u>成る</u>。
Parents **are responsible for** their children's behavior.	親は子供の行いに<u>責任がある</u>。
My car **broke** **down** again yesterday.	私の車は昨日また<u>故障した</u>。
Someone **broke into** the house while we were out.	私たちの留守中に誰かが家に<u>侵入した</u>。
Two fires **broke out** in the town.	その町で2つの火事が<u>急に発生した</u>。
The party **broke up** just after midnight.	ちょうど夜中の12時過ぎにパーティーは<u>終わった</u>。
Computers have **brought** **about** big changes in the company.	コンピューターは会社に大きな変化を<u>もたらした</u>。
The nurses are busy **caring** **for** these patients.	看護師はこの患者たちの<u>世話をする</u>のに忙しい。
He **carried** **on** speaking even after the bell.	彼はベルが鳴っても話し<u>続けた</u>。
Work hard to **catch** **up** **with** your classmates.	級友に<u>追いつく</u>ために一生懸命勉強しなさい。

動詞的役割をする熟語 (2)

1662 change one's mind	～の考えを変えさせる
1663 complain about [of] ～	～について不平を言う
1664 contribute (A) to B	Bに貢献する AをBに与える，AをBに寄稿する
1665 cope with ～	～をうまく処理する
1666 describe A as B	AをBだと言う
1667 devote A to B	AをBに捧げる
1668 distinguish A from B	AとBとを見分ける 同 tell A from B
1669 figure out ～	～を理解する　同 make out ～
1670 find out ～	～を見つけ出す
1671 get rid of ～	～を捨てる
1672 hand in ～	～を提出する　同 submit
1673 have no idea	わからない
1674 learn ～ by heart	～を暗記する 同 know ～ by heart

He wouldn't **change his mind**.	彼は<u>決心を変えない</u>だろう。
My father is always **complaining about** his job.	私の父はいつも仕事の<u>不満を口にしている</u>。
A lady **contributed** a million dollars **to** the fund-raising concert.	ある女性が100万ドルを募金のための音楽会に<u>寄付した</u>。
I can't **cope with** the stress in my job.	私は仕事でのストレスに<u>対処する</u>ことができない。
Tokyo is always **described as** fashionable.	東京はいつも流行の先端をいっていると<u>言われている</u>。
He **devoted** his life **to** medicine.	彼は人生を医学に<u>捧げた</u>。
Parents must teach children to **distinguish** right **from** wrong.	両親は子供に善と悪を<u>区別する</u>ことができるよう教えるべきである。
I couldn't **figure out** what she meant.	私は彼女が意図したことが<u>理解</u>できなかった。
The police **found out** who stole the jewels.	警察は誰がその宝石を盗んだのか<u>割り出した</u>。
Get rid of your bad habits as soon as possible.	悪い習慣はできるだけ早く<u>取り除きなさい</u>。
Did you **hand in** your homework?	あなたは宿題を<u>提出した</u>のですか。
I **have no idea** which way to go.	どの道を行けばよいのか<u>わかりません</u>。
Let's **learn** this sentence **by heart**.	この文を<u>暗記し</u>ましょう。

動詞的役割をする熟語 (3)

1675 ☐ make sure ～	～を確かめる
1676 ☐ pay attention to ～	～に注意を払う
1677 ☐ pick out ～	～を選ぶ ＊ select のほうがより堅い表現になる。
1678 ☐ play a role in ～	～における役割を果たす
1679 ☐ stand up for ～	～を支持する　同 support
1680 ☐ succeed in ～	～に成功する
1681 ☐ take A into account 　[consideration]	A を考慮に入れる
1682 ☐ take back ～	～を取り戻す，～を取り消す

Make sure the lights are off before leaving the room.	部屋を出る前に，電気が消えているかどうか確かめなさい。
The students **paid attention to** what the teacher was saying.	生徒は先生の言っていることに注意を払った。
Have you **picked out** a ring for the party?	パーティーにしていく指輪を選びましたか。
China **plays a** leading **role in** the world economy.	中国は世界経済で指導的役割を果たしている。
You should **stand up for** what you believe in.	自分が信じるもののために立ち上がるべきだ。
Did you **succeed in** finding a job?	仕事探しはうまくいったのですか。
We have no time to **take** your opinion **into account**.	あなたの意見を考慮する時間がありません。
I'll **take back** what I just said.	今言ったことを取り消します。

センター必出
発音に注意すべき語

1 カタカナと発音が異なる語

- **alco**ho**l** [ǽlkəhɔ̀ːl / アルコホール]
  - 名 アルコール

- **appro**a**ch** [əpróutʃ / アプロウチ]
  - 動 近づく

- **a**pron [éiprən / エイプロン]
  - 名 エプロン

- **bo**a**t** [bóut / ボウト]
  - 名 船, ボート

- **bu**tton [bʌ́tn / バトン]
  - 名 ボタン

- **co**a**t** [kóut / コウト]
  - 名 上着, コート

- **co**ld [kóuld / コウルド]
  - 形 寒い, 冷たい

- **con**trol [kəntróul / コントロウル]
  - 動 支配する

- **Eu**rope [júərəp / ユアロップ]
  - 名 ヨーロッパ

- **ex**hi**bition** [èksəbíʃən / エクスィビション]
  - 名 展示, 展覧

- **glo**ve [glʌ́v / グラヴ]
  - 名 手袋

- **go**a**l** [góul / ゴウル]
  - 名 目的, ゴール

- **ho**le [hóul / ホウル]
  - 名 穴

- **ho**se [hóuz / ホウズ]
  - 名 ホース

- **la**bel [léibəl / レイベル]
  - 名 ラベル

- **la**dy [léidi / レイディ]
  - 名 女性

- **loo**se [lúːs / ルース]
  - 形 ゆるい

- **me**dia [míːdiə / ミーディア]
  - 名 媒体, メディア

- **me**ter [míːtər / ミータ]
  - 名 メートル

- **o**nion [ʌ́njən / アニョン]
  - 名 タマネギ

- **o**ven [ʌ́vən / アヴン]
  - 名 オーブン

- **ow**ner [óunər / オウナ]
  - 名 所有者

- **po**st [póust / ポウスト]
  - 名 郵便, ポスト

- **pota**to [pətéitou / ポテイトウ]
  - 名 じゃがいも

- **po**und [páund / パウンド]
  - 名 ポンド

- **ra**dio [réidiòu / レイディオウ]
  - 名 ラジオ

shoulder	[ʃóuldər / ショウルダ]	sweater	[swétər / スウェタ]
名 肩		名 セーター	
smooth	[smúːð / スムーズ]	theme	[θíːm / スィーム]
形 滑らかな		名 主題, テーマ	
stadium	[stéidiəm / ステイディアム]	toast	[tóust / トウスト]
名 スタジアム		名 トースト	
steak	[stéik / ステイク]	tunnel	[tʌ́nl / タヌル]
名 ステーキ		名 トンネル	
straight	[stréit / ストレイト]	vitamin	[váitəmin / ヴァイタミン]
形 まっすぐな		名 ビタミン	
studio	[stúːdiou / ストゥーディオウ]	wool	[wúl / ウル]
名 スタジオ		名 羊毛, ウール	

2 カタカナとアクセントが異なる語

accéssory	[əksésəri / アクセサリ]	dámage	[dǽmidʒ / ダメッヂ]
名 アクセサリー		名 損害	
áverage	[ǽvəridʒ / アヴェリッヂ]	délicate	[délikət / デリカット]
名 平均		形 繊細な	
barómeter	[bərúːmətər / バラミタ]	élevator	[éləvèitər / エレヴェイタ]
名 気圧計		名 エレベーター	
cálendar	[kǽləndər / カレンダ]	équal	[íːkwəl / イークワル]
名 カレンダー		形 等しい	
caréer	[kəríər / カリア]	éscalator	[éskəlèitər / エスカレイタ]
名 経歴, 職歴		名 エスカレーター	
cháracter	[kǽrəktər / キャラクタ]	Européan	[jùərəpíːən / ユアラピーアン]
名 性格, 登場人物		形 ヨーロッパの	
chócolate	[tʃɔ́kələt / チョコラット]	evént	[ivént / イヴェント]
名 チョコレート		名 出来事	

- énergy [énərdʒi / エナヂ]
  - 名 エネルギー
- héroine [hérouin / ヘロウィン]
  - 名 ヒロイン
- hotél [houtél / ホウテル]
  - 名 ホテル
- ímage [ímidʒ / イミッヂ]
  - 名 イメージ，像
- ínterval [íntərvl / インタヴル]
  - 名 間隔
- jóurnalist [dʒə́:rnəlist / ヂャーナリスト]
  - 名 ジャーナリスト
- mánager [mǽnidʒər / マニヂャ]
  - 名 管理者
- méssage [mésidʒ / メセヂ]
  - 名 伝言，メッセージ
- muséum [mju:zíəm / ミューズィアム]
  - 名 博物館，美術館
- óperator [ápərèitər / アペレイタ]
  - 名 オペレーター
- órchestra [ɔ́:rkəstrə / オーケストラ]
  - 名 オーケストラ
- percént [pərsént / パセント]
  - 名 パーセント
- percéntage [pəséntidʒ / パセンティヂ]
  - 名 百分率
- phótograph [fóutəgræf / フォウトグラフ]
  - 名 写真
- políce [pəlí:s / ポリース]
  - 名 警察
- succéss [səksés / サクセス]
  - 名 成功
- tálent [tǽlənt / タレント]
  - 名 才能
- techníque [tekní:k / テクニーク]
  - 名 技術
- violín [vaiəlín / ヴァイアリン]
  - 名 バイオリン
- vólume [vá:ljəm / ヴァリュム]
  - 名 容量，音量
- voluntéer [vɑ̀:ləntíər / ヴァランティア]
  - 名 ボランティア

単語チェックリスト

- 本文を終えたら、このリストで単語の総点検をしよう。
- 黒色の数字は、見出し語の通し番号を表す。通し番号が細字の単語は、解説中に記載した派生語・関連語であることを示す。
- 青色の数字は、特集で扱った単語のページ数を表す。

A

- ability 0189
- able 0027, 0189
- abnormal 0655, 308
- abolish 0292
- above 240
- abroad 0288, 241
- absent 0619, 307
- absolute 1515
- absolutely 1515
- absorb 1120
- absurd 1252
- academic 1528
- academy 1528
- accept 0273, 1329
- access 0499
- accessory 371
- accident 0113
- accidental 0113
- accompany 1511
- accomplish 1571
- accomplishment 1571
- account 0971, 172
- accuracy 1615
- accurate 1615
- accusation 1218
- accuse 1218
- accustom 1300
- achieve 0822
- achievement 0822
- acid rain 170
- acquire 0821
- act 0182
- action 0182
- active 0480, 1099
- active volcano 170
- activity 0480
- actor 0182
- actress 0182
- actual 0980
- actually 0980
- adapt 0921
- adaptable 0921
- adaptation 0921
- add 1237, 15
- addition 1237
- address 0033, 0230
- adequate 308
- adjust 1301
- administration 0806
- admirable 308
- admiration 0388
- admire 0388, 308
- admission 0378
- admit 0378
- adolescence 1401
- adolescent 1401
- adopt 1302, 1637
- adoption 1302
- adult 0107
- advance 0543
- advantage 0510, 306
- adventure 0847
- adventurer 0847
- adventurous 0847
- advertise 1645
- advertisement 1645
- advice 0170, 242
- advise 0170, 242
- affair 0490
- affect 0813
- afford 0524
- afraid 0037
- after 100
- against 100
- agency 0975
- agent 0975
- agree 1206, 19
- agreement 1206
- agricultural 1599
- agriculture 1599, 306
- ahead 0284
- aid 0541
- aim 0243
- air pollution 171
- airplane 0095
- aisle 0887
- alarm 0114
- alcohol 0258, 370
- alien 0387
- alike 0149
- alive 0150
- allergic 1558
- allergy 1558
- allow 241
- alone 0090
- aloud 0151
- alter 240

373

☐ alternate	1442	☐ appointment	1477	☐ assume	1076
☐ alternative	1442	☐ appreciate	1217	☐ assumption	1076
☐ amaze	1222	☐ appreciation	1217	☐ athlete	0836
☐ amazing	1222	☐ approach	0254, 370	☐ athletic	0836
☐ ambition	0942	☐ appropriate	1525	☐ atmosphere	1471, 306
☐ ambitious	0942, 308	☐ approval	1512	☐ atom	0414
☐ amount	0612, 172	☐ approve	1512, 240	☐ atomic	0414
☐ amuse	1188	☐ approximately	1281	☐ attach	0434
☐ amusement	1188	☐ apron	370	☐ attachment	0434
☐ analysis	1566	☐ apt	0031	☐ attack	0244, 0538
☐ analyze	1566, 172	☐ architect	1620	☐ attempt	0830
☐ ancestor	306	☐ architecture	1620	☐ attend	0221
☐ ancient	0108, 0142, 240	☐ area	0226	☐ attendance	0221
☐ anger	0217	☐ argue	0213	☐ attention	0163, 0221
☐ angle	97	☐ argument	0213	☐ attitude	0405
☐ angry	0217	☐ arms	0949	☐ attract	0894, 1474
☐ animation	0848	☐ around	0285	☐ attraction	0894
☐ anniversary	1455	☐ arrange	0919	☐ attractive	0894
☐ announce	0803	☐ arrangement	0919	☐ audience	0393, 241
☐ announcement	0803	☐ arrest	20	☐ author	0837
☐ annual	1606	☐ arrival	0274	☐ authority	0746, 0837
☐ answer	0265, 0933, 21	☐ arrive	0274	☐ automatically	1282
☐ antique	1505	☐ article	0551	☐ automobile	1277
☐ anxiety	0038	☐ artificial	1504, 306	☐ available	1317
☐ anxious	0038, 1493	☐ ashamed	0627	☐ average	0046, 172, 371
☐ apartment	0764	☐ aside	0286	☐ avoid	0403
☐ apex	96	☐ ask	21	☐ awake	0152
☐ apologize	0908	☐ asleep	0152	☐ award	1049
☐ apology	0908	☐ aspect	0957	☐ aware	0153
☐ apparent	1128, 306	☐ assemble	1444	☐ awful	0628, 241
☐ apparently	1128	☐ assembly	1444	☐ awfully	0628
☐ appeal	0515	☐ assert	1373	☐ awkward	1588
☐ appear	0222, 0684, 0940	☐ assign	1448		
☐ appearance	0222	☐ assignment	1448	**B**	
☐ appetite	306	☐ assist	0536	☐ background	0890
☐ applicant	0832, 306	☐ assistance	0536	☐ bad	1159
☐ application	0832, 1457	☐ assistant	0536	☐ baggage	0532
☐ apply	0832, 1457	☐ associate	0874	☐ bake	16
☐ appoint	1477	☐ association	0874	☐ balance	0512

☐ bar chart	172	
☐ bar graph	172	
☐ bare	**0749**	
☐ barely	0749	
☐ bark	**0411**	
☐ barometer	371	
☐ base	96	
☐ basic	**0047**	
☐ bath	0485	
☐ bathe	**0485**	
☐ bathroom	0485	
☐ battle	0491	
☐ bear	242	
☐ beat	**0853**	
☐ become	19	
☐ before	100	
☐ beg	**0911**	
☐ begin	0690, 15	
☐ behave	0481	
☐ behavior	**0481**	
☐ behind	0284, 100	
☐ belief	**0102**	
☐ believable	0102	
☐ believe	16	
☐ belong	**0256**	
☐ bend	**0496**	
☐ beneficial	0969, **1616**, 306	
☐ benefit	**0969**, 1616	
☐ besides	0701, 1283	
☐ between	100	
☐ bicycle	238	
☐ bilingual	**1432**, 238	
☐ bill	0878	
☐ billion	94	
☐ billionth	94	
☐ bind	**0497**	
☐ binocular	238	
☐ biological	0871	
☐ biological diversity	170	
☐ biology	**0871**	
☐ birth	0199	
☐ bit	0615	
☐ bite	**0245**	
☐ blame	0952, 0997	
☐ bloom	**0426**	
☐ blossom	**0427**	
☐ board	241	
☐ boast	1080	
☐ boat	370	
☐ body	0979	
☐ boil	**0483**	
☐ bold	0099, 0559	
☐ bomb	**0724**	
☐ bone	**0283**	
☐ bonnet	0262	
☐ book	0905	
☐ border	**0461**	
☐ bore	0630	
☐ boring	**0630**	
☐ borrow	0264, 14	
☐ bottom	1093	
☐ bough	**1197**, 242	
☐ bow	**0494**	
☐ bowl	241	
☐ branch	0056, 1469	
☐ brand	**1083**	
☐ brave	0099, **0100**	
☐ break	18	
☐ breath	0931, 242	
☐ breathe	0931, 242	
☐ brief	**0597**	
☐ bring	**0234**	
☐ broad	**0578**	
☐ brush	15	
☐ budget	**1538**	
☐ bug	1195	
☐ build	14	
☐ burial	0924	
☐ burn	13	
☐ burst	**1318**	
☐ bury	**0924**	
☐ button	370	
☐ buy	14	
☐ by	100	

C

☐ calculate	**1186**, 172	
☐ calendar	0592, 371	
☐ calm	**0547**	
☐ campaign	**0809**	
☐ cancel	0304, **0381**	
☐ cancer	**0818**	
☐ candidate	**1439**	
☐ capability	0028	
☐ capable	**0028**	
☐ capacity	**0898**	
☐ capital	**0084**	
☐ carbon dioxide	171	
☐ career	0925, 371	
☐ carry	**0171**	
☐ case	0206	
☐ castle	**0052**	
☐ casual	**0773**	
☐ catch	**0231**	
☐ cattle	**0429**	
☐ cause	**0064**, 0972	
☐ ceiling	**0573**	
☐ celebrate	**0996**	
☐ celebration	0996	
☐ cell	1506	
☐ cellular	**1506**	
☐ center	**0237**, 96	
☐ central	0237	
☐ century	0123, **1403**	
☐ ceremonial	0032	
☐ ceremonious	0032	

ceremony	0032	
certain	0129, 0650	
certainly	0650, 1346	
challenge	0544	
chance	0857	
chapter	0148	
character	0404, 371	
charge	0843	
charm	0736	
charming	0736	
chart	172	
chase	0999	
cheap	0119	
cheaply	0119	
check	18	
chemical	1061	
chemistry	1061	
chief	0397	
childhood	0124	
chocolate	0259, 371	
choice	0636	
choose	0276, 0636, 17	
Christmas	0127	
cinema	0268	
circle	96	
circumference	96	
circumstance	1486	
circumstantial	1486	
citizen	0396, 306	
civil	0567	
civilization	1393	
civilize	1393	
claim	0801	
classic	0109	
classical	0109	
classification	0920	
classify	0920	
clever	0006, 0020	
client	1167	
climate	0371	
climb	15	
close	0263	
cloth	0261	
clothes	0261	
clothing	0261	
Co.	0154	
coast	241	
coat	370	
cold	0248, 370	
colleague	1438	
collect	0253, 17	
comb	242	
combination	1242	
combine	1242	
comedy	0930, 1268	
comfort	0740	
comfortable	0740, 306	
comic	0930	
command	1068	
comment	1475	
commerce	306	
commercial	1107	
commit	1572	
committee	1445	
common	0048	
commonly	0048	
communicate	1169, 308	
communication	1169	
community	1123	
commute	1406	
companion	1437	
company	0154	
comparable	308	
compare	0895, 308	
comparison	0895	
compensate	0672	
compete	1456	
competition	1456	
complain	0855
complaint	0855
complete	1514
complex	1130
complexity	1130
component	1548
compose	0815
composition	0815
comprehend	1395, 308
comprehensible	308
comprehension	1395
computer	0207
conceive	1394
concentrate	1569, 308
concentration	1569
concept	0956
concern	0875
concert	0001
conclude	1368
conclusion	1368
condition	0509, 308
conduct	1064, 307
cone	97
conference	1412
confidence	1610
confident	1610
confirm	1508
confirmation	1508
conflict	1497, 307
confuse	1308
confusion	1308
connect	0444
connection	0444
conscious	1210, 308
consciousness	1210
consequence	1642, 306
consequently	1642
consider	0475
consideration	0475

☐ consist	**0526**
☐ constant	**0784**
☐ constantly	0784
☐ construct	**1139**
☐ construction	1139
☐ consult	**1067**
☐ consume	1540
☐ consumption	**1540**
☐ contact	**0757**, 307
☐ contain	0900
☐ container	0900
☐ contemporary	**1595**
☐ content	**1211**, 307
☐ contest	**0002**
☐ continue	**1015**
☐ contrast	**1238**, 307
☐ contribute	**1518**, 306
☐ contribution	1518
☐ control	**0523**, 370
☐ controversial	1414
☐ controversy	**1414**
☐ convenience	1526
☐ convenient	**1526**
☐ convention	1412
☐ conversation	**0469**, 1476
☐ convert	**1408**
☐ conviction	1555
☐ convince	**1555**
☐ cooperate	1446
☐ cooperation	**1446**
☐ cost	**0092**
☐ cough	**1297**, 242
☐ couple	**0062**, 241
☐ courage	**0737**, 241
☐ courageous	0737
☐ course	0501
☐ court	**1499**
☐ cousin	241
☐ cover	16

☐ cowardly	0100
☐ coworker	1438
☐ crawl	**1298**
☐ crazy	**0021**
☐ create	0428, **0450**
☐ creation	0450
☐ creative	0450
☐ creature	**0428**, 240
☐ crew	**1164**
☐ crime	**0488**, 1153
☐ criminal	0488
☐ crisis	**1498**
☐ critic	1374
☐ criticism	1374
☐ criticize	1374
☐ crop	**0280**, 1091
☐ crowded	**0598**
☐ crucial	**1522**
☐ cruel	**1058**
☐ cruelty	1058
☐ cry	12
☐ cube	97
☐ cultural	0013
☐ culture	**0013**
☐ cure	**0934**
☐ curiosity	0632
☐ curious	**0632**
☐ custom	**0155**, 0216
☐ cut	12
☐ cyclone	170
☐ cylinder	97

D

☐ damage	**0115**, 308, 371
☐ danger	**0017**, 240
☐ dangerous	**0017**
☐ data	**0117**
☐ date	172
☐ datum	0117

☐ dawn	241
☐ dead	0150
☐ deaf	**0599**
☐ deal	**0616**
☐ debate	**0402**
☐ debt	**0879**
☐ decade	**1403**
☐ decay	**1121**
☐ decide	0637, 1078, 17
☐ decision	**0637**, 308
☐ declaration	0802
☐ declare	**0802**
☐ decline	**1117**, 168, 172
☐ decorate	**0923**
☐ decoration	0923
☐ decrease	0937, **0938**, 168, 172
☐ deep	0239
☐ defeat	0012, **1221**
☐ defend	**0538**
☐ defense	0538
☐ define	1235
☐ definite	1235
☐ definition	**1235**
☐ deforestation	171
☐ degree	**0613**
☐ delay	**1000**
☐ delicacy	0741
☐ delicate	**0741**, 371
☐ delicious	**0651**, 308
☐ delight	0976, **0977**
☐ delightful	0977
☐ deliver	**0844**
☐ delivery	0844
☐ demand	**0845**, 0882
☐ demerit	1050
☐ democracy	**0805**, 306
☐ democratic	0805
☐ demonstrate	**1378**

377

☐ demonstration	1378
☐ denial	0380
☐ deny	**0380**
☐ depart	**1244**
☐ department	**0624**
☐ departure	1244
☐ depend	0525, 168
☐ dependent	0525, **1111**
☐ deposit	306
☐ depressed	**1539**
☐ depression	**1539**
☐ depth	**0239**
☐ derive	**1464**
☐ describe	**1170**
☐ description	1170
☐ desert	**1101**, 308
☐ desert island	170
☐ desertification	171
☐ deserve	**1649**
☐ design	168
☐ desirable	1053
☐ desire	**1053**
☐ despite	0710
☐ destroy	**0410**
☐ destruction	0410
☐ detail	**1236**
☐ determination	1078
☐ determine	**1078**
☐ develop	0451, 1051
☐ development	0451, **1051**
☐ devote	**1570**
☐ devotion	1570
☐ dialogue	**1476**
☐ diameter	96
☐ diary	1225
☐ dictionary	**0143**
☐ die	13
☐ diet	**0988**
☐ differ	0105
☐ difference	**0105**
☐ different	0105
☐ difficult	0753
☐ dig	**0935**
☐ digest	**1398**
☐ digestion	1398
☐ digit	172
☐ diligence	0642
☐ diligent	0018, **0642**
☐ direct	**0600**
☐ direction	0458, 0600
☐ directly	0600
☐ disability	98
☐ disadvantage	0510
☐ disagree	0950, 98
☐ disagreement	0950
☐ disappear	0940, 1199, 98
☐ disappearance	0940
☐ disappoint	**1328**
☐ disappointed	1328
☐ disappointment	1328
☐ disaster	**1466**
☐ disastrous	1466
☐ discipline	**1458**
☐ discontent	1211
☐ discount	**1084**
☐ discourage	**1584**, 98
☐ discover	**0257**
☐ discovery	0257
☐ discuss	**0419**
☐ discussion	0419, 308
☐ disease	**0816**
☐ disgust	**1423**
☐ dislike	**0476**
☐ disorder	0160
☐ display	**0914**
☐ distance	**0227**
☐ distant	0227
☐ distinct	1484
☐ distinction	1484
☐ distinctive	**1484**
☐ distinguish	**1397**
☐ distribute	**1646**
☐ distribution	1646
☐ district	**0459**
☐ disturb	**1580**
☐ disturbance	1580
☐ dive	**0432**
☐ diverse	1369
☐ diversity	**1369**
☐ divide	**1243**
☐ division	1243
☐ document	0552, 306
☐ documentary	0552
☐ domestic	**0780**
☐ donate	**1519**
☐ donation	1519
☐ dot	**1239**
☐ double	1605, 241
☐ doubt	0978, 241
☐ doubtful	0978
☐ dozen	**0617**
☐ drama	**0269**
☐ dramatic	0269
☐ draw	**0194**
☐ drink	11
☐ drive	21
☐ drop	**0235**
☐ drought	170, 241
☐ drown	241
☐ due	**0762**
☐ dull	0006, 0139
☐ dust	**0726**
☐ dusty	0726
☐ duty	**0521**
☐ dye	**0941**
☐ dyeing	0941

☐ dynamic	**0548**	☐ elegance	1295	☐ enjoy	14

E

☐ eager	**0633**	☐ elegant	**1295**	☐ enlarge	239
☐ eagerly	0633	☐ element	**1248**	☐ enough	0120, 0771
☐ earn	**0247**	☐ elementary	**1529**	☐ enrich	**1520**, 239
☐ earth	0786	☐ elevator	372	☐ ensure	**1509**
☐ earthquake	**0787**	☐ eleven	94	☐ enter	**0223**
☐ easily	1366	☐ eleventh	95	☐ enterprise	306
☐ eat	11	☐ eliminate	**1410**	☐ entertain	1266
☐ eco-friendly	170	☐ elimination	1410	☐ entertainer	1266
☐ economic	0774	☐ email	**0165**	☐ entertainment	**1266**
☐ economical	0774, 308	☐ embarrass	**1472**	☐ enthusiasm	1428, 306
☐ economy	**0774**	☐ embarrassment	1472	☐ enthusiastic	**1428**
☐ ecosystem	170	☐ emerge	**1461**	☐ entire	**1516**
☐ edge	**0798**	☐ emigrant	1435	☐ entirely	1516
☐ edit	1162	☐ emotion	**1070**	☐ entrance	
☐ editor	**1162**	☐ emotional	1070		0223, **0765**, 0766
☐ educate	0550, 308	☐ emphasis	**1415**	☐ entry	**1280**
☐ education	**0550**	☐ emphasize	1415	☐ envious	**1491**
☐ educational	0550	☐ employ	**0880**	☐ environment	**0785**
☐ effect	0064, **0972**	☐ employee	0880	☐ environmental	0785
☐ effective	0972	☐ employer	0880	☐ envy	**1491**
☐ efficiency	1001	☐ employment	0880	☐ epidemic	**1533**
☐ efficient	**1001**	☐ empty	**0580**	☐ equal	0772, 371
☐ effort	**0156**	☐ enable	239	☐ equality	0772
☐ eight	94	☐ enclose	**1453**	☐ equip	1550
☐ eighteen	94	☐ encounter	**1507**	☐ equipment	**1550**
☐ eighteenth	95	☐ encourage		☐ equivalence	1443
☐ eighth	95		0995, 239, 98	☐ equivalent	**1443**
☐ eightieth	95	☐ endurance	**1611**	☐ error	**0116**
☐ eighty	94	☐ endure	0667, 1611	☐ escalator	371
☐ elaborate	**1421**	☐ enemies	0398	☐ escape	**0224**
☐ elder	**0110**	☐ enemy	**0398**	☐ especially	**0961**
☐ elect	0076	☐ energetic	0915	☐ essay	**0144**
☐ election	**0076**	☐ energy	0915, 306, 371	☐ essence	1523
☐ electric	0916	☐ engage	**1638**	☐ essential	**1523**, 1524
☐ electrical	308	☐ engine	**0096**	☐ establish	**1140**
☐ electricity	**0916**	☐ engineer		☐ establishment	1140
			0096, **0176**, 306	☐ estimate	**1643**, 172
		☐ engineering	0176	☐ ethnic	**1335**

379

☐ ethnicity	1335	☐ expense	1541	☐ fall	22
☐ Europe	370	☐ expensive		☐ false	0558
☐ European	371	0119, **0601**, 1541, 308		☐ familiar	**0067**
☐ event	0003, 1214, 371	☐ experience	**0157**	☐ famous	**0007**, 0098
☐ evidence	**0906**	☐ experiment	**1062**	☐ fantastic	**1313**
☐ evident	0906	☐ experimental	1062	☐ fare	**0602**
☐ evil	**1159**, 240	☐ expert	**1165**	☐ fascinate	**1474**
☐ evolution	1385	☐ expiration	1387	☐ fashion	**0196**
☐ evolve	**1385**	☐ expire	**1387**	☐ fashionable	0196
☐ exact	0964	☐ explain	**0215**	☐ fast	0081
☐ exactly	**0964**	☐ explanation	0215	☐ fatigue	**1184**, 306
☐ exaggerate	**1372**	☐ explore	**0825**	☐ fault	**0158**, 241
☐ exaggeration	1372	☐ explorer	0825	☐ favor	0060, **1208**, 1314
☐ examination	**0868**	☐ explosion	308	☐ favorable	**1314**
☐ examine	0868	☐ export	0883, **0884**, 99	☐ favorite	**0060**
☐ exceed	**1386**	☐ expose	**1462**	☐ fear	242
☐ excellence	1312	☐ exposure	1462	☐ feather	**0918**
☐ excellent	**1312**	☐ express	**1012**	☐ feature	**0758**, 240
☐ excess	1386	☐ expression	1012	☐ federal	**1598**
☐ exchange	0939, 99	☐ extend	1142, **1383**	☐ federation	1598
☐ exchangeable	0939	☐ extension	1383	☐ fee	**0974**
☐ excite	0059	☐ extensive	**1575**	☐ feed	**0902**
☐ excited	0059	☐ extent	1142	☐ feel	15
☐ excitement	0059	☐ extinct	**1132**, 170	☐ female	0639, **0782**, 240
☐ exciting	**0059**	☐ extinction	1132, 170	☐ festival	**0004**
☐ exclude	0876, **1409**, 99	☐ extra	**1255**	☐ festive	0004
☐ exclusive	1409	☐ extraordinary	0768	☐ fever	**0727**
☐ excuse	**1187**	☐ extreme	1574	☐ fiction	0145, **0554**
☐ exercise	**0867**			☐ fifteen	94
☐ exhaust gas	171	**F**		☐ fifteenth	95
☐ exhibit	**1299**			☐ fifth	95
☐ exhibition	1299, 370	☐ facility	**1134**	☐ fiftieth	95
☐ exist	**0225**	☐ fact	**0014**	☐ fifty	94
☐ existence	0225	☐ factor	**0065**	☐ figure	**0045**, 172
☐ exit	0765, **0766**	☐ fail	**0275**	☐ fill	18
☐ expand	**1116**, 99	☐ failure	0275	☐ film	**0268**
☐ expansion	1116	☐ faint	**1261**	☐ final	**0111**
☐ expect	1612, 99	☐ fair	**0653**	☐ finally	0111
☐ expectation	**1612**	☐ faith	**1151**	☐ firm	**0138**
		☐ faithful	1151		

☐ first	95	☐ fortieth	95	☐ furniture	0574
☐ fit	0118	☐ fortunate	0981, 1082	☐ furthermore	1283
☐ five	94	☐ fortunately	0981	☐ fury	1492
☐ fix	0192, 0492	☐ fortune	0981, 1082		
☐ flag	0197	☐ forty	94		

G

☐ flame	0648	☐ forum	1413	☐ gain	0232
☐ flash	1459	☐ found	0904	☐ garbage	1227
☐ flat	0764	☐ foundation	0904	☐ gas	0251, 0751
☐ flesh	0283, 0979, 1559	☐ four	94	☐ gather	0253
☐ flexibility	1420	☐ fourteen	94	☐ gaze	0504
☐ flexible	1420	☐ fourteenth	95	☐ gender	1563
☐ flight	0529	☐ fourth	95	☐ gene	1564
☐ float	1319	☐ fragile	1589	☐ general	0643, 0783, 0790
☐ flock	0623	☐ frame	0648, 0928	☐ generally	0790
☐ flood	0374	☐ free	0522	☐ generate	1463
☐ floor	0573	☐ freedom	0106, 0522	☐ generation	1402
☐ flour	1172, 241	☐ freeze	0864	☐ generosity	1380
☐ flow	0453	☐ frequent	1306	☐ generous	1380
☐ flower	0426	☐ frequently	1306	☐ genetic	1564
☐ flu	0198	☐ fridge	1176	☐ genius	1202, 240
☐ fly	0529, 21	☐ friend	0398	☐ genuine	0558, 1485
☐ focus	0416	☐ fright	1223	☐ geographical	0870
☐ fog	0645	☐ frighten	1223	☐ geography	0870, 306
☐ foggy	0645	☐ frightened	1223	☐ gift	0159
☐ fold	1270	☐ frightening	1223	☐ glance	0503
☐ follow	20	☐ front	0137	☐ global	0070, 0786, 1633
☐ following	1326	☐ frost	1115	☐ global warming	171
☐ food	242	☐ frustrate	1424	☐ globalization	1633
☐ foolish	0010, 0019	☐ frustration	1424	☐ globalize	1633
☐ for	100	☐ fry	1450	☐ globe	0786, 242
☐ forbid	0953	☐ fuel	0917	☐ glorious	1418
☐ force	0647	☐ full	0077, 0580	☐ glory	1418
☐ foreign	0069, 0780	☐ fun	0270	☐ glove	242, 370
☐ forever	0462, 1351	☐ function	0418	☐ goal	370
☐ forget	21	☐ fund	0973	☐ god	0015
☐ forgive	0998	☐ fundamental	1527, 308	☐ goddess	0015
☐ formal	0570	☐ funny	0270	☐ goods	1542
☐ format	1490	☐ fur	1011	☐ govern	0806, 1014
☐ former	0638	☐ furious	1492		

government	0806, 1014	harmony	0626	hotel	372
grab	0891	harvest	0280, 1091	huge	0581, 0591
gradual	0463	haste	0542	human	0087
gradually	0463, 1348	hasten	0542	human being	0395
graduate	0423	hate	0203	humanity	0087, 0395
graduation	0423	hatred	0203	humid	1103
grain	1173	have	1086	humidity	1103
grand	0733	headache	0252	humor	0022
graph	0896, 172	health	0186	humorous	0022
grasp	1271	healthy	0186	hundred	94
gratitude	1613	heard	242	hundredth	95
grave	1155, 1624	heart	242	hunger	0088
greenhouse effect	171	heat	0248	hungry	0088
greet	0932	heat island phenomenon	171	hunt	0246
greeting	0932	heater	0248	hunter	0246
grief	1071, 1072	heaven	0373	hurricane	0376, 170
grieve	1072	height	0240	hurry	0172
grocer	1174	hero	0219	hurt	20
grocery	1174	heroine	0219, 372		
gross	1517	hesitate	1079	**I**	
grow	11	hesitation	1079	idea	0956
grown-up	0107	hide	0183	ideal	1336
growth	0200	high	0240	identification	1203
guarantee	1510	hire	0903	identify	1203
guard	0901	hold	17	identity	1203
guess	20	hole	370	idle	1055
guest	0394	holiday	0272	ignoble	0545
guidance	1478	holy	1157, 1158	ignorance	1309
guide	1478	honest	0407	ignorant	1309
guilty	0943	honesty	0407	ignore	1309
H		honor	0016	illegal	1109, 98
habit	0155, 0216	honorable	0016	illness	0816
handbag	0209	hood	0262	illustrate	1641
handsome	1004	horizon	0372	illustration	1641
happen	0314, 0455, 19	horizontal	0372, 1502, 97	image	0023, 308, 372
hardware	0775	horrible	0631	imaginary	1296
harm	0489	horror	0440, 0631	imagination	0859
harmful	0489	hose	370	imagine	0859, 1296
				imitate	1399

☐ imitation	1399	☐ infection	1513	☐ intention	0860
☐ immediate	0464, 308	☐ inferior	1315	☐ interact	**1543**
☐ immediately		☐ influence	**0929**	☐ interaction	1543
	0464, 1048	☐ influential	0929	☐ interested	0061
☐ immigrant	**1435**	☐ influenza	0198	☐ interesting	**0061**
☐ immoral	1160	☐ inform	0166, 99	☐ interfere	**1579**, 306
☐ impact	308	☐ informal	0570, 98	☐ interference	1579
☐ implication	1547	☐ information	**0166**	☐ international	**0566**
☐ imply	**1547**	☐ ingredient	**1551**	☐ Internet	0467
☐ import	0883, 0884, 99	☐ inhabitant	**1434**	☐ interpret	**1546**, 306
☐ importance	**0024**	☐ initial	306	☐ interpretation	1546
☐ important	0024	☐ injure	0850	☐ intersection	**1621**
☐ impossible	**0030**, 98	☐ injury	0819, 0850	☐ interval	307, 372
☐ impress	1074	☐ injustice	**1590**	☐ interview	**0471**
☐ impression	**1074**	☐ innocence	0943	☐ introduce	**0800**
☐ impressive	308	☐ innocent	**0943**	☐ introduction	0800
☐ improve	**0936**	☐ innovate	1634	☐ invent	**0814**, 99, 169
☐ improvement	0936	☐ innovation	**1634**	☐ invention	0814
☐ in	100	☐ insect	**1195**	☐ invest	**1647**
☐ incident	**1214**	☐ insist	0214, 1373	☐ investigate	**1565**
☐ incline	168	☐ inspect	99	☐ investigation	1565
☐ include	0876, 1409, 99	☐ inspiration	1556	☐ investment	1647
☐ including	0876	☐ inspire	**1556**	☐ invitation	**1224**
☐ income	**0877**, 99	☐ install	**1138**	☐ invite	1224, 20
☐ increase		☐ instance	**0513**	☐ involve	**0831**
	0937, 0938, 168, 172	☐ instant	0620	☐ iron	**0582**
☐ incredible	**1619**	☐ instead	**0984**	☐ irregular	0577, 98
☐ indeed	**0962**	☐ instruct	**1065**	☐ island	**0133**
☐ independent	**1111**, 98	☐ instruction	1065	☐ issue	**1213**
☐ indicate	**1069**	☐ instrument	0584, **0991**	☐ item	0583, 172
☐ indication	1069	☐ instrumental	0991		
☐ indispensable	**1524**	☐ insult	**1581**, 308	**J**	
☐ individual	0783, 306	☐ insurance	**1635**		
☐ industrial	0605, 308	☐ intellect	1303	☐ jewel	0585
☐ industrious	0605	☐ intellectual	**1303**	☐ jewelry	0585
☐ industry	**0605**	☐ intelligence	1002	☐ join	17
☐ inevitable	98	☐ intelligent	**1002**	☐ journal	**1225**
☐ inexpensive	0601	☐ intend	0860	☐ journalist	372
☐ infect	1513	☐ intensive	1575	☐ journey	**0530**
				☐ joy	**0271**

383

☐ judge	0177, 1204	☐ legal	1108	☐ lung	1561
☐ judgment	0177, **1204**	☐ legend	0959		
☐ junction	1621	☐ legendary	0959	**M**	
☐ just	0025	☐ leisure	0846	☐ mad	0039
☐ justice	**0025**, 1590	☐ lend	0264	☐ magnificent	**1480**, 307
		☐ length	0241	☐ main	0649
K · L		☐ level	0242	☐ mainly	0649
☐ keen	0742	☐ liberal	0106	☐ maintain	**1189**
☐ kill	18	☐ liberty	0106	☐ maintenance	1189
☐ knock	22	☐ license	**0927**	☐ major	0654
☐ know	0866, 22	☐ lie	0173, 11	☐ majority	0654
☐ knowledge	**0866**, 241	☐ like	0476	☐ male	**0639**, 0782
☐ known	0068	☐ likely	**0121**	☐ mammal	**1468**
☐ label	370	☐ limit	0635	☐ manage	**1013**, 308
☐ labor	**0926**	☐ line graph	172	☐ management	1013
☐ laborer	0926	☐ liquid	0751, **0759**	☐ manager	372
☐ lack	**0634**	☐ literary	1267	☐ mankind	0395
☐ lady	370	☐ literature	**1267**	☐ manner	0072
☐ land	0336	☐ live	11	☐ manual	1256
☐ landscape	**1105**	☐ local	0568	☐ manufacture	1320
☐ language	0565	☐ locate	0795	☐ march	0495
☐ later	242	☐ location	**0795**	☐ marry	14
☐ latter	242	☐ logic	0744	☐ marvel	1419
☐ laugh	0479, 16	☐ logical	0744	☐ marvelous	**1419**
☐ laughter	**0479**	☐ lonely	0089	☐ mass	**1145**
☐ laundry	**1460**	☐ lonesome	0089	☐ mass disposal	171
☐ law	0178, 1108, 242	☐ long	0241	☐ master	0386
☐ lawn	241	☐ loose	0588, **0750**, 370	☐ material	**1006**
☐ lawyer	**0178**	☐ lorry	0533	☐ matter	0104
☐ lay	0173	☐ lose	18	☐ mature	1304
☐ layer	1094	☐ loud	**0078**	☐ maturity	1304
☐ lazy	0018	☐ loudly	0078	☐ maximum	**1370**, 172
☐ lead	18	☐ low	242	☐ mayor	0382
☐ leaf	0278	☐ lower	0112	☐ mean	0518
☐ lean	1272	☐ luck	**0218**	☐ meaning	0518
☐ learn	13	☐ luckily	0218	☐ means	0468
☐ least	**0607**	☐ lucky	0218	☐ meant	240
☐ leave	15	☐ luggage	0532	☐ measure	0897
☐ lecture	**1060**	☐ lunar	1181	☐ media	**1258**, 370

☐ medical	0586, **1179**	☐ misunderstand		☐ natural environment	170
☐ medicine	**0586**, 1179		0960, 239	☐ natural resource	171
☐ medieval	**1596**	☐ misunderstanding	**0960**	☐ naturally	0051
☐ medium	**0167**	☐ mix	**0195**	☐ naval	**1597**
☐ meet	13	☐ mixture	0195	☐ nearly	**1284**
☐ melt	**0865**	☐ mobile	**0781**	☐ neat	**1177**, 1481
☐ memorize	0437	☐ mobility	0781	☐ necessary	**0610**
☐ memory	**0437**	☐ model	**0417**	☐ necessity	0610, 307
☐ mend	**0443**, 0492	☐ moderate	**1574**	☐ need	0824, 14
☐ mental	0641, **0738**	☐ modern		☐ negative	1095, **1096**
☐ mention	**1016**		0108, **0142**, 1595	☐ neglect	**1310**
☐ merchandise	**1542**	☐ modest	**1430**	☐ negotiate	**1544**
☐ merciful	1152	☐ moisture	**1104**	☐ negotiation	1544
☐ mercy	**1152**	☐ momentary	0620	☐ nerve	**1185**
☐ mere	**1262**	☐ monarchy	1631	☐ nervous	1185
☐ merely	1262	☐ monopoly	238	☐ nevertheless	**1537**
☐ merit	**1050**	☐ monorail	238	☐ nine	94
☐ merrily	0743	☐ monotone	238	☐ nineteen	94
☐ merry	**0743**	☐ moral	**1160**	☐ nineteenth	95
☐ mess	**1488**	☐ moreover	1283	☐ ninetieth	95
☐ message	**0168**, 372	☐ motion	**0448**	☐ ninety	94
☐ messenger	0168	☐ mouse	0281	☐ ninth	95
☐ messy	1488	☐ move	21	☐ noble	**0545**
☐ meter	370	☐ movie	0268	☐ nonfiction	0554
☐ method	**0073**	☐ multiple	**1607**	☐ normal	**0655**
☐ middle	**0238**	☐ muscle	**1560**	☐ notice	**0169**
☐ military	**1597**	☐ muscular	1560	☐ novel	**0145**
☐ million	94	☐ museum	372	☐ nuclear	**1180**
☐ millionth	95	☐ must	0296	☐ nuclear power plant	171
☐ mineral	**1246**	☐ mutual	**1441**	☐ nuisance	**1487**
☐ minimum	1370, 172	☐ mysterious	1156	☐ number	172
☐ minister	**1163**	☐ mystery	**1156**	☐ numerous	**1608**
☐ minor	0654			☐ nurse	**0179**
☐ minute	**0125**	**N**		☐ nutrition	1422
☐ misfortune	1082, 239	☐ narrow	0578	☐ nutritious	**1422**
☐ mislead	239	☐ nation	**0082**		
☐ miss	14	☐ national	0082	**O**	
☐ mist	0645	☐ native	**0569**	☐ obedience	0399
☐ mistake	17, 239	☐ natural	**0051**, 1504	☐ obey	**0399**

☐ object	0415	☐ organize	1124	☐ pass	0236
☐ observation	0420	☐ origin	1305	☐ passage	**1278**
☐ observe	0420	☐ original	1305, 308	☐ passenger	**0384**
☐ obstacle	**1371**	☐ originate	1305	☐ passion	**1052**
☐ obstinate	**1429**	☐ otherwise	**1536**	☐ passionate	1052
☐ obtain	**0823**	☐ outcome	99	☐ passive	0480, **1099**
☐ obvious	**1129**	☐ outdoor	99	☐ password	**0989**
☐ obviously	1129	☐ outgo	**0877**	☐ path	**0501**
☐ occasion	**0856**	☐ outline	99	☐ patience	0408, 1611
☐ occasional	0856	☐ outlook	99	☐ patient	0408, 240
☐ occupation	1087	☐ oval	96	☐ pattern	**0563**
☐ occupy	**1087**	☐ oven	370	☐ pause	0400, 241
☐ occur	0455, 307	☐ overcome	**1089**	☐ peace	0546
☐ odd	**1289**, 1576	☐ overestimate	**1583**	☐ peaceful	**0546**
☐ offer	**0493**	☐ overseas	**0288**	☐ peak	**0858**
☐ official	**0640**	☐ owe	**1088**	☐ peculiar	**1576**
☐ older	0110	☐ owl	241	☐ perceive	1205
☐ omission	1191	☐ own	241	☐ percent	0043, 172, 372
☐ omit	**1191**	☐ owner	370	☐ percentage	
☐ on	100	☐ ozone layer	171		172, 308, 372
☐ one	94	**P**		☐ perception	**1205**
☐ onion	370			☐ perfect	0008, 308
☐ only	240	☐ package	0587, **1226**	☐ perfectly	0008
☐ operate	**0842**	☐ pain	**0441**	☐ perform	**0431**
☐ operation	0842	☐ painful	0441	☐ performance	0431
☐ operator	372	☐ paint	15	☐ perfume	**1007**
☐ opinion	**0470**	☐ pair	0042, 0062	☐ period	**0126**
☐ opponent	**1440**	☐ pale	**0091**	☐ permanent	**1324**
☐ opportunity	**0857**	☐ pants	**0593**	☐ permission	**0955**
☐ oppose	**0951**	☐ paragraph	**1259**	☐ permit	**0955**
☐ opposite	**0731**	☐ parallel	**1501**, 97	☐ personal	1209
☐ opposition	0951	☐ parcel	**0587**	☐ personality	**1209**
☐ optimistic	**1431**	☐ pardon	**0482**	☐ perspective	**1593**
☐ option	**1240**	☐ partial	1285	☐ persuade	**1545**
☐ optional	1240	☐ partially	**1285**	☐ persuasion	1545
☐ orchestra	307, 372	☐ participate	**1273**, 1447	☐ pessimistic	1431
☐ order	**0160**, 1065	☐ participation	1447	☐ phenomenon	**1390**
☐ ordinary	**0768**	☐ particular	**0643**	☐ philosophical	1603
☐ organization	1124	☐ particularly	0643, 1356	☐ philosophy	**1603**

☐ photo 0446	☐ position 0456	☐ pressure 1075
☐ photograph **0446**, 372	☐ positive **1095**	☐ prestige **1591**
☐ physical 0447, **0641**, 0738	☐ possess **1086**	☐ prestigious 1591
☐ physics **0447**	☐ possible **0029**, 0030	☐ pretend **0913**
☐ pick 17	☐ post 370	☐ prevent **0893**, 169
☐ picture 0446	☐ postpone 0665, **1200**, 169	☐ prevention 0893
☐ pie chart 172	☐ postscript 169	☐ previous **1326**, 169, 240
☐ pill 0586	☐ postwar 169	☐ prewar 169
☐ pioneer **1166**, 307	☐ potato 370	☐ price **0093**
☐ pitiful 0728	☐ potential **1483**	☐ pride **0409**
☐ pity **0728**	☐ pound 0044, 370	☐ primary **1148**
☐ plain **1131**	☐ pour **1451**	☐ principal **0763**
☐ plainly 1131	☐ power **0085**	☐ principle **0745**
☐ plan 18	☐ powerful 0085	☐ priority **1126**
☐ plane 0095	☐ practical **1617**	☐ prison **0907**
☐ planet **0136**	☐ practice 0074, 0872, 1617	☐ prisoner 0907
☐ play 15	☐ praise **0997**	☐ privacy **1127**
☐ pleasant 0204, 0976, 1057	☐ pray **0912**	☐ private 0131, **0778**, 1127
☐ pleasant **0629**	☐ prayer 0912	☐ prize **0005**
☐ please **0204**, 0976	☐ precious **0760**, 240	☐ proceed 0755, **0899**
☐ pleased 0204	☐ precise **1150**	☐ process **0755**, 0899
☐ pleasure 0629, **0976**, 240	☐ precisely 1150	☐ procession 1086
☐ poison **0820**	☐ predict **1322**, 169	☐ proclaim **1377**
☐ poisonous 0820	☐ prediction 1322	☐ produce **0811**, 0970
☐ police 372	☐ prefer **0389**, 307, 308	☐ product 0811, **0970**
☐ policy **0807**	☐ preferable 308	☐ production 0811, 0970
☐ polish **1274**	☐ preference 0389	☐ profession 1316
☐ polite 0555	☐ prejudice 169	☐ professional **1316**
☐ politic 1110	☐ preparation 0424	☐ professor **1161**
☐ political **1110**	☐ prepare **0424**, 169	☐ profit **1081**
☐ pollute **0835**	☐ presence 0619	☐ profitable 1081
☐ pollution 0835, 171	☐ present 0159, **0619**, 1479	☐ program **0035**
☐ popular **0122**	☐ presentation **1479**	☐ progress 0734, 308
☐ population **0946**	☐ preservation 1190	☐ promise 19
☐ portion **1552**	☐ preserve **1190**	☐ promote **1201**
☐ portrait **1644**	☐ press **0191**, 1075	☐ promotion 1201
		☐ prompt **1557**
		☐ pronounce **1625**
		☐ pronunciation 1625

387

☐ proof	0422, **0449**	
☐ proper	**0611**	
☐ properly	0611	
☐ proportion	**1549**, 172	
☐ proposal	0514	
☐ propose	**0514**, 0910	
☐ prosper	1531	
☐ prosperity	1531	
☐ prosperous	**1531**	
☐ protect	**0537**	
☐ protection	0537	
☐ protest	**1376**	
☐ proud	0409	
☐ prove	0422, 0449, 240	
☐ proverb	**1241**	
☐ provide	0516	
☐ psychologist	**1604**	
☐ psychology	**1604**	
☐ public	0131, 0778	
☐ publish	**0881**	
☐ pull	0175	
☐ punish	**1220**	
☐ punishment	1220	
☐ pupil	0180	
☐ purchase	**1648**	
☐ pure	**0644**	
☐ purpose	**0539**	
☐ purse	**0209**	
☐ pursue	**1066**	
☐ pursuit	1066	
☐ push	**0174**, 0175	
☐ puzzle	**1311**	
☐ pyramid	97	

Q

☐ qualification	1090
☐ qualify	**1090**
☐ quality	**0826**, 0827
☐ quantity	0826, **0827**

☐ quarrel	1219
☐ question	0164
☐ quick	**0080**
☐ quickly	0080
☐ quiet	**0079**
☐ quietly	0079
☐ quit	**1275**
☐ quiz	**0869**

R

☐ race	0086
☐ radio	370
☐ radius	96
☐ rainforest	**1102**
☐ raise	20
☐ random	**1578**
☐ range	**1143**
☐ rapid	**0752**
☐ rapidly	0752
☐ rare	**0608**
☐ rarely	0608
☐ rate	0614, 172
☐ rather	**0287**
☐ raw	**0621**
☐ ray	**1112**
☐ reach	17
☐ react	1207, 169
☐ reaction	**1207**
☐ read	13
☐ ready	**0141**
☐ real 0549, 0558, 1228, 1485	
☐ realistic	**1100**
☐ reality	0549, **1228**
☐ realization	0474
☐ realize	**0474**
☐ reason	0064
☐ reasonable	**1250**
☐ receipt	**0604**

☐ receive	21
☐ recent	0465
☐ recently	**0465**
☐ recipe	**1175**
☐ recognition	0392
☐ recognize	**0392**
☐ recommend	**1554**, 307
☐ recommendation	1554
☐ record	308
☐ recover	**0442**, 169
☐ recovery	0442
☐ recruit	**1637**
☐ rectangle	96
☐ recycle	171
☐ reduce	**1118**, 169
☐ reduction	1118
☐ refer	**1171**
☐ reference	1171
☐ reflect	**0528**
☐ reflection	0528
☐ reform	**0812**
☐ refresh	**1276**
☐ refrigerator	**1176**
☐ refusal	0379
☐ refuse	0273, **0379**
☐ regard	**0391**
☐ region	**0796**, 308
☐ regional	0796
☐ regret	**0834**, 308
☐ regrettable	308
☐ regular	**0577**
☐ regular octagon	96
☐ regular pentagon	96
☐ regularly	0577
☐ reject	**1329**
☐ relate	**0873**
☐ relation	0873, 1125
☐ relationship	**1125**
☐ relative **0840**, 1515, 307	

relax	0506
relaese	**1411**, 169
reliable	0535, **1482**
reliance	0535
relief	1321
relieve	**1321**
religion	**0747**, 308
religious	0747
reluctance	1495
reluctant	0739, **1495**
rely	0535
remain	0255
remark	1375
remarkable	1375
remember	20
remind	**0861**
remote	**1332**
removal	1119
remove	**1119**
rent	**0517**
repair	0192, **0492**
repeat	**0507**, 169
repetition	0507
replace	**1122**
reply	**0265**
represent	1530, **1639**, 307
representative	**1530**, 1639
reproduce	**1521**
reproduction	1521
reptile	1468
republic	**1631**
reputation	**1489**
request	0909
require	0824
rescue	**1192**
research	**1059**
researcher	1059

resemblance	0527
resemble	**0527**, 1682
reservation	0905
reserve	**0905**
reside	1433
resident	1433
resist	**0854**
resistance	0854
resolution	**1396**, 1614
resolve	**1396**, 1614
resort	**1133**
resource	**1247**
respect	0661, **0863**
respectful	0863
respond	**0933**
response	0933
responsibility	1253
responsible	**1253**
rest	0220
restaurant	0571
restrict	1146
restriction	**1146**
result	0948
retire	**1234**
retirement	1234
return	17, 169
reunion	**1391**
reuse	171
reveal	**1323**
reverse	**1407**
reversible	1407
review	**1063**
revolution	**1630**
revolutionary	1630
revolve	1630
reward	**1054**
ride	21
ridiculous	1252
right triangle	96

ripe	**1293**
ripen	1293
rise	12
risk	0725
ritual	**1449**
rival	**1136**
rob	**0922**
robber	0922
role	**0519**
roll	**0433**
roof	**0053**
room	**0228**
root	**0279**
rough	**0579**, 242
route	**0797**
row	**0799**
royal	**0945**
royalty	0945
rub	**1233**
rude	**0555**
ruin	0410, **1327**
rural	**1097**
rush	**0435**

S

sacred	**1157**, 240
sad	**0040**
sadly	0040
sadness	0040
safe	**0132**
safely	0132
sale	**0161**
salt	240
sample	**0596**
satisfaction	0862
satisfy	**0862**
save	19
saying	1241
scale	**0561**

☐ scare	1212	☐ seriousness	0769	☐ signature	1260
☐ scared	1212	☐ servant	0386	☐ significance	1149
☐ scene	0992	☐ serve	19	☐ significant	1149, 307
☐ scenic	0992	☐ set	0233	☐ silence	0478
☐ schedule	0947	☐ settle	1141	☐ silent	0478
☐ scholar	0383	☐ settlement	1141	☐ silently	0151
☐ scholarship	1600	☐ seven	94	☐ silly	0019
☐ scold	0390	☐ seventeen	94	☐ similar	0140
☐ score	0618	☐ seventeenth	95	☐ similarity	0140
☐ scream	1629	☐ seventh	95	☐ similarly	0140
☐ screen	0572	☐ seventieth	95	☐ simply	0963
☐ sea level rise	171	☐ seventy	94	☐ sin	0488, 1153
☐ search	0401	☐ severe	0097, 0770	☐ sincere	1003
☐ seat	0054	☐ severely	0770	☐ sincerity	1003
☐ second	95	☐ sew	0266	☐ single	0049
☐ secondary	1148	☐ sewing	0266	☐ sink	0452
☐ secret	0779	☐ shade	0789, 1113	☐ sit	11
☐ secretary	0838	☐ shadow	0789	☐ situation	0754
☐ section	1144	☐ shake	0484	☐ six	94
☐ sectional	1144	☐ shame	0627, 1073	☐ sixteen	94
☐ secure	1135	☐ shameful	1073	☐ sixteenth	95
☐ security	1135	☐ share	0885	☐ sixth	95
☐ seed	0425	☐ sharp	0139	☐ sixtieth	95
☐ seek	1229	☐ sharpen	0139	☐ sixty	94
☐ seem	0205	☐ shelf	1137	☐ skill	0606
☐ seize	0892	☐ shine	20	☐ skilled	0606
☐ seizure	0892	☐ shock	22	☐ skillful	0606
☐ select	0276	☐ shoot	0184	☐ skin	1182
☐ selection	0276	☐ short	0597	☐ sleep	11
☐ selfish	1056	☐ shortage	0729	☐ slide	1230
☐ sell	14	☐ shoulder	371	☐ slight	1263
☐ send	21	☐ shout	16	☐ slightly	1263
☐ sense	0187	☐ show	12	☐ slip	0508
☐ sensible	1496	☐ shower	0375	☐ slow	0081
☐ sensitive	1494	☐ shrink	1388	☐ slowly	0081
☐ sensitivity	1494	☐ sickness	0816	☐ smart	0009
☐ sentence	0146	☐ sight	0438	☐ smell	16
☐ separate	1290, 308	☐ sign	0498, 1260	☐ smoke	0249
☐ serious	0769	☐ signal	0498	☐ smooth	0579, 0589, 371

☐ snake	0282	☐ sphere	97	☐ strange	0057, 1576, 240
☐ soap	0594, 242	☐ spill	1330	☐ stranger	0057
☐ social	0071, 0808	☐ spirit	0188	☐ strategic	1632
☐ society	0808	☐ splendid	1251	☐ strategy	1632
☐ software	0775	☐ spot	0457	☐ stream	0134
☐ soil	1092	☐ spread	0277	☐ strength	0735
☐ solar	1181	☐ square	96	☐ strengthen	0735
☐ solar power generation		☐ squirrel	1196	☐ stress	0985
	171	☐ stable	1291	☐ stretch	1384
☐ soldier	0385	☐ stadium	371	☐ strict	0097
☐ solid	0751	☐ staff	0839	☐ strictly	0097
☐ solution	0421	☐ stair	0767	☐ strike	0851
☐ solve	0421	☐ stand	0667	☐ string	0993
☐ sometimes	1044	☐ standard	0560	☐ stripe	0562
☐ soon	1342	☐ (fixed) star	0136	☐ struggle	1568
☐ sorrow	1071	☐ stare	0504	☐ student	0180
☐ sorry	0041	☐ starvation	1582	☐ studio	371
☐ sort	0066	☐ starve	1582	☐ study	11
☐ soul	0979, 241	☐ state	0083, 1257	☐ stuff	1249
☐ sound	0250	☐ statement	1257	☐ stupid	0010, 0020
☐ soup	242	☐ statue	1623	☐ stupidity	0020
☐ sour	0556, 241	☐ status	1168	☐ subject	
☐ source	0987	☐ stay	13		0034, 0147, 1602, 168
☐ south	242	☐ steadily	1292	☐ submit	1331, 1672, 168
☐ southern	242	☐ steady	1292	☐ subscribe	1567
☐ space	0229	☐ steak	371	☐ subscription	1567
☐ spare	1198	☐ steal	0922	☐ substance	168
☐ speak	0033	☐ steam	0646	☐ substitute	1400, 307
☐ special	0128	☐ steel	1010	☐ subtle	1264
☐ specialize	1573	☐ steps	0767	☐ suburb	0502, 168
☐ specially	0128	☐ stick	0211	☐ subway	168
☐ species	1193, 170	☐ stiff	1503	☐ succeed	0075
☐ specific	1254, 307	☐ stimulate	1553	☐ success	0075, 372
☐ specification	1254	☐ stimulation	1553	☐ successful	0075
☐ specify	1254	☐ stomach	240	☐ sudden	0983
☐ spectate	1436	☐ storm	0788	☐ suddenly	
☐ spectator	1436	☐ stormy	0788		0983, 1019, 1020
☐ speech	0033	☐ story	0055, 0553	☐ suffer	0954
☐ spend	19	☐ straight	0590, 371	☐ sufficient	0771

☐ sugar	0260		**T**		☐ thanks	1613	
☐ suggest	0910				☐ theme	**1602**, 371	
☐ suggestion	0910	☐ table		172	☐ theory	0872	
☐ suit	0576	☐ tablet		0586	☐ therefore	1535	
☐ sum	0828	☐ tactics		1632	☐ think	12	
☐ summit	0500	☐ tail		**0430**	☐ third	95	
☐ sun	172	☐ take		0234	☐ thirst	0622	
☐ superior	1315	☐ tale		0553	☐ thirsty	0622	
☐ supply 0516, 0845,	**0882**	☐ talent	**0406**,	372	☐ thirteen	94	
☐ support	0193, 1679	☐ talented		0406	☐ thirteenth	95	
☐ suppose	0472	☐ target		0540	☐ thirtieth	95	
☐ supreme	1147	☐ task		0520	☐ thirty	94	
☐ sure	0129	☐ taste	1178,	16	☐ thought	0103	
☐ surely	0129, 1346	☐ tasty		**1178**	☐ thousand	94	
☐ surface	**1093**, 168	☐ tax		**0603**	☐ thousandth	95	
☐ surprise	1222, 20, 168	☐ teach	1065,	13	☐ thread	0994	
☐ surround	**1288**, 168	☐ tear		0852	☐ threat	**1426**, 240	
☐ surroundings	1288	☐ tease		1454	☐ threaten	1426	
☐ survey	**1287**	☐ technical		0776	☐ three	94	
☐ survival	0833	☐ technique	**0776**,	372	☐ thrill	0986	
☐ survive	**0833**, 168	☐ technological		0777	☐ thrilling	0986	
☐ suspect	**1077**, 308	☐ technology		0777	☐ throat	**1183**, 241	
☐ suspicion	1077	☐ tell		19	☐ throw	0185	
☐ swallow	1232	☐ temperature		1470	☐ thunder	1114	
☐ sweat	0564	☐ temporary		1324	☐ thus	1535	
☐ sweater	371	☐ temptation		1381	☐ ticket	0162	
☐ sweep	0486	☐ ten		94	☐ tidal	1465	
☐ sweet	**0011**, 0556	☐ tend		0201	☐ tidal wave	170	
☐ sweets	0011	☐ tendency		0201	☐ tide	1465	
☐ swing	0413	☐ tender		0944	☐ tidy	1481	
☐ sword	1215	☐ tenderly		0944	☐ tie	0267	
☐ symbol	0958	☐ tense		1427	☐ tight	0588, 0750	
☐ symbolic	0958	☐ tension		**1427**	☐ till	100	
☐ sympathetic	1379	☐ tenth		95	☐ timid	0559	
☐ sympathize	1379	☐ term		**1601**	☐ tiny	0581, **0591**	
☐ sympathy	1379	☐ terminal		1534	☐ tip	0460	
☐ symptom	**1392**	☐ terrible	0557,	1425	☐ title	0036	
☐ system	0625	☐ terror	0557,	**1425**	☐ toast	371	
☐ systematic	0625	☐ thank		12	☐ together	**1286**	

392

☐ tolerance	1382
☐ tolerate	1382
☐ tomb	1155, **1624**, 242
☐ tongue	**0565**
☐ tool	**0584**
☐ toothache	**0817**
☐ topic	**0147**
☐ tornado	170
☐ total	**0063**, 1517, 172
☐ tough	**0753**
☐ tour	241
☐ track	**1467**
☐ trade	**0094**
☐ tradition	0791
☐ traditional	**0791**
☐ traditionally	0791
☐ traffic	**0531**
☐ tragedy	0930, **1268**
☐ tragic	1268, **1307**
☐ trail	**1279**
☐ transfer	**1404**, 239
☐ transform	**1389**, 239
☐ translate	**0804**, 239
☐ translation	0804
☐ transport	**1405**, 239
☐ trash	**1227**
☐ travel	0530
☐ treasure	**0990**
☐ treat	**0445**
☐ treatment	0445
☐ trend	**0968**
☐ trendy	0968
☐ triangle	**1640**, 238
☐ tribe	**1194**
☐ trick	**0730**
☐ trilingual	1432, 238
☐ trillion	94
☐ trillionth	94
☐ triple	**1605**, 238

☐ tropical rainforest	170
☐ trousers	**0593**
☐ truck	**0533**
☐ true	0026, **0130**, 0558
☐ truly	0130, **0965**
☐ trunk	**1469**
☐ trust	**0377**
☐ trustworthy	**1482**
☐ truth	**0026**, 0130
☐ try	18
☐ tsunami	170
☐ tube	**0595**
☐ tune	**0849**
☐ tunnel	**0888**, 371
☐ twelfth	95
☐ twelve	94
☐ twentieth	95
☐ twenty	94
☐ twin	**0841**
☐ two	94
☐ type	**0793**
☐ typhoon	**0376**, 170
☐ typical	**0793**

U

☐ ultimate	**1577**
☐ unable	0027
☐ unaware	0153
☐ unbelievable	1619
☐ unconscious	1210
☐ understand	**0212**, 0670
☐ understanding	0960
☐ uneasy	**1493**, 98
☐ unfair	0653
☐ unfortunate	0982
☐ unfortunately	0982
☐ unhappy	98
☐ uniform	238
☐ unimportant	98

☐ union	1245
☐ unique	**0792**, 238
☐ uniqueness	0792
☐ unite	**1245**
☐ united	1245
☐ unity	238
☐ universal	1106, **1334**
☐ universe	**1106**
☐ unknown	**0068**, 0098
☐ unlucky	98
☐ unpleasant	**1057**
☐ unrealistic	1100
☐ unstable	**1291**
☐ until	100
☐ unusual	**1609**
☐ unwilling	**1495**
☐ upper	**0112**
☐ upset	**1473**
☐ urban	**1098**
☐ urge	1325
☐ urgent	**1325**
☐ usage	**1416**
☐ use	1416, 18
☐ usual	**0050**, 1609
☐ usually	0050

V

☐ vacancy	1333
☐ vacant	**1333**
☐ vacation	**0272**
☐ vague	**1265**
☐ vaguely	1265
☐ vain	**1586**
☐ valid	**1532**
☐ valuable	0966
☐ value	**0966**
☐ vanish	**1199**
☐ vanity	1586
☐ vapor	**1008**

variation	0454
variety	**0756**, 0761
various	0756, **0761**
vary	**0454**, 0756
vase	0208
vast	0732
vehicle	1622, 240
vein	**1562**
vertical	**1502**, 97
vice	**1592**
vicious	1592
victim	**1216**
victory	**0012**
view	**0436**
viewpoint	**0967**, 1593
vintage	**1594**
violence	0058
violent	0058
violin	372
virtual	1618
virtue	**1154**, 1592
vision	**0439**
visit	0301, 0305, 20
vital	**1005**
vitality	1005
vitamin	**1009**, 371
vivid	**1294**
vocabulary	**1417**
volume	**0829**, 372
voluntary	0181
volunteer	**0181**, 372
vote	**0810**
voter	0810
voyage	**0889**

W・Y

wage	**1085**
wait	12
wallet	**0210**
wander	**1231**
war	0491
warm	242
warn	**0412**
warning	0412
wash	12
washing	**1460**
waste	17, 171
watch	16
water pollution	171
wave	**0135**
wealth	0794
wealthy	**0794**
weapon	**0949**, 240
wear	16
weather	0371
website	**1269**
weigh	**0190**
weight	**0190**
welcome	**0202**
welfare	**1636**
well	**0466**
well-known	0007, **0098**
wheel	**0886**
whisper	**1626**
whistle	**1627**
whole	**0609**, 1516
wicked	**1587**

wild	**0101**
wilderness	0101
wildlife	170
willing	**0739**
win	15
wink	**0505**
wipe	**0487**
wisdom	0010, **0748**
wise	**0010**, 0020, 1496
wish	19
wit	**0022**
with	100
withdraw	**1585**
withdrawal	1585
without	0698, 100
witness	**1500**
women	240
won	240
wonder	**0473**
wood	242
wool	**0575**, 242, 371
woolen	0575
worm	242
worry	**0477**
worth	**0652**, 242
worthy	242
wound	**0819**, 0850
wounded	0819
wrap	**1452**
yacht	**0534**
yell	**1628**
young	0511
youth	**0511**

熟語チェックリスト

- このリストで，本文中に出てくる熟語の総点検をしよう。
- 黒色の数字は，見出し語の通し番号を表す。細字の番号は解説中に記載した熟語であることを示す。

A

□ a bit of ~	0342
□ a couple of ~	0343
□ a crowd of ~	0344
□ a good deal	0616
□ a good deal of ~	0341
□ a grain of ~	1173
□ a great deal	0616
□ a great deal of ~	0341
□ a great number of ~	0340
□ a kind of ~	0353
□ a large number of ~	0340
□ a lot of ~	0345
□ a pair of ~	0352
□ a piece of ~	0349
□ a series of ~	0354
□ a sheet of ~	0350
□ a slice of ~	0351
□ a sort of ~	0353
□ a variety of ~	0355
□ above all	1017
□ access to ~	0499
□ according to ~	0363
□ after all	1018
□ again and again	1364
□ against one's will	1337
□ all at once	1019
□ all of a sudden	1020
□ all the time	1338
□ all the way	1021
□ amount to ~	0612
□ apart from ~	0356
□ as a result	1022
□ as a whole	1023, 1347
□ as far as ~	0366
□ as for ~	0693
□ as is usual with ~	1339
□ as long as ~	0357
□ as to ~	0694
□ as usual	1339
□ at a loss	1026
□ at all costs	1027
□ at any cost	1027
□ at any rate	1354
□ at (the) best	1024
□ at first	1028
□ at heart	1340
□ at (the) least	1025
□ at (the) most	1025
□ at once	0464, 1048
□ at present	1341
□ at random	1029
□ at the cost of ~	0358
□ at the expense of ~	0695
□ at the mercy of ~	0359
□ at the rate of ~	0696
□ at the risk of ~	0360
□ at the sight of ~	0697
□ at times	1030
□ at work	1031
□ at (the) worst	1024

B

□ be about to ~	1650
□ be affected	0813
□ be anxious to ~	0038
□ be ashamed to ~	0627

☐ be concerned about ~	0875
☐ be eager for ~	0633
☐ be from ~	0316
☐ be involved in ~	**1651**
☐ be made up of ~	**1652**
☐ be responsible for ~	**1653**
☐ because of ~	0362
☐ before long	**1342**
☐ behind one's back	**1343**
☐ behind the times	**1344**
☐ break down	**1654**
☐ break into ~	**1655**
☐ break one's promise	0678
☐ break out	**1656**
☐ break up	**1657**
☐ bring about ~	**1658**
☐ but for ~	0365, **0698**
☐ by accident	**1345**, 1362
☐ by all means	**1346**
☐ by and large	**1347**
☐ by chance	1345, **1362**
☐ by degrees	**1348**
☐ by far	**1349**
☐ by means of ~	0361
☐ by mistake	**1350**
☐ by the time ~	0364
☐ by turns	**1357**
☐ by way of ~	**0699**

C

☐ call at ~	0301
☐ call ~ back	0302
☐ call for ~	0303
☐ call off ~	**0304**, 0381
☐ call on ~	**0305**
☐ call out ~	**0306**
☐ call up ~	**0307**
☐ care for ~	**1659**

☐ carry on ~	**1660**
☐ catch up with ~	**1661**
☐ change one's mind	**1662**
☐ characteristic to ~	0404
☐ come about	**0314**, **1658**
☐ come across ~	**0315**, 0686
☐ come back	**0319**
☐ come from ~	0316
☐ come out	**0320**
☐ come up	**0317**
☐ come up with ~	**0318**
☐ complain about ~	**1663**
☐ complain of ~	**1663**
☐ consist in ~	0526
☐ consist of ~	0526
☐ contribute (A) to B	**1664**
☐ cope with ~	**1665**
☐ crowds of ~	0344

D

☐ depend on	0525
☐ depend upon	0525
☐ describe A as B	**1666**
☐ devote A to B	**1667**
☐ distinguish A from B	**1668**
☐ do away with ~	0292
☐ do for ~	0293
☐ do one's best	0289
☐ do over ~	0294
☐ do up ~	0295
☐ do with ~	0290
☐ do without ~	0291
☐ dozens of ~	0617
☐ due to ~	0362

E · F

☐ each time ~	0364
☐ every time ~	0364
☐ except for ~	0365

☐ figure out ~	**1669**
☐ find out ~	**1670**
☐ for example	1033
☐ for fear of ~	**0367**
☐ for good	**1351**
☐ for instance	**1033**
☐ for lack of ~	**0368**
☐ for one's sake	**1032**
☐ for pleasure	1040
☐ for the first time	1028, **1034**
☐ for the moment	**1035**
☐ for the sake of ~	**0369**, 1032
☐ for the time being	**1036**
☐ force ~ to ...	0647
☐ from time to time	1030, 1360

G

☐ generally speaking	1355
☐ get along	**0331**
☐ get along with ~	**0331**
☐ get back	**0332**
☐ get in ~	**0330**
☐ get into ~	**0330**
☐ get off	0329
☐ get on ~	0329
☐ get out (of ~)	0330
☐ get rid of ~	**1671**
☐ get to + 動詞の原形	0327
☐ get to + 名詞	0328
☐ get up	0333
☐ give back ~	0324
☐ give in	0322
☐ give off ~	0325
☐ give out	0326
☐ give up ~	0321
☐ give way to ~	0323
☐ go away	0313
☐ go back	0308
☐ go by	0309
☐ go on	0310
☐ go out	0311
☐ go through	0312
☐ graduate from ~	0423

H

☐ hand in	0322
☐ hand in ~	**1672**
☐ have no idea	**1673**
☐ have nothing to do with ~	0299
☐ have ~ on	0300
☐ have only to ~	0297
☐ have something to do with ~	0296
☐ have to ~	0296
☐ have yet to ~	0298
☐ hundreds of ~	0346

I

☐ in a sense	**1352**
☐ in a way	1352
☐ in addition	**0701**
☐ in addition to ~	**0701**
☐ in advance	**1353**
☐ in advance of ~	1353
☐ in any case	**1354**
☐ in behalf of ~	0716
☐ in brief	1037
☐ in case ~	**0370**
☐ in case of ~	0702
☐ in charge of ~	0703
☐ in contrast to ~	0704
☐ in contrast with ~	0704
☐ in favor of ~	0705
☐ in front of ~	0706
☐ in general	**1355**
☐ in honor of ~	0707
☐ in memory of ~	0707
☐ in one's presence	0713
☐ in order to ~	0708

☐ in particular	**1356**
☐ in regard to ~	**0700**
☐ in search of ~	**0709**
☐ in season	1046
☐ in short	1037, **1038**
☐ in sight	1047
☐ in spite of ~	**0710**
☐ in terms of ~	**0711**
☐ in the air	1039
☐ in the end	1017
☐ in the event of ~	**0712**
☐ in the presence of ~	**0713**
☐ in the world	1361
☐ in time	1043
☐ in touch with ~	**0714**
☐ in turn	**1357**
☐ in vain	**1358**
☐ instead of ~	**0715**

K · L

☐ keep a diary	**0679**
☐ keep away from ~	**0675**
☐ keep ~ from -ing	**0674**
☐ keep ~ in mind	**0676**
☐ keep in touch with ~	**0677**
☐ keep one's promise	**0678**
☐ keep up with ~	**0680**
☐ know ~ by heart	**1674**
☐ learn ~ by heart	**1674**
☐ look after ~	**0656**
☐ look down on ~	0661
☐ look for ~	**0657**
☐ look forward to ~	**0660**
☐ look into ~	**0659**
☐ look over ~	**0662**
☐ look up	**0658**
☐ look up to ~	**0661**, 0863
☐ lots of ~	0345

M · N

☐ make ~ from ...	**0669**
☐ make it	**0673**
☐ make ~ of ...	**0669**
☐ make oneself at home	**0671**
☐ make out	**0670**, 1669
☐ make sure ~	**1675**
☐ make up for ~	**0672**
☐ millions of ~	**0346**
☐ no longer	**1359**
☐ not ~ any longer	1359
☐ now and again	**1360**
☐ now and then	**1360**

O

☐ object to ~	0415
☐ on account of ~	**0717**
☐ on (the) air	**1039**
☐ on behalf of ~	**0716**
☐ on business	1040
☐ on earth	1361
☐ on foot	1041
☐ on purpose	**1362**
☐ on the contrary	1042
☐ on the point of -ing	**0718**
☐ on the spot	**1363**
☐ on the whole	1023,1347
☐ on time	**1043**
☐ once in a while	1044
☐ only have to ~	**0297**
☐ out of control	1045
☐ out of season	1046
☐ out of sight	1047
☐ out of touch with ~	0714
☐ over and over (again)	**1364**
☐ owing to ~	0362, **0719**

398

P · Q · R

- pay attention to ~ 1676
- pick out ~ 1677
- play a role in ~ 1678
- plenty of ~ 0347
- point of view 0967
- prevent ~ from -ing 0674
- put back ~ 0668
- put down ~ 0663
- put off ~ 0665
- put on ~ 0664
- put out ~ 0666
- put up with ~ 0667
- quite a few ~ 0348
- quite a little ~ 0348
- refer to ~ 1171
- regard ~ as ... 0391
- regardless of ~ 0720
- rely on ~ 0535
- request ~ to ... 0909
- right away 1048
- right now 1048
- run across ~ 0686
- run after ~ 0687
- run away 0685
- run out of ~ 0688

S · T · U

- set about ~ 0689
- set in ~ 0690
- set out 0691
- set up ~ 0692
- so as to ~ 0708
- sooner or later 1365
- stand up for ~ 1679
- succeed in ~ 1680
- sum up 0828
- take after ~ 0334
- take back ~ 1682
- take care of ~ 0337, 0656
- take A into account 1681
- take A into consideration 1681
- take off 0336
- take off ~ 0664
- take part in ~ 0338
- take place 0335
- take to ~ 0339
- tell A from B 1668
- tend to ~ 0201
- thanks to ~ 0721
- thousands of ~ 0346
- to one's face 1343
- turn into ~ 0681
- turn off ~ 0682
- turn on ~ 0682
- turn out ~ 0683
- turn up 0684
- up to ~ 0722

W

- with a view to -ing 0723
- with ease 1366
- with regard to ~ 0700
- with the intention of -ing 0723
- within sight 1047
- without difficulty 1366
- without fail 1367
- worthy of ~ 0652

《監修者》　吉田研作
《執筆者》　岩井　靖　　岡　憲一
　　　　　　小林正和　　玉村公一
　　　　　　西﨑善久
《英文校閲》　Bernard Susser
《本文イラスト》　よしのぶもとこ

シグマベスト
WordTree 3000
英単語・熟語

本書の内容を無断で複写(コピー)・複製・転載することは，著作者および出版社の権利の侵害となり，著作権法違反となりますので，転載等を希望される場合は前もって小社あて許諾を求めてください。

Ⓒ吉田研作 2014　　　Printed in Japan

監修者　吉田研作
発行者　益井英郎
印刷所　株式会社　天理時報社
発行所　株式会社　文英堂

〒601-8121　京都市南区上鳥羽大物町28
〒162-0832　東京都新宿区岩戸町17
（代表）03-3269-4231

●落丁・乱丁はおとりかえします。